博瑞森图书
BRAGE

企业阅讀 本土實踐

管 理 · 人 文 · 生 活

# 5小时读懂快消品营销

## 中国快消品案例观察

陈海超◎著

企业管理出版社
ENTERPRISE MANAGEMENT PUBLISHING HOUSE

**图书在版编目（CIP）数据**

5 小时读懂快消品营销：中国快消品案例观察/陈海超著．—北京：企业管理出版社，2017.11

ISBN 978-7-5164-1608-2

Ⅰ.①5… Ⅱ.①陈… Ⅲ.①消费品市场－市场营销学－案例 Ⅳ.①F713.58

中国版本图书馆 CIP 数据核字（2017）第 266698 号

---

**书　　名：** 5 小时读懂快消品营销：中国快消品案例观察
**作　　者：** 陈海超
**责任编辑：** 张　平　程静涵
**书　　号：** ISBN 978-7-5164-1608-2
**出版发行：** 企业管理出版社
**地　　址：** 北京市海淀区紫竹院南路 17 号　邮编：100048
**网　　址：** http：//www.emph.cn
**电　　话：** 编辑部（010）68701638　发行部（010）68701816
**电子信箱：** qyglcbs@emph.cn
**印　　刷：** 北京富泰印刷有限责任公司
**经　　销：** 新华书店
**规　　格：** 170 毫米×240 毫米　16 开本　15 印张　200 千字
**版　　次：** 2017 年 11 月第 1 版　　2017 年 11 月第 1 次印刷
**定　　价：** 69.90 元

---

# 5 小时读懂快消品营销

太阳底下没有新鲜事。

话好说，理难讲。

写文章是这样，写营销类文章更是这样。

过往十余年，攒文百余篇。

笔者始终有一个观点，出名篇就要写名品，讲观点就要说干货。

在大同中洞察大不同，见真功夫；

在大不同中梳理大同，见真价值。

人生大事，吃喝二字。

快速消费品行业是市场竞争最充分的行业，

产品或大卖，或不大卖，没有第三种答案。

红牛为什么那么畅销？

营养快线凭什么卖得又快又长线？

养元六个核桃怎么就进入百亿俱乐部了呢？

云南白药牙膏跨界“打劫”挺身跨进 TOP5 的秘诀有哪些？
20 年快消品市场风云洞察，
20 年快消江湖老手的第一本书，
在这里，读懂快消品行业。

陈海超
2017 年 2 月 8 日

# 凡是过去，皆为序章

2016年年末，百度以1亿元的估值收购营销公众号《李叫兽》，年仅25岁的创始人“90后”李靖以副总裁身份入职百度，无疑在无数营销人的心中引发了强烈震撼。有人吐槽百度聘请了一个只会用理论包装自己的年轻人，有人怀疑这是百度在BAT竞争中无奈制造的一个自我炒作的话题。

然而，毋庸置疑，新一代营销人正在占据几千万传统营销人曾梦寐以求的制高点。互联网公司依据大数据得出的结论无疑具有一定程度的指导意义。

新与旧的对立，传统与新锐的矛盾，永远都会成为话题中心。

近期，由中央电视台主导的一期节目中，作为传统企业的代表人物，曾经的中国首富宗庆后的一席话，瞬间将所谓的新旧企业对立彰显于各大财经媒体头版。然而，大部分的观点认为：宗庆后老了。

马云曾经犀利地说：“不是实体经济不行了，而是你家实体经济不行了。”当然，作为一个著名人物，马云的话曾被无数媒体从各种角度去解读、去评论、去蹭热点，本无足为奇。然而，数千万营销人应该思考，不是营销这个行业不行了，而是你的营销方式不行了。

新旧市场的秩序交替，使新旧市场的模式产生冲突。中国企业界正在焦虑着，而依附于中国企业的咨询营销行业也正在经历着前所未有的冲击。

他们因不再被视为企业导师而受到膜拜，在一定程度上，他们成了企业很多问题的承担者。过度营销正在成为企业界洗白自己的一个借口。

一部分企业和顾客甚至对“营销”一词产生了过激性反应。我曾见过一位餐饮老板，在微信朋友圈发布宣言:“我不懂什么是营销，销售全靠好产品。”其实，这何尝不是一种营销手法？然而营销人始终面临着一种尴尬的局面。尤其是作为外脑的专业营销咨询工作者，一直面临着比企业内部营销人更尴尬的处境，因为他们要为企业诊断病症，并开出药方。当然，如果企业能够靠自己的内部力量解决问题，谁会愿意花那么多钱请一个“外来和尚”呢？然而，“外来和尚”的经念得好与不好，并不全在于他自己的知识能力。他不仅要解决企业本身存在的营销性问题，还要面对中国企业普遍存在的管理问题。方案的效果到底如何，实在是无法按照某个模型来预测。我曾接触过很多营销人士，他们给出的方案或计划看起来很好，有的甚至已经在实施了，但仍然逃不了被企业叫停的命运，其中各种原因实不足为外人道。

当然，也有一些很大牌的咨询人会以他们自己的品牌力来最终影响企业的方向性决策，但这实在是少之又少的情况。所以，多数咨询人就在这样一种“外表光鲜、内心苦闷”的困境中坚持着，尤其是在当下形势不甚明朗、市场“哀鸿遍野”的经济下行期。当然，也有一部分人转型自己办企业，将专业能力运用在自己的企业中，取得了不俗的成绩。

曾创造性地提出“中国式营销”的刘春雄老师经过对互联网企业

的深入观察，强调说："互联网不可怕，可怕的是觉醒的传统企业。"其实，出身于互联网企业的营销人也不可怕，可怕的是掌握了互联网思维的传统营销人。因为他们有深厚的理论基础和扎实的实战经验。从纯线上企业正在大规模向线下转移来看，传统营销理论已经度过了彷徨期，正重归正途。

新媒体时代，个人品牌重要性已经广获认知。包括像王健林这样的大人物，已经会在公关部门策划下，以"年会唱歌视频""1 个亿小目标""首富一日行程"等话题，打造了一个话题超级 IP，其传播量已经达到传统大众媒体不可企及的数字。

那么，以品牌影响力实现个人价值传播的营销人打造个人品牌，更是成为小众传播和社群传播时代不可或缺的一种方式。作为在中国快消品行业摸爬滚打了 20 年的陈海超，对自己目前的评价是："外表不太光鲜，内心不太苦闷，熬了两年，已经看到了东方的太阳。"这也许正是很多营销人目前比较理想的状态吧。

与陈海超老师相识，最初是缘于工作，但由工作关系发展成为朋友，也在于他豁达的性格和踏实的做事态度。每次与他通电话，他不是在去企业的路上，就是正在奔波于市场一线。他对于日化和食品行业的洞察超越一般营销人的认知，正得益于他日日奔波在市场最前端。

他参与过知名企业的典型营销案例，也做过小企业的单品上市项目，更帮助过名不见经传的小产品做到行业前列。2016 年，他甚至打破传统咨询公司一贯提供方案式的合作模式，进行教练式实战服务，这也是同行鲜有去做的。

本书中所列的案例，一些是他亲自参与过的，另一些是他站在行业的高度对企业的分析洞察，这些无疑具有较高的价值。所有大企业都是从小企业成长起来的，当它们成长为行业领导者后，它们曾经的做法无疑对后来者具有指导性意义。因为有些见解违背了某些企业高层的意愿，也曾收到过企业的投诉，但这些插曲正是企业现实状况的体现，也正是企业所需要反思的。不能听取建议的企业，很难快速成长起来。

所以，陈海超既是一个传统意义上的营销人，但又不是一个采用传统做法的营销人。这也是我喜欢与他交流一些市场最前沿动态的一个重要原因。在互联网营销兴盛时代、在移动互联网霸屏时代、在微商疯狂的当口、在社群营销兴起的节点上，我们的选题中大都有他的高见。他并没有像一些营销大师一样，提出一些看起来很新的观点，而是一直忠实地走在市场前沿，时时关注新动态、新技术，并给出一些切实可行的建议。

“凡是过去，皆为序章。”莎士比亚的这句话一直在被进行各种解读，但我希望，这句话对于营销人而言，就是“一直在路上”。

资深媒体人和传播专家罗振宇在 2017 年的跨年演讲中提到，后真相时代，其实无关乎真相本身，只是立场、情绪而已。风口疾变的时代，营销人该做的，不是坐而论道，而是踏踏实实地去做。

先做起来，其他再说。

王巧贞

《销售与市场》评论版主编

2017 年 2 月 1 日

# 不想被营销，就做营销吧

和陈海超老师相识，用他的话讲叫“神交已久”。

其时，我在上市公司4A广告上市公司任高管，负责洗衣液和洗手液双冠王“蓝月亮”品牌等项目。网络上疯传的一篇关于洗衣液的深度文章引起了全行业关注，其文辞精练、观点犀利、洞察至深，令“蓝月亮”品牌创始人罗秋平先生称赞不已。英雄相惜，我很想结交这位神秘的高人，如此通过以文会友的方式认识了陈海超老师。

无论企业大小、职位高低、年纪长幼，企业家和营销界的朋友都喜欢称陈海超老师为“超哥”，不仅因为他的专业能力，还在于他为人处世有侠客之风，豪爽霸气，正直较真，受人尊敬。

在和陈海超老师认识的近10年中，他一直专注于营销领域并奋斗在营销实战与咨询一线。“品牌不是包装出来的，是卖出来的！”“营销成功的标准，就是卖得好！”“做营销，还是被营销，这是个问题！”这些观点使我们不谋而合。早年，我曾在某著名家电企业做一线销售，他是知名日化企业的“封疆大吏”，彼此都是从实战中成长起来的营销咨询师，骨子里离不开的就是“实战、落地、好卖、卖好”。

2015年，我们一帮怀揣着“国际品牌服务+本土营销实战”理想的品牌营销策划人脱离传统4A广告公司，成立了广州麦播瑞司整合营销机构（以下简称麦·营销），定位于专为转型期企业提供营销导航服务的智业机构。陈海超老师作为麦·营销机构的创业发起人，成为创始合伙人之一。

随着事业发展壮大的需要，我们实施了多品牌、多模块化经营，在麦·营销之后又共同成立了广州本邦营销咨询机构。本邦营销咨询机构聚焦于大农业、大食品、大健康领域，为快消品企业提供战略咨询、顶层设计、品牌定位及营销教练等专业服务。陈海超老师出任本邦营销咨询机构董事长，服务于快消行业的代表性企业。

多年来，陈海超老师涉猎广泛，笔耕不辍，是我的老师、朋友、伙伴、搭档。他的文章总是见解独到，尤其是对他熟悉的快消品领域，里里外外看得通透，抽丝剥茧、深入浅出。在文中看出他对快消品的营销章法，在观点中看出他有多年操盘的营销经验，若非实践功力深厚，是不会有这种纵横捭阖与辗转腾挪般自如与从容的。

新常态下的企业转型升级，是一项系统化的工程。许多企业面临着产品迭代、服务迭代、人才迭代、模式迭代，甚至要二次创业重新出发。从顶层设计到营销落地，从传统经营到互联网，将面临许多未知领域新的挑战，这些往往超出了企业原本的认知和经验。这些问题不再是靠品牌推广、广告创意、渠道招商、终端为王等取其一便能够解决的。从“整合传播”到“整合营销”，更要实现“整合生态”与“整合经营”。根据企业所处的行业、阶段与资源进行重构，这需要更高层面的商业思维和商业设计。我们经过研究与实践，自下而上做战略，为销而营做策略，抓住关键节点，为本土企业的营销和转型尽一份力量。我们把这一营销方法与落地过程称之为“营销导航”。多年来，大家一起把本土的营销实践与国际营销理论相结合，与时俱进，探索出一条本土企业转型升级与中国式品牌崛起之路。

我曾多次提议，希望他将营销案例与心法能普惠给更多企业与营销从业人士，这将是麦·营销与本邦营销咨询机构的一大善举。现今他将多年来的营销经验集结成书，这使我感到非常欣慰与振奋。

希望越来越多的人能从陈海超老师的文章中有所感悟与收获，也期待越来越多的中国本土企业找到自己成长的营销密码，转型成功，成为中国品牌全球化的代表！

杨顶刚

广州麦播瑞司整合营销机构创始人

2017 年 2 月 6 日

# 【第一章】

# 行业竞争，深度透视

## 第一节　银鹭花生牛奶VS营养快线：产品融合亦有道

定位大师艾·里斯先生认为“分化”是打造新品牌的唯一方法，“融合”则不值一哂。也许为了印证艾·里斯的观点，我们观察到饮料融合类产品果真是败多成少，如第五季汽水、山药核桃乳、奶茶咖啡、巧克力豆奶等品牌……产品或销声匿迹，或沦为平庸。

但是中国市场与欧美市场的成熟程度不同，因此市场与需求特征也是迥然不同。在饮料行业，有两个品牌竞相开放，直接颠覆了艾·里斯的观点，一个是娃哈哈麾下的营养快线，另一个是“嫁入豪门”雀巢的银鹭花生牛奶。在饮料规则分类中，前者是含乳蛋白类饮料，后者为复合蛋白饮料，都属于蛋白饮料这个大阵营。

银鹭花生牛奶VS营养快线：前者已达百亿元之巅，后者坐拥200亿元的盘子，都是名副其实的黄金大单品。一样精彩的背后，又有什么不同的门道呢？

通过研判，不考虑企业非营销方面的其他因素，在营销战略层面，二者表现各有侧重、各放异彩。

**1. 认知、需求与其他**

符合顾客认知的需求，才会产生强大的品类。

强势品牌满足需求的同时，也是完成品牌对于品类的指代。

产品是品牌的体现载体，需求最终通过产品来完成品牌的使命。

**2. 产品即战略**

显而易见，银鹭花生牛奶与营养快线都是不折不扣的融合产品。

银鹭是将花生这种认知性极强的坚果融合进牛奶，营养快线则是将两大广谱性品类果汁、牛奶直接进行了融合。

需要强调的是，从顾客心智看，水果比坚果在味道上的诉求更加直观、更加符合习惯认知。银鹭将牛奶绑定到花生，而花生只是坚果概念内的一个品种。营养快线则将牛奶直接绑定到“果汁”这个大品类。从这个意义上看，尽管银鹭花生牛奶比营养快线早入市差不多20年，但行业影响力与整个业务规模与营养快线相比差距还是很大。

因为营养快线涵盖的不是一个具体的水果品种，而是“果汁”这个大概念，所以营养快线在产品方面从容布局，对产品线的延伸拿捏得当。同样，也许为了弥补花生牛奶产品在口味方面的单一，后期银鹭又推出了红枣花生牛奶与核桃花生牛奶等多重复合蛋白品项。

## 一、解构营养快线：“品类战略 + 蓝海战略”

娃哈哈拥有太多的融合类产品，为什么绝大部分都失败了，而只有营养快线成功，达到其他饮料难以企及的一个高峰？对于各个板块，名震江湖的娃哈哈联销体也不可能厚此薄彼。我们认为，这个问题的根源在于是否找到了品类独特的差异化价值。

### （一）营养快线品类战略

从严格意义上说，营养快线属果汁牛奶饮品范畴，也就是老百姓耳熟能详的果奶。果奶并非娃哈哈首创。其实，小洋人等竞品早已将果奶列为一个产品品项，统称为 × × 品牌果奶。基本上，当时各个果奶都停留在了儿童饮品层面，其中也有过数次想突破，但最终效果都不理想。作为后进者，娃哈哈并没有将其命名为“娃哈哈品牌果汁牛奶饮品”，而是用“营养快线”这个独立商标对该品类进行命名。

以需求为原点，用品类思考，以品牌表达。

娃哈哈采取抢先定位法，将果奶品类化，没有在果奶老类别中图谋“第二春”，并没有试图成为果奶品类中的另一个代名词。

当然，如果当年娃哈哈试图这么做也是不明智的，原因有三：

其一，果奶在顾客心智中已经形成了固有属性；

其二，当时行业所处市场的发展阶段限制；

其三，营销竞争态势决定的。

娃哈哈直接定义了品类，并通过系列营销手段完成营养快线品牌品类化的进程。自然，一款产品具有多大的潜力成为顾客心智中的品类，形成的类别具有何种强势程度，在很大限度上取决于其价值特征的明显程度。就如已突破百亿元的大单品养元六个核桃，在广大顾客心中核桃补脑的益处早已不言而喻，这也是其能够成为单独品类内部强势的基因所在。同理，牛奶的营养在广大顾客心目中也早已根深蒂固。营养快线在牛奶中加入了果汁，将其价值进一步提升，以营养为核心主诉求进行传播，也是非常贴切的。

通过梳理，不难得出营养快线的定位为：最营养的饮料。

营养快线的核心诉求为：纯正果汁香浓牛奶，15 种营养素一步到位（后为 18 种）。

典型消费时机为：早上喝一瓶，精神一上午！没吃早餐，就喝营养快线！

重点消费人群为：学生、上班族。

社会化变革产生“代餐”这个市场大需求。营养快线以“更营养的饮料”锚定替代早餐这个典型消费时机，直接绑定到这个大需求。这也与产品“牛奶＋果汁”，比牛奶更营养、口感更香甜的诉求非常契合，从某种意义上，营养快线俨然成了牛奶的升级产品，被有的业界同行笑称为“牛奶2.0版”。以此种身份抢夺牛奶市场，以“代餐”中的“早餐”切入最为合适。

在产品方面，颠覆性地采用佳得乐、脉动等功能饮料常用的大口瓶来凸显和强化营养功能；先后推出原味、菠萝、香草等多种口味满足不同需求；规格容量有280ml、500ml、1500ml，分别满足个人消费与家庭消费。

### （二）蓝海战略的完美应用

基于竞争的蓝海战略因为太工具化，其价值被严重忽视，并不像“定位”与“品类价值”那样炙手可热。也许宗庆后推出营养快线只是无心插柳，但我们经过仔细研判，认为营养快线产品就是“蓝海战略”下的产物。

营养快线属于含乳类蛋白饮料，我们将营养快线、果汁、牛奶三个品类罗列在一起，从便捷、价格、养胃、时尚、休闲、营养、味道等多重维度进行考究（如图1－1所示），得出结论为营养和味道是营养快线竞争的核心优势所在。可见营养快线取名时用“营养”和“快线”入题，简单、直接。整个名称虽谈不上巧妙，但非常贴切与务实。

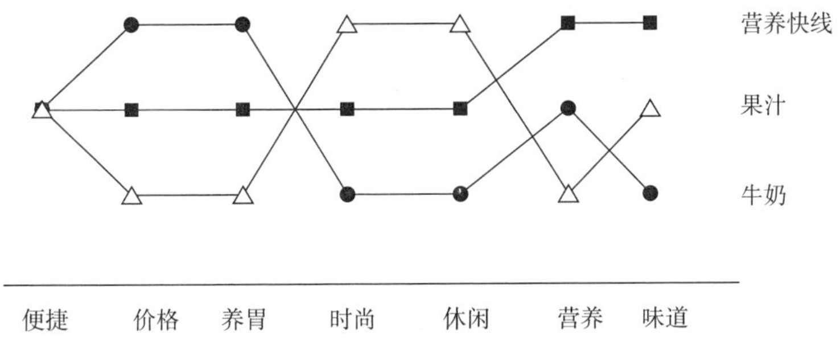


**图1－1　营养快线“蓝海战略”布局图**

### 1. 研判营养快线差异化价值定位

营养快线跟进牛奶定位，以果汁形态示人，结合了两者优势。随着市场的发展，典范人群的带动，顾客饮用习惯、口味口感的养成，营养快线被当成饮料消费，销量不断增加，甚至可能超过将其作为早餐代餐饮品的销量。现在的事实也确实如此，如图1－2所示。

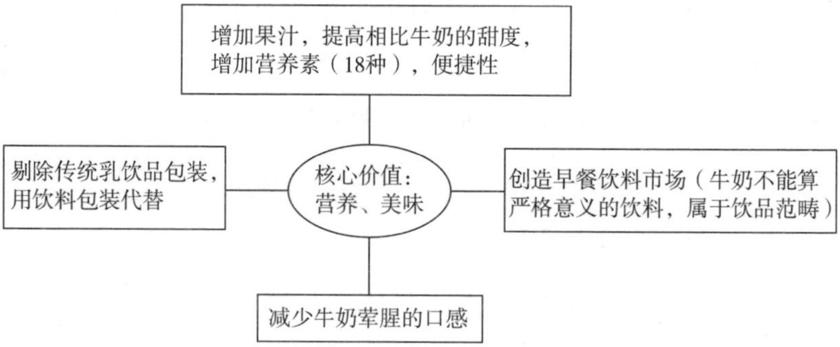


**图1－2　差异化价值定位图**

### 2. 营养快线客户价值创新

营养快线在客户价值和成本中找到了平衡，这也是其日后作为饮料的销售额超越其作为乳饮品销售额的一个重要内在原因，如图1－3所示。

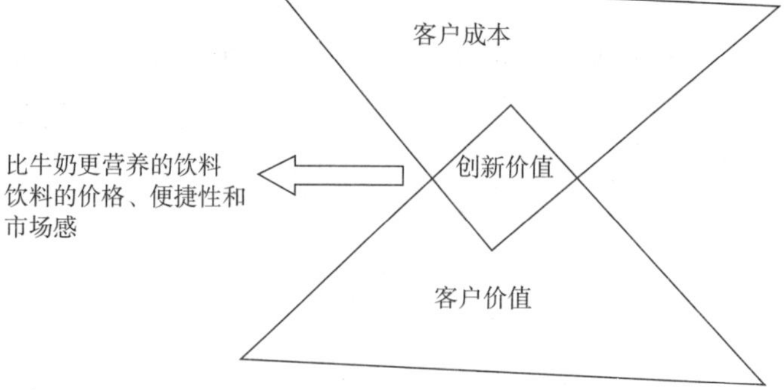


**图1－3　客户价值创新图**

## 二、解码银鹭：花生牛奶“产品长效化＋产品融合”

银鹭花生牛奶是个“熬”出来的百亿元单品，评其为大器晚成并不为过。

从一个区域风味小吃到成为一个畅销全国性品牌几乎用了30年时间！相对于红得发紫的营养快线，我们从品类价值与品牌创新方面进行分析，其实银鹭花生牛奶的亮点并不明显。

### （一）短效产品长效化

闽南素有食用花生煮牛奶的习俗，地处厦门市的银鹭看到商机。银鹭将花生牛奶预包装化，进行产品工业化生产，将短效产品长效化。盼盼小面包也是如此，香飘飘奶茶如此，有友鸡爪如此。

### （二）“营养＋味道”的有机组合

银鹭将“花生＋牛奶”进行了融合。花生是最广谱的一种坚果，在顾客心智中有“味道香与补血”的强认知；至于牛奶，则是最营养的饮品之一，与营养快线并无二致。我们理解为，银鹭花生牛奶在融合上仍旧是“营养＋味道”的有机组合。

### （三）品牌的品类指代

银鹭为了专注于“花生牛奶”这个品类，2010年不惜将另一大品项八宝粥产品从银鹭的品牌序列中剥离出去，另创立“好粥道”品牌专门运作。如此避免对银鹭品牌的过多稀释，就是为了完成银鹭品牌对于“花生牛奶”品类的指代。

### （四）产品渠道分配

与营养快线相对单一的PET塑料包装形态相比，银鹭选择的是包装全垒打，当然在区域市场布局上，倚重已有的包装。

利乐装花生牛奶——主要用于补餐、顶餐，在终端排位中大多与利乐纯奶、花式奶排在一起。

三片罐花生牛奶——主要在三线市场及餐饮通路销售，用途以待客、送礼、佐餐为主，在终端排位中与核桃露、杏仁露、椰子汁等排在一起。

PET 塑料装花生牛奶——即时饮品的形态，进行全渠道销售。

（五）传播的三个阶段

从区域风味饮料到走向全国的花生牛奶大单品，银鹭花生牛奶腾飞所花的时间也就 10 年左右。银鹭花生牛奶前期的发展模式属于销售驱动型，从销售驱动转变为市场驱动，基本经过了三个阶段。我们从银鹭花生牛奶不同时期的三位形象代言人分析。

（1）张柏芝代言阶段，诉求方向为白里透红。这个诉求带有明显独特的销售主张（USP）特征，“白里透红”诉求的二次联想暗含了“营养”的方向。但是通过喝普通饮料改善皮肤状况，消费驱动力明显不强。

（2）林俊杰代言阶段，诉求方向为真材实料。这个诉求表明产品“用料足”的优势，但是仅从产品特点诉求，顾客利益点不明显。

（3）王珞丹代言阶段，诉求方向为一口香浓。诉求方向卡位“香浓”，是产品带给顾客利益的核心体现，“香”是口味，“浓”是口感，“口味 + 口感”就形成了味道，究其实际，还是来源于融合元素“花生 + 牛奶”的特点、优点与利益点的萃取与提炼。

## 三、融合亦有道

在艾·里斯与其女劳拉·里斯合著的《品牌之源》一书中，“分化”被定义为“打造新品牌的唯一方法”！“分化”被作者无限抬高。只是作者在推崇“分化”的同时，一直不遗余力地批判“融合”。

对于“融合”的概念，作者使用的有“瑞士军刀式思维、诅咒、骗子、愚蠢、迈错方向、馊主意、不吸取教训、胡扯”等否定词或者负面用语。仅有的一句正面评价是“当然，如果你努力找的话，还是能找到一些融合物的。然而，这些融合物通常是边缘产品，其驱动力是便利性”。

融合产品真有那么不好吗？

瑞士军刀与橡皮铅笔作为标准的融合类产品，甚至影响了人类的生活方式。英国《独立报》曾经评出了改变世界的 101 个发明，其中就有不被作者认可的瑞士军刀与非主流产品橡皮铅笔。

“营养快线 = 牛奶 + 营养素 + 果汁”“银鹭 = 花生 + 牛奶”，融合思维跃然纸上。牛奶与营养素主要诉求的是营养，果汁与花生主要诉求的是味道，“营养 + 味道”融合主要元素形成互补性关系，这是产品融合的关键核心。

我们想强调的是，大师需要尊重，经典不可照搬。分化如锥子，融合如剪子，不过两种工具罢了！

因此，融合的双方，互补性越强，产品成功的可能性越大；相似性越多，产品失败的概率越大。融合对于当下本土品牌营销具有现实的意义。分化固然引导潮流，融合同样没有错，二者不是完全对立的关系。融合的关键在于谁与谁叠加相交，是否成功取决于谁与谁属性之间的关系。

## 第二节　功能饮料：牛与斗牛

红牛作为“提神醒脑，补充体力”功能型饮料的代表，从欧洲到中国，一直都处于“独步江湖、莫与争锋”的江湖地位。

近年来，在中国本土市场，挑战者络绎不绝，莫不企图打败红牛进而取而代之。遗憾的是，无论正面交锋还是侧翼偷袭，挑战者均难以称心如愿，抑或进退维谷！

红牛，依旧稳坐功能饮料的头把交椅。

看着红牛“一统江湖”的局面，无论实业界还是智业界，都意图破译功能饮料这盘珍珑棋局。

## 一、红牛为什么这么牛

在顾客心智中，红牛就是能量饮料的代名词。

顾客说“来一瓶红牛”，而不会说“来一瓶红牛维生素功能饮料”。顾客从来就是懒惰的，实质是顾客用品类进行判断，用品牌进行沟通。

红牛营销竞争战略关键点有：

（1）第一胜过更好。1995 年红牛登陆中国市场，从时间上是占尽天时，获得了先发优势。

（2）确定了“红牛 = 能量”饮料品类的独特价值之后，围绕这个核心价值做营运策略。

（3）“红牛”品牌名称的天然优势。“红”“牛”“红牛”单个字眼与组合，从寓意表达上都符合顾客对于能量的认知。

（4）红牛的品牌故事与背景。红牛是泰国舶来品，而泰拳是世界上最凶猛的拳种之一，代表无与伦比的能量。泰国饮料与泰拳产生关联，凸显正宗。

（5）产品的色、香、味、形、器等产品形态体现出品牌品类的独特价值，特别是三片罐包装形态显示功能性诉求，适合箱货礼品特征。

（6）营销团队、经销商模式、企业领导人人格魅力都是企业成功的必要条件。

虽然，红牛的诉求语为“困了、累了，喝红牛”，主诉求是“提神醒脑和补充体力”。但是卖点还需要具象，还需要进一步聚焦。

确立意见领袖，由点及面扩大消费受众。“汽车要加油，我要喝红牛”，红牛认为开车人士为重度消费人群，并将加油站销售终端列为势能渠道。典型示范人群一方面强化了“补充能量”的品类价值，另一方面直接带动了非重度人群的消费。

当认知成为常识，也就成为这个品牌坐稳头把交椅的信号，也就树立了竞争壁垒，给挑战者们设下了难以逾越的屏障。至于后来“红牛时间到”的推广活动，穿插做了各种植入性传播，一则进行品牌活化，二则继续增加消费黏性。

从“困了、累了，喝红牛”到“你的能量，超乎你的想象”，从欧美到中国，红牛坚持不懈地冠名赞助各种体育赛事。如此彰显品牌特性，功能第一饮料的“认知划痕”日积月累越划越深。

## 二、“就是不服”下的斗牛连续剧

坊间传言，只要某一个饮料品类达到 10 亿元规模，娃哈哈就会伺机而动，于是 2012 年娃哈哈功能饮料“启力”横空出世。还有一向爱拼才会赢的福建食品军团从来不会放过任何热点，2013 年达利功能饮料品牌“乐虎”从天而降。当然，还有数不胜数的“ × 牛”功能饮料前赴后继。

斗牛从来不缺乏勇气，不过，红牛的清净日子也终结了，“老大保卫战”也就开幕了。

### （一）直面竞争下的蛋——启力与乐虎

红牛已经占据了“能量”这个最大价值点，启力和乐虎如何应对？

保守而又勇莽的对手——启力和乐虎作为红牛的直接挑战者，从包装形态、功能诉求与价格盘，跟红牛几乎一致。

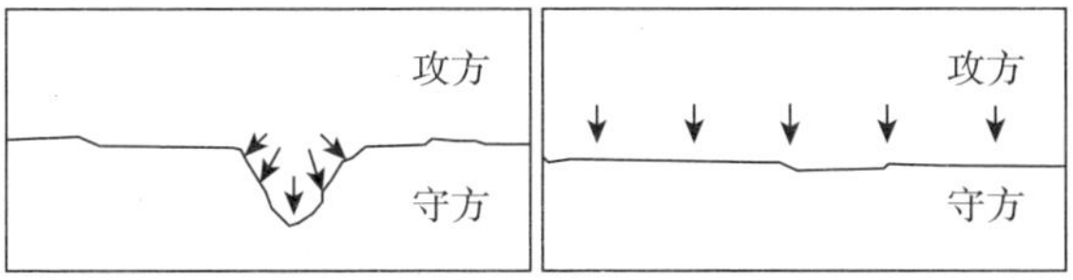


**图 1－4　阵地进攻战模型**

挑战者与领导者之间的“硬碰硬”，由于红牛的品牌势能和顾客多年形成的心智壁垒，导致挑战者的结果是“理想与现实”有点远。

从图 1-4 上看出，对抗领导品牌有效的方法是集中一点撕开心智缺口。而启力和乐虎一开始采用平衡进攻的法则，在诉求上未能找到撕开心智缺口的爆破点，就大张旗鼓地与红牛硬碰硬对抗，落入了平衡进攻的陷阱之中，受挫是理所当然的结果。

（二）东鹏特饮：包装就是一把刀

东鹏饮料公司成立于 20 世纪 80 年代，主要精耕东南沿海市场。

单从“困了、累了，喝东鹏特饮!”的传播诉求来看，难免被认为是模仿。然而，在东鹏特饮“斗牛”大战中，东鹏饮料公司是属于收获颇丰的少数企业之一，早就进入了10 亿元俱乐部，而且产品形成终端动销，在根据地市场拥有非同一般的指名购买率。

那么东鹏饮料公司是如何“斗牛”的呢？我们从产品力、渠道力与品牌力来解码东鹏特饮的小成之道。

从图 1-5 来看，在品牌力上东鹏饮料公司跟红牛无力全面对抗，所以发力点根本不可能是某些大师们所说的开创了“特饮品类”和占领了“本土功能饮品”的心智。而其渠道力仅有广东一省区域尚可称优秀，所以东鹏饮料公司只可能发力于产品层面。

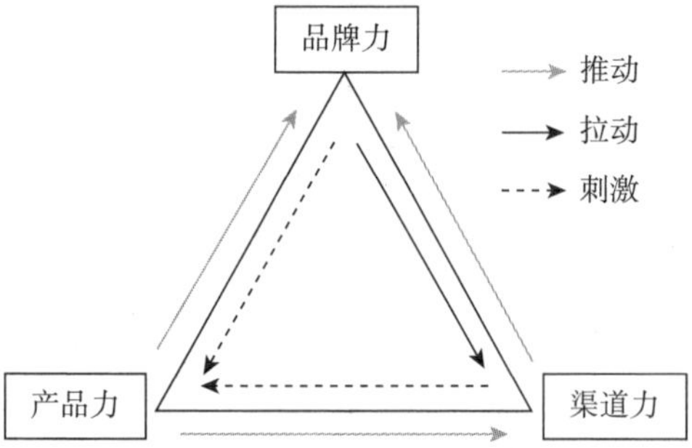


**图 1-5　营销三力平衡模型**

其实东鹏特饮成功的核心可以归纳为四个字——平民梦想。也就是说，东鹏特饮的成功在于让有意愿但是承担不起日常喝红牛费用的顾客有了一款属于自己的能量饮料。

据 AC 尼尔森的调研数据显示，红牛的消费群体超过 70% 都是脑力劳动者。而东鹏特饮的定价直接将红牛的零售价格拦腰砍断，将零售价格定为 3 元钱一瓶，将价格落到了大众熟悉并已接受的区间。在渠道上，东鹏特饮跟红牛形成差异化，将遍布大街小巷或者工业区的杂货店变成“专用出货口”。这样一来，东鹏特饮就能在“产品—渠道—顾客”层面与红牛形成真正差异化。

将高档产品平民化，满足差异化的消费需求，东鹏特饮找到了出路，如图 1－6 所示。

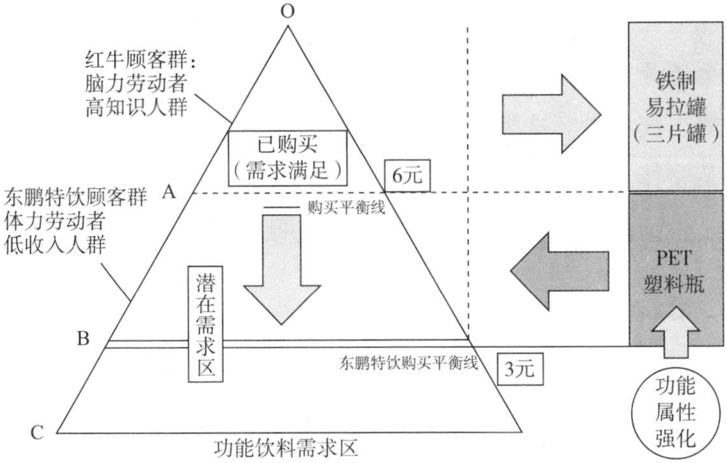


**图 1－6　功能饮料需求区**

东鹏特饮与红牛都是 250ml 规格包装，但两者价格相差一倍，这会引起顾客对东鹏特饮功效的怀疑吗？然而，东鹏饮料公司很聪明地解决了这个问题。东鹏饮料公司将司空见惯的铁制易拉罐改为 PET 塑料包装，给便宜找了一个不言而明的理由。在人们大脑的基本认知中，塑料容器的成本比铁器的成本肯定低。

众所周知，PET 塑料是休闲饮料的通用包装材料，如矿泉水、可乐、果汁、茶饮料等清凉饮料都采用这种包装材料。由于红牛的三片罐给顾客留下了功能饮料要采用金属容器的认知，所以东鹏特饮作为功能饮料，如果采用PET塑料包装，很容易被混淆为休闲饮料，不足以表现专业性和功能性。为此，东鹏特饮特意在包装盖上另外扣上了一个罩杯，这个罩杯跟保健品糖浆配的量杯很相似，暗示着既能就瓶喝，又能用小杯喝，从包装形态的创新上，极大限度凸显了产品的功能属性。

东鹏特饮的包装创新策略是一个战略举措，既有效降低了成本，又不会使消顾客怀疑功效，直接将包装这把刀转换为价格利器，奠定了自己的行业地位。无独有偶，达利切割凉茶市场也用了这个招数。

（三）山寨跟随——存在即合理

市场上充斥各种“×牛”品牌的产品，不仅有以假乱真的罐装产品，甚至还开发了500ml和容量超过1L的大瓶PET塑料包装，直接把功能饮料当汽水卖。这类产品汇聚在流通和特通渠道，销往三级、四级市场和某些特定场所。

这是中国市场化进程中必然出现的现象。

## 三、后红牛时代的功能饮料格局

从各类功能饮品的市场竞争诉求来看，大致可分为4种显性的大需求和4种不太明显的小需求。

“四大”需求：①提神醒脑；②补充体力；③平衡机能（运动后饮用）；④补充营养。

“四小”需求：①解酒；②调节血脂；③促进代谢；④增强免疫力。

图1-7展示了功能饮料品类在二次分化后，具有代表性的部分品牌所构建的市场格局。

功能饮料“守与攻”之间的鏖战未曾消停，而且大有愈演愈烈之势。在打法上，同样呈现4种商战模型：防御战、进攻战、侧翼战和游击战。

防御战：为捍卫行业领导者的地位，红牛面对各方竞品进攻采取的

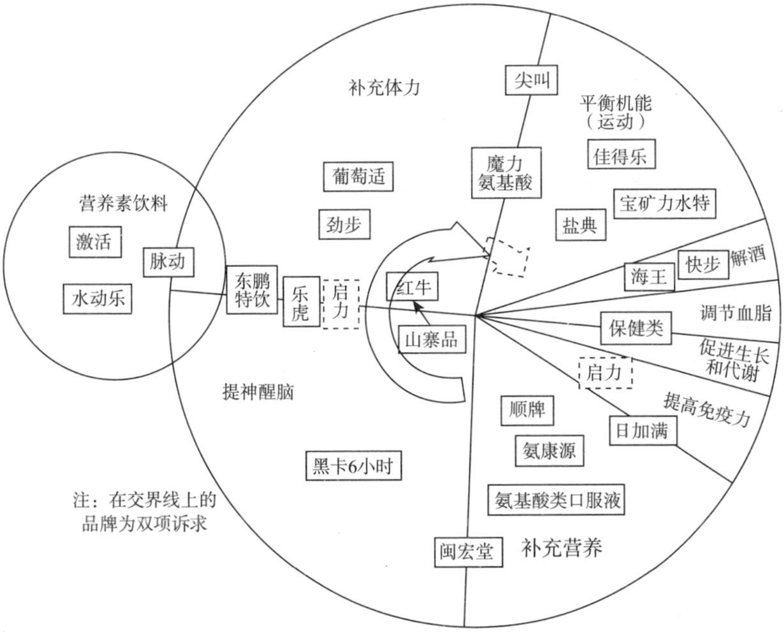


图1－7　功能饮料竞争格局图（含部分替代品或保健品）

是防御战。

第二、第三乃至更后进品牌，根据各方资源及战略战术做出相应安排。

进攻战：进攻战侧重在原有市场抢夺更大的市场份额。

案例：百事可乐以“年轻人的选择”进攻可口可乐；果粒橙以果肉特征进攻鲜橙多果味饮料；炫迈以口味持久进攻益达；启力与乐虎采取的进攻战，直接抢夺红牛开场。

侧翼战：侧翼战重在开辟新品类。

案例：五谷道场以非油炸方便面侧翼进攻方便面品类；农夫山泉以天然水侧翼进攻纯净水品类；普旺以茄汁面料理酱侧翼进攻番茄酱品类。

游击战：不同等量级的企业避开主流市场，寻找生存与发展的机会。

东鹏特饮就是典型的游击战，避开红牛主流人群，满足目标顾客需求，谋求阶段性目标。

群英“斗牛”从来没有真正停止过，同样的，红牛的防御战也一直在进行。但 20 年就这样过去了，功能饮料格局仍未改观。红牛一如既往牛气哄哄，“斗牛”大赛仍在继续，行业呼唤颠覆者，英雄也在期待英雄！

## 第三节　椰汁：细分品类的战争

盘点 2014 年植物蛋白饮料，除了核桃饮料继续火热之外，椰汁这种细分品类也开始受人重视。在 2014 年 10 月结束的重庆秋糖会上，几十个椰汁品牌蜂拥而至，成为本次展会一道最亮丽的风景。

“大鳄”也在行动。2013 年光明乳业一支椰子椰奶悄然上市。2014 年 7 月 14 日，红牛（中国）以 1.66 亿美元的价格购买了美国最大的椰汁销售商 Vita Coco 25% 的股权。几乎与此同时，娃哈哈“来一榨”大瓶椰子汁上市，价格与 1.5L 营养快线的价格大致相当，给经销商的拿货价为 50 元/件，给到终端的价格是 55 元/件，零售价为 10 元/瓶。

随着饮品巨头加入战局，椰汁战场硝烟味逐渐弥漫，将早已熟为人知的椰汁重新拉进了人们的视野。

一句话，椰汁火了！

### 一、椰树：树欲静而风不止

椰汁属于植物蛋白饮料的范畴，一直以来被顾客当作佐餐的风味饮料购买。椰树作为椰汁品类的代表和领导品牌，一直以“正宗与天然”作为诉求。作为海南当仁不让的第一饮料品牌，椰树理所当然占领了海南岛这个原料产地的心智资源；在产品上，以三片罐与利乐两种主要包装形态最大限度地占据终端货架，并以国宴饮品为背书，建立品牌信任状。

总之，在这个品类竞争格局中，椰树牢牢把着一枝独秀的领导地位。

在饮料行业，“南椰树，北露露”的说法流传甚久，足以彰显其领导地位。随着营养快线、加多宝、红牛、养元六个核桃、银鹭花生牛奶纷纷跃居百亿之巅，数十年以来，椰树的规模一直不足50亿元，实际数据甚至更低。

如何解释这个现象呢?

观察发现椰汁品类作为领导品牌的椰树始终循规蹈矩地在销售层面操练战术，缺乏对椰汁品类的持续性教育与引导，使顾客需求刚性不足，品类一直处于不温不火的状态。品类做不大，品牌当然无法真正上规模。总之，椰汁品类，成也椰树，败也椰树。

因此，随着众多椰汁新品牌的亮相，椰汁这座城池开始风起云涌。娃哈哈与红牛方始入局，还看不清出手套路。在众多挑战者中，打法可圈可点的有椰国与特种兵。

## 二、椰国：差异化的挑战者

与众多新生代品牌模仿椰树以价格战为主要竞争手段不同，椰国打法可总结为“一条信任状，四个差异点”。

### 1. 一条信任状是什么

椰国率先开启行业代言人策略，请了一线演艺界名人汪涵作为品牌的代言人，极大提升了品牌的公众形象和顾客信任度。众所周知，在食品安全问题备受关注的当下，饮料品牌在动销环节最容易受到信任度的影响。几乎没有太多顾客愿意以身试法尝试陌生的新品牌饮料，这无异于拿健康开玩笑。椰国花费不菲代价启用汪涵，无异于给顾客传递了两条重要信息：一是汪涵不便宜，表示企业有实力；二是公众人物代言，请放心饮用。

椰国在知名度不足的情况下出现在各类饮料终端时，顾客也不会断然拒绝，由此与众多不知名的椰汁彻底划清了界限。同时，椰国的差异化营销手段促成其快速发展。

**2. 4个差异点在哪里**

一是口味诉求“更香浓”。椰汁广受追捧的根本原因就在于“其味甘甜、其香浓郁”，因而更加香浓的椰国椰汁无异于是对传统产品的升级，自然会受到顾客的青睐。

二是产品形态为“有果肉的椰汁”。椰果一直被使用于杯装奶茶当中，其嫩滑的口感在顾客中接受度很高。椰肉加入椰汁不但分化出了果肉型椰汁的新品类，更重要的是向顾客宣导了椰汁的可信度。这与果粒橙的推广有异曲同工之妙。

三是表现在产品形象视觉上。椰国使用蓝色作为自己的视觉符号，与椰树及其跟随者在视觉上做了严格的区分，强化了前两个差异化的价值点。蓝色和椰汁结合，让顾客很自然联想到热带海洋风情，让品牌形象更加鲜明，便于顾客加深对品牌的印象。

四是在包装形态上，推出塑料装，提出“瓶装椰汁喝椰国”的口号，打破了椰汁千年不变的三片罐形态。这种侧翼战的方式，跟和其正之于加多宝何其相似。

## 三、后来居上：特种兵来了

相比挑战者椰国，特种兵的营销显得更加的另类和大胆。特种兵作为椰汁品类中的后起之秀，在营销过程中将现代营销手法的作用发挥得淋漓尽致。那么，特种兵是如何做到的呢？

第一，升级品类抢占行业先机。

椰汁市场多年来处于超稳定状态，椰树自始至终占据无可争辩的领导地位。其他竞争品牌几乎全部采取了低价格、低品质、低利润的跟随策略，少有品牌想到要推出比椰树椰汁价格更贵、定位更高的产品。

然而随着品质意识的觉醒，椰汁行业的标杆品牌显然已经落后于顾客需求。椰汁行业品质提升的空间非常大，顾客对高品质椰汁的需求也十分强烈。

于是，特种兵抓住行业先机，强化“生榨才新鲜”的品类诉求，从椰汁品类中分化出“生榨椰汁”品类。生榨的高品质诉求受到顾客的热捧，实现了引领整个行业产品升级的目的。先后提出“生榨”概念的许多品牌，仅仅把“生榨”当作一个简单的概念来使用。特种兵则是把“生榨”当作核心品类价值来维护，不仅在工艺上严守底线，宁停产也不造假，并且在传播上聚焦于生榨，牢牢把握住该品类的价值，建立起生榨与特种兵之间的品牌联想，通过品牌传播直接将品类价值转化为销售购买力。

第二，扩张品类迎合当下需求。

一直以来，在椰树的示范下，椰汁主要包装都是以三片罐的形态出现。这样的包装形态最适于用作佐餐饮品。然而，餐饮渠道长期被凉茶或者其他植物蛋白饮料和地区性玻璃瓶乳饮（如唯怡等）占领，这成为椰汁品类壮大的障碍之一。

特种兵深入洞察顾客需求，果断推出 PET 瓶装椰汁，将产品打入有更大需求的清凉解渴类饮料市场。同时，特种兵并不放弃既有的椰汁市场，以节点送礼和聚餐饮品的消费契机为圆心，精耕市场，让其椰汁在传统餐饮市场中重新争取一席之地。

第三，独特包装引爆眼球经济。

特种兵的包装非常个性，不但打破了传统椰汁的视觉惯性，甚至打破了国内饮料一贯以“纯色”符号抢占视觉、中规中矩的作风。在色彩上，特种兵采用迷彩，直接将特种兵这一品牌命名生动化，成为饮料界独树一帜的另类翘楚。从瓶型上，特种兵借鉴了日韩饮料的元素，将瓶子形状设计得更活泼、更具备亲昵感，不仅凸显了差异化和档次，还更为主力消费群体——年轻人所接受。这种具备销售推动力的包装设计，直接引发了椰汁品类中的迷彩风。

第四，聚焦区域打造样板市场。

“伤其十指，不如断其一指”。特种兵避开了椰树最强势的华南市场，也没有去强攻椰汁尚缺乏教育的北方市场，而是剑走偏锋选择了既有消费购买力又具备品类认知以江苏为核心的华东市场为战略区域市场。功夫不负有心人，通过烟酒店渠道打开了江苏餐饮终端市场，特种兵大瓶分享装成为与营养快线、银鹭花生牛奶三大必选品牌。以至于其仅用了两年时间就在江苏市场逆袭椰树，实现了单市场 4 亿元的销量。

## 四、椰汁品牌如何下好这盘棋

### （一）确立定位，建立有效差异化价值

建立差异化价值才具备溢价的空间，才能掌握与顾客及渠道商的议价权，才能为企业腾出更大的操作空间，否则只能陷入同质化价格战的泥潭直至被淹没。在此，笔者强调两点，一是有效，二是建立。

所谓有效，就是你所坚持的差异化价值必须是顾客认可的。比如“生榨才新鲜”，字面释义似乎在诉求新鲜，其实不然。生榨强调了原料的正宗，与别的品牌的勾兑工艺形成了强烈的反差！其包含的利益点源于生榨工艺给顾客带来的原始联想——天然、安全、鲜美。这是顾客完全接受的，甚至梦寐以求的。又如“养胃”，椰汁养胃没有既有的认知，无法建立正向的联想关系，所以这是无效的诉求。而要找准差异化价值，靠拍脑袋是无法实现的，必须通过对顾客需求进行分析及对其认知的洞察，找准需求与认知重叠的部分。

所谓建立，就是在顾客心智中，将差异化价值与品牌联系到一起。定位的本质并不局限于找到价值，更强调将该价值植入顾客心智的过程。所以，找到只是一个开始，坚持不懈地在顾客心智中占据住这个价

值才是最终的目的。

建立需要过程，当对手找到一个很好的差异化价值而并未牢牢占据时，我们通过对竞争格局的分析，凭借优势资源完全有机会进行抢先定位。

### （二）紧扣需求，顾客才是你的上帝

真正的营销都是根基于顾客展开的，首先我们必须剖析顾客的需求。椰汁作为植物蛋白饮料中注重风味的一个品类，由于顾客对其原料的功能性并无太多的认知，所以在顾客心智中的认知仅仅是一种热带水果。所以，椰汁注定无法像凉茶、核桃乳那样诉求功能性，只能凭借先天的美味让顾客激发消费欲望形成享受型需求。这类需求在营销上就必须比其他饮品更注重消费时机，并通过产品的塑形去迎合消费时机。

椰汁主要的消费时机有以下 4 类：①佐餐宴饮；②节点送礼；③解渴饮料；④美味零食。这 4 类消费时机面临的消费习惯、竞争类别和竞争对手不尽相同，所以在产品线梳理上必须着重考虑几种时机的购买特性，如表 1－1 所示：

**表 1－1　椰汁主要的消费时机**

| 消费时机 | 购买侧重点 | 包装建议 | 规格建议 | 营销建议 |
|---|---|---|---|---|
| 佐餐宴饮 | 利于分发 | 两片罐、三片罐 | ≥250ml | 强调品类价值 |
| | 利于分享 | 塑料装 | ≥1.5L | |
| 节点送礼 | 满足面子 | 箱装 | 从总价反推规格 | 强调品牌知名度、产品价值与性价比 |
| 解渴饮料 | 替代传统饮料 | 塑料装 | ≥330ml | 强调包装特色 |
| 美味零食 | 味道好 | 不限 | 不限 | 强调美味，可主打浓香型、椰肉型等 |

### （三）品牌信任状是饮料快速打通销路的必要手段

饮料属于广告性依赖较强的品类，然而其实质却并不在于产品需靠

广告推动。一般的顾客担心食品安全问题，不会贸然尝试可能会给自己带来潜在安全隐患的陌生饮料。所以，广告的作用仅在于向顾客展示实力，消除其购买顾虑。许多新品牌没有实力做大广告，而做小广告的影响力又非常有限，所以，建议考虑代言人策略在顾客心中建立信任状。如用此法，需注意选代言人，切忌省钱，一定要选择知名度高、形象与品牌相符的代言人。

（四）包装策略是椰汁品牌一次革新的机会

椰汁数十年来都给顾客留下黑色高瘦三片罐的印象，已显出老态。确切地说特种兵的包装之于椰汁来说并不算十分契合，但依旧可以使顾客和整个行业耳目一新，取得独树一帜的成功。这正说明了椰汁市场在包装形态上的创新对品牌的树立大有裨益。

在包装形态的创新过程中，切忌按图索骥，依据营销书上有关视觉符号的教条将自己困死，如色彩辨识、形状辨识等。那只是后人总结成功者皆有特定视觉符号，而非有了视觉符号才成功。

包装创新一定要把握主流消费人群的审美观。包装符合要求并具备自己的特色，那么你就是椰汁界新一代的视觉符号！

## 第四节　任性的药企：跨界饮品凭什么

药典上自古就有“药食同源”的说法。

广药推出王老吉绿盒又抢夺红罐拔得头筹，江中药业在猴菇饼干小成之后再推蓝枸饮料，云南白药玩转牙膏之后又推出了一罐清饮料，天方药业推出了美丽会饮料，石药集团推出了果维康饮料，以岭药业推出了津力旺及莲花清菲饮品。总之，各家药企玩饮品铆足了劲头乐此不疲，不是已经推出了饮料，就是在准备推出饮料。

## 一、品类属性 VS 顾客购买动机

在产品属性上，药品与饮品毕竟是两个迥异的品类产品。对于药品与饮品，顾客的心理与行为完全不同。

药品是硬需要，是计划性购买的商品。我们设定一个消费场景，如果顾客感冒了，一定会服用药物治疗，关键是选择康泰克还是白加黑，因此，药品消费是强烈硬需求，是必须购买的商品。不过，药品品牌之间遭遇的是品类内竞争，其他品类无法代替。

饮品是弱需求，是随机性购买产品。我们再设定一个消费场景，如果顾客上火了，一定会喝凉茶吗？答案是不会，极其严重的会吃清火的药品，相对严重的会喝降火的口服液，轻微上火才会喝罐凉茶消消火气。喝凉茶一定会选择王老吉吗？当然不会，顾客会在王老吉、加多宝、何其正等品牌之中做出选择。因此，饮品具有随机性购买的特征。

## 二、药企跨界饮品七道坎

药企跨界饮品败多胜少，说明这种跨行业延伸极有难度。我们对顾客购买动机与习惯进行梳理，得出了从药品到饮品需要跨过七道坎，每一道坎都充满了“杀机”。

第一道坎：饮品功效机械化表达。“要美丽，喝爱透”，这是百×药业爱透饮料的诉求；“苗条淑女，越喝越苗条”，这是哈×六厂苗条淑女饮料的广告语。作为普通食品，这种生硬的直白式功能诉求，直接与现行广告法律法规相抵触，频频受到顾客的诟病。这里不得不提及王老吉，因为王老吉拿捏住了凉茶与上火之间的分寸，“怕”上火表达的是预防，而不是“治疗”上火。药企后进者学习王老吉做凉茶，如邯郸学步，从出发点就错了，焉有成功的可能？

第二道坎：产品随意化上市。近年来，药企出品的如预防上火、减肥、美容养颜、润肺、去油腻、健脑、开胃、补益、调整膳食平衡、养眼等数不清的产品前赴后继蜂拥入市。有的成功大吉，有的功败垂成，原因在于产品策略脱离对顾客需求、竞争导向下的差异化价值及企业自身资源三个维度的基础性考量。

第三道坎：产品包装分离化展现。在红牛、王老吉、养元六个核桃的引导下，三片铁罐俨然是功能饮料的代表形态；在统一、康师傅、娃哈哈的教育下，最常见的 PET 塑料包装形式是即饮型饮料包装；在伊利、蒙牛、光明的带领下，利乐枕、屋顶盒是牛奶类营养饮品的包装形式。看一下药企，基本上缺乏行业惯例，随便设计一个包装，产品就上市了。

第四道坎：定价任意化。2 ~ 3 元是解渴类饮料的主流价格带；3 ~ 4 元是类功能饮料的价格带；4 ~ 6 元是功能饮料的价格带。也许是无法规模化降低生产成本，也许仗着“ × ×药企”出品的帽子，有的品牌动不动就将单支零售价格定在 7 ~ 8 元，甚至 10 元以上，会有人买账吗？草率决定价格盘感觉很美，结果很糟。

第五道坎：渠道缺失是硬伤。江湖盛传宗庆后老先生随便出一个新品，7 天之内可以铺市到数以百万计的大小零售终端。这充分说明对于娃哈哈这个体量的饮料大鳄来说，渠道已经成为企业的战略资源，企业只要专心研究顾客就足够了。对于药企，推出饮品，需要重新构建渠道。这需要资源，更需要时间。

第六道坎：营销团队是软肋。因为医药渠道相对封闭单一，饮料渠道复杂、多元，因而渠道特性决定了营销团队要具备不一样的业务素质与技能。做饮料的业务员，号称销售农民工。“简单工作重复干”是饮料业务员的口头禅。药企对外需要创建一支经销商团队，对内需要搭建一支攻城略地的营销团队。

第七道坎：促销推广需补课。饮料比之药品，对顾客的黏性更高，更需要与顾客沟通。这就要求药企对顾客的“推动与拉动”方式都重新进行补课。

以上七道坎可分列为内部元素与外部元素，内部元素为产品与团队，外部元素为渠道（含经销商）。

## 三、跨界下的破局之道

首先，顾客以需求为动念、以品类来思考、以品牌来表达，这三个基本点是药企跨界饮品营销破局的原点与逻辑。其次是渠道问题，即顾客在什么场所实现了购买行为。最后是沟通问题，解决的是品牌与顾客彼此之间的忠诚度问题。不管是传统的饮料企业，还是药企跨界饮品，同样要解答以下问题。

### （一）顾客为什么要选你的产品

先给顾客一个购买理由。产品诉求将弱需求加强，最好变为强需求。

营养快线为什么卖得这么好？是因为它是“酸奶 + 果汁”吗？当然不是！它卖的是“早上喝一瓶，精神一上午”。娃哈哈聪明地将这款复合型饮料塑造成代餐、顶餐饮品品类，直接绑定了早餐这个大需求，适合快节奏的现代化生活方式，然后十几年如一日地进行诉求，直接打进顾客心智。

反观药企推出的饮品，王老吉在预防上火诉求方面找到了自己的品类价值。

所以，药企必须要重新审视顾客需求这个原点问题了。

### （二）顾客在哪些地方购买你的产品

饮品销售还在药企常见的药店吗？答案当然是否定的。

作为一般日用品，或者最标准的快消品，恐怕饮料具有最多元化的零售终端，据说可口可乐的零售业态具有 22 种之多。

饮料作为非计划性、随机购买的产品，不同的终端业态也具有不同的意义与作用。沃尔玛、家乐福等 KA 大卖场还真不是饮料的主要渠道，只是形象渠道、广告渠道、势能渠道。数量更多、分布更广的 BC 类渠道，甚至食杂店、报刊摊、乡村代销点才是饮料的出量渠道。企业对于主要、辅助渠道的判断不可含糊。

事实上，饮品从工厂到经销商仓库，再到零售商货架是一个复杂的过程。各个渠道的利益如何分配决定了这个生态链是否具有市场竞争力。

### （三）终端动销是检验一切商业模式的试金石

营销人经常谈论的品牌知名度、美誉度、忠诚度，这些提法是不太妥当的，特别是品牌忠诚度的提法更有待商榷。在信息高度透明化的社会，只能说存在着品牌对于顾客的忠诚度，不存在顾客对于品牌的所谓忠诚度。

吸引顾客、黏住顾客、让顾客认可与喜欢是品牌的唯一出路。

饮料品牌凭什么赢得顾客？

基于消费动机找到大需求，找到品类的差异化价值，以品牌进行表达，这是战略层面的顶层设计，然后才是产品战略。遵循一致化的原则，从包装规格、材料、设计风格，甚至是与顾客的价值沟通语，构建产品的视觉战略，这是静态的促销元素。

产品从经销商仓库流转到零售商货架，然后从货架到顾客购物篮这才是最惊险的一跃。促进顾客购买的手段是动态的促销元素。

饮料市场是竞争最充分的市场。除了线上广告拉动之外，线下促销手段有很多。具体来讲，促销手段的设计有多重维度：①基于时间元素；②基于购买场合；③基于消费时机；④基于产品特征；⑤基于价格因素；⑥基于支付方式；⑦基于顾客身份；⑧基于异业联盟；⑨没有理由创造个理由也要促销。

# 第五节　从药业到日化行业

近年来，本土制药企业向日化领域延伸蔚然成风，先后有同仁堂、仁和药业、云南白药、滇虹药业、片仔癀、三精制药、修正药业等知名药企纷纷步入其列。当然，这也是研究国外同行产业结构组成要素的结果。美国强生在医药领域推出达克宁、息斯敏、派瑞松、吗丁啉、采乐等品牌，在日化也推出了强生、可伶可俐、露得清等品牌。曼秀雷敦不但卖眼药水，也卖润唇膏、洗发水与防晒露。自有联合利华背景的吴汉荣先生空降到中美史克任中国区总裁后，第一个大动作就是推广一款专业牙膏——舒适达。

从药业到日化行业，本身具备 GMP 标准（药品生产质量管理规范）的药企，在日化产品的研发生产方面是小菜一碟。于政策、营销、管理、品牌与团队上，药业与日化行业存在何种差异，距离有多远呢？

从药业跨界到日化行业，无疑是企业战略指导的结果。虽然系出同门，但营销如何随之“变脸”呢？

## 一、二者之间距离有多远

### （一）政策篇

目前药监局针对日化行业的用材与宣传正在征询意见中。“中草药”“中药”等字眼是否准许继续沿用，还是个未知数。如果禁止的话，对于事实上卖的就是“功效”的药企日化部门来讲，可能是灭顶之灾。以云南白药牙膏卖点为例证，其宣传语为“有效防止牙龈出血、牙龈肿痛、口腔溃疡、牙龈萎缩、牙周炎、口腔异味”，假如消除这些功效或者说不允许有功效性描述，那么云南白药牙膏凭什么单支卖到 20 多元？这与两元多的冷酸灵有什么区别呢？按照目前的《广告法》规定，日化用品不可以宣传疗效或者引用治疗用语。云南白药牙膏用“有效防止”字眼替代，明显带有打擦边球的痕迹。

在遵纪守法与保持功效特色之间左右冲突，是药企的日化部门最头疼的问题。

（二）营销篇

做日化产品对于生产药品的企业来说，是小儿科吗？药品上市前都要经过法定的药理实验与临床观察等严格、复杂、漫长的程序，而日化产品属于一般竞争性产品，故政策对其的生产与销售监管相对宽松很多。因此从产品面上对比，药品多以单个产品品类做市场，而日化产品是以系列产品运作市场，是故一款斯达舒可达到数亿元以上的销售额，而上百款产品年销售额超亿元的日化企业就已经达到行内中等规模了；在价格制订上，日化产品价格由企业自主制订，而药品的价格必须到有关部门报批备案。

在渠道上，药品主要在医院、药店与第三终端诊所销售，而日化产品属于一般日用品范畴，其渠道多、广泛而且复杂，两者不可同日而语。需要注意的是，化妆品（薇姿等）可以在医院药店渠道销售，反之，药品则严禁在传统渠道销售。具体如表1－2所示。

**表1－2　日化渠道特点和主力品牌**

| 日化渠道分类 | 特点描述 | 代表主力品牌 |
| --- | --- | --- |
| 百货 | 以点为主，靠单点产销量 | 外资品牌为主，兰蔻、雅诗兰黛、迪奥等；本土佰草集等 |
| 超市（沃尔玛、家乐福） | 以系统为主，按终端系统为延伸 | 外资品牌宝洁系、利华系、拜尔系丝宝、妮维雅、强生；本土品牌丁家宜、霸王、蓝月亮、威露士 |
| 医药渠道 | 以医院、药店系统为主 | 薇姿、雅漾、理肤泉；本土薇诺娜、可采等 |
| 批发市场（流通） | 以向县镇辐射面为核心 | 本土品牌拉芳、好迪、蒂花之秀、采乐、宝宝金水、妇炎洁等 |

续表

| 日化渠道分类 | 特点描述 | 代表主力品牌 |
| --- | --- | --- |
| 直销 | 以组织（营销团队）运营 | 外资品牌安利、玫琳凯、雅芳、如新；本土品牌天狮等 |
| 日化专营店（屈臣氏、娇兰佳人） | 化妆品专营店、专业店、专卖店 | 外资品牌资生堂泊美、爱茉莉梦妆、高丝；本土品牌自然堂、珀莱雅、卡姿兰、丸美、欧诗漫、柏氏、婷美、雅丽洁等 |
| 专业线 | 化妆品美容院 | 安婕妤、创美时、美素、雅兰、名角等 |
| 其他补充渠道 | 网购、电视购物、目录销售、团购劳保 | 日本 DHC、本土护花吟等 |

在促销组合上，日化产品比药品要灵活得多。就是日化行业常见的派赠促销，在药品市场的推广上是不被相关法规允许的。

从产品结构层面、渠道宽窄度及促销组合来看，药品与日化产品之间的差异非常大。可见，从药品延伸到日化产品绝非小儿科。

（三）管理篇

无论是改制后的医药公司，还是新兴势力老百姓大药房连锁、健康人大药房连锁无疑都是一般纳税人，财务比较规范，故厂商之间对接也比较融洽，而很多年营业额上千万元的日化经销商属于“三不”户，即不知道卖了多少营业额、不知道库存有多少货、不知道赚了多少钱。这就很容易导致正规的药企同习惯随机操作的日化客户之间产生冲突。

九州通、一致药业、老百姓、健康人等医药经销商大鳄，只因其大，基本上都在跨大区域运作。而日化行业已形成了省级、地级、乡镇层级分化，形成了一张相对分明的网络。同一日化品牌运作家乐福连锁，湖南与湖北市场往往不是同一家地方供应商。因此在药业的大客户制下，渠道商拥有较大的发言权，而且经销商与零售商存在着较大的重合。而在日化行业，品牌企业往往掌握营销主动权，具备掌控布局各种渠道商的优势，使其履行不同的市场职能。宝洁在这一点上做到了极致，经销商仅仅充当付款进货、仓储物流的功能，其他一切有关销售与市场的，事无巨细都是厂家自己来！

针对药企管理的规范和日化客户的松散，药企的日化部门在很长一段时期内，需要采取务实的措施解决与因日化客户管理不规范产生的对接问题；快速对自身营销短板进行补课，让营销团队承接日化客户不能做、不愿做、不想做的营销那些事儿！

（四）品牌篇

沿用同一品牌名称还是另外创新品牌？同仁堂、云南白药、片仔癀选择直接将品牌延伸到日化品类，而仁和药业在日化方面启动了闪亮、妇炎洁品牌，滇虹药业在日化业务启动了滇虹康王、润芙、薇诺娜品牌。

药品、日化产品用同一名称，优点是统一宣传、共享资源，缺点是不可避免地弱化了品牌的专业性。药企的日化业务启动新品牌存在的问题是，药品与日化产品的关联度差，达不到资源共享的目的。

两种品牌策略各有优劣，主要取决于日化部门的主打品类是什么。一个很有趣的发现是，人体脖子以上部位用的产品，比如滇虹康王洗发水、云南白药牙膏、同仁堂护肤品等，用药品品牌直接延伸到日化产品居多；人体脖子以下部位用的产品，比如沐浴露、腋臭净、私处清洁用品妇炎洁等，药企大多启动新品牌，母品牌只是用于企业背书，表达为“××药业出品”。

品牌无距离之说，不过从药业跨界到日化行业，品牌必须持续增值却是不容置疑的课题！

（五）团队篇

没有药企老板会让药品与日化产品共用一个团队，在组织架构上会在药品业务之外另立“日化事业部”或者“健康用品事业部”。两个业务的市场部倒可以合在一起，群策群力未尝不可。

相对于药企营销团队的比较稳定，日化企业的营销团队要浮躁得多。究其原因，药企的营销人员多从生产与技术转岗而来，与企业一路成长，对企业认同感较强；而日化企业营销人员多为营销出身的“江湖人士”，面临的诱惑多、机会多，因而跳槽的次数多。

药企的日化营销人员是千军易得一将难求，日化事业部的城市主管、省区经理等基层干部招聘相对比较容易，而在总监级别层面的招聘比较难。在企业内部培养，市场不等人，而社会招聘磨合成本太高。职场一般经历6个阶段：相见恨晚、惺惺相惜、互相猜疑、心存间隙、分道扬镳、指责诽谤，事实上合作周期很难超过24个月！凡是打破这个怪圈的，都是从药业跨界到日化行业成功的企业。事实上，进入这种怪圈反复折腾的药企占大多数！从药业到日化行业的死穴就在这里——日化营销团队的稳定性与成长性。

从药业到日化行业有多远？不是取决于行业差异，也不是取决于产品区别，更不是取决于企业的广告是否投得多，而是取决于最基层卖场促销员与企业CEO之间的心灵距离！

## 二、营销如何变脸

营销组织的派生因为销售渠道的迥异，因而派生出日化销售部。介于企业形象与品牌宣传的统一性，大市场部是必然的，可以单设下辖日化市场推广部，相对应的，财务、行政亦然。

药企跨界做日化品的先行者中极少数幸运者喝到了第一杯羹，好事者便命之为“××营销模式”，其实不过是先行者充分利用自身资源在正确的时间做了正确的事情。

### （一）云南白药牙膏——勇敢者的游戏

去渍、防蛀、盐白、清新口气、果味、蜂胶透明是品牌牙膏的主流概念。牙膏的心理价位是单支不超过15元，更多的品牌在3～8元厮杀。除了黑人品牌外，其他品牌都是主做流通分销渠道。高露洁、佳洁士角力广告投放，冷酸灵、蓝天六必治、田七死拼价格。云南白药进入牙膏领域时就是这种情况。所谓的牙膏高端、中高端、中端、中低端、低端分别由不同的品牌把守，合围成铜墙铁壁。新品牌想挤进去，连缝隙都难以找到。

“有效防止牙龈出血、牙龈肿痛、口腔溃疡、牙龈萎缩、牙周炎、口腔异味”，云南白药果断出牌了，将对手逼向一侧，以产品的功效、功能直接间隔竞争品牌，先打品类——非传统牙膏，再树品牌——含有国家保密配方。

在渠道选择上，先利用药店渠道，起到了强烈的提示与告知作用，然后迂回进入终端大卖场渠道。产品好、价钱高，怎么办？就派专职的促销人员在大卖场一对一进行推荐，直接把顾客引到云南白药牙膏专柜前，说服顾客达成购买意向。

在宣传推广上，前期重点在报媒投入，进行“恐吓式科普教育”，培育引导市场；另外是不惜成本投入试用装，让顾客快速形成第一次“亲密接触”，进行体验式营销，进而导入口碑宣传。在获得一定认知度与二次消费后，启动影视传媒，顺理成章地进行硬广告宣传。

### （二）仁和妇炎洁：大干特干的“打劫者”

对于洗液，仁和妇炎洁进来的时候，恩威洁尔阴作为药品在药店渠道，花安适在商超渠道运作了很多年。洗液已经由贵妇专用普及到寻常女性，已经做足了顾客的教育功课。妇炎洁选择进入的时机就是市场爆发的前夜，或许当时仁和药业也不明晰。

恩威洁尔阴按药品政策规定只能在药店销售，花安适则倚重终端渠道，作为主流的流通分销渠道基本上被遗漏。妇炎洁没有客气，更没有在其擅长的药店渠道更多停留，直接引爆了大流通渠道，同拉芳洗发水、蜂花护发素、大宝SOD蜜一起分销到县城与乡镇的零售网点。

仁和药业将集团整体购买的广告段分给妇炎洁一部分时段，与旗下可立克、优卡丹等众多医药明星品牌一起上阵，舍弃品类，直接打品牌——洗液就是妇炎洁。在操作手段上，采用了洗发水已经用滥的招数“明星+吆喝”在各大卫视进行重磅广告轰炸，先后邀请付笛声、任静夫妇，林心如等代言。

仁和药业长驱直入到日化领域，妇炎洁在洗液品类大干特干，“打劫式”地侵占了市场，继而又启动了闪亮滴眼液、牙洁素等日化品类，达到了日化与药品共同发展的目的。

（三）滇虹润芙——防干裂护肤品标准的缔造者

在滇虹药业众多的 OTC 产品中，一个叫“尿素维 E”的产品很不起眼。但经过技术改造后，“尿素维 E”摇身一变为滇虹润芙防裂护肤霜在日化渠道杀出来。

2006 年，隆力奇蛇油膏袋装大行其道，零售价一元钱，卖得很火，因而拉芳缤纯袋霜等同类产品基本上都是以此为标准推广袋霜。润芙防裂护肤霜如何定价？跟随隆力奇不是不可以，而且尚有非常大的利润空间。但是看似四平八稳的无风险跟进与模仿策略，往往是品牌自杀最有效的手段之一。

隆力奇打的是蛇油概念，仅仅起普通的保湿滋润效果；润芙推的是山茶花精油概念，并且防皴裂效果立竿见影。从产品力讲，润芙防护防肤霜是功效明显的新品类。由此，润芙——日化防干裂第一品牌呼之欲出。

从防晒霜防晒指数（SPF）得到启示，滇虹制订出皮肤干裂指数（DCF）滇虹药业企业标准。

定价的难题就迎刃而解，滇虹相信润芙的功效及考虑引导消费升级，将 DCF + 轻度定价为 2.5 元，为隆力奇袋霜定价的 2.5 倍。

市场也给予了热烈的回应，由于产品的特性，中老年顾客成为润芙的铁杆拥趸。销售价格更高的 DCF + + 中度最受顾客欢迎，这也是企业始料未及的结果。一些无名的袋霜也开始从包装到设计完全模仿。被竞品跟随模仿，虽然不是很开心，却也印证了对手对自己的认可。

云南白药牙膏、仁和妇炎洁、滇虹润芙突出重围，独辟蹊径扬名立万之道有哪些共同的营销原则呢？药企的日化产品与药品营销，以及同普通日化企业有哪些不同呢？

（1）权威的药企品牌背书，给顾客的感觉是，药厂出品的，品质有保障。

（2）有取舍地占有药企独特资源，如云南白药牙膏宣称的国家保密配方，妇炎洁分享仁和药业的广告资源，润芙则直接由滇虹药品技术改造而成。这是日化企业望尘莫及的优势。

（3）做新标准的制订者、做品类的打造者、做渠道差异化的侵入者，坚决不跟日化企业进行价格战，只做自己可以定标准的事情。

（4）做窄路更宽，做宽路更窄。找好切入日化行业的突破点，做成熟一个品类，做成功一个品牌，再瞄准下一个，走下一步。

（5）必须忘记自己是药企。“是药三分毒”的习惯性思维在顾客认知中始终挥散不去，对于药企的日化业务而言，最大的优势往往就是最大的劣势。

药企跨界到日化行业不能沿用做药品的思维，更不能做成普通的日化产品。

要走第三条生存之道，也就是杂交。

## 三、从云南白药看药企如何操作日化产品

从跨国企业看，强生、曼秀雷敦等都是跨界成功的商业模式代表。就本土企业来讲，云南白药不是药企第一家做日化产品的，却是第一家做成的，这一点估计没有人质疑。在云南白药的示范效应下，三精制药、修正药业、滇虹药业、片仔癀等知名药企纷纷挤进日化阵营。这些“在日化路上”的跟随者需要关注哪些点呢？

成功招数与技巧一旦广为人知，说明绝招就已经没作用了。云南白药只是一个蓝本，一种借鉴，给后来者提供的仅仅是一种思维模式。

### （一）品类选择——牙膏

大日化涵盖家居护理、美妆、个人护理三大品类。家居护理产品距离药企较远，自不待言。同仁堂等药企涉足日化做的是护肤品。由于这

一块的顾客品牌认知最为强烈，顾客更换品牌的阻力非同一般，因此，多年下来同仁堂在日化方面没有大发展，倒也正常。

在个人护理品类，洗发水有类似护肤品的特点，沐浴露、香皂则很难卖上价钱，牙膏则是高端、中高端、中端、中低端、低端分别由不同的品牌把守，合围成铜墙铁壁。在牙膏领域，高露洁、佳洁士、中华、黑人 4 大家族阵营俨然格局已定。牙膏的心理价位是单支不超过 15 元，冷酸灵、蓝天六必治、黑妹、田七则在 3 ~ 8 元区间厮杀，封住低端。一个不能忽视的现象是，安利的利齿健牙膏零售价钱 38 元/支，销售倒也乐观，抛开其非传统的营销方式不论，证明牙膏板块高端市场存在着不小的层级规模需求。

高开低走，是后进企业弯道超车的不二选择。

（二）概念选择——非常功能

对于牙膏的分类，存在三种主要说法：

（1）功能说：去渍、防蛀、盐白、清新口气、果味；

（2）原料说：田七、薄荷、银杏、蒲公英、芦荟、七叶丹、珍珠、蜂胶；

（3）目标消费人群说：儿童、他（男人）、她（女人）。

（三）渠道选择——由药店到超市

在渠道选择上，云南白药牙膏先利用了药店渠道，起到强烈的提示与告知作用。药店是云南白药的资源型渠道，进店、铺货、陈列都无障碍，优势是彰显专业性，劣势是药店渠道对比商超渠道毕竟狭窄得多，减少了与顾客接触的机会。另外，单店产量低，无法集中爆量。

这时候留给云南白药有两个渠道选择：一是进入流通批发市场与两面针、冷酸灵为伍，二是进入现代商超渠道与黑人、高露洁贴身肉搏。对于一个不成气候的品牌品类，过早到流通渠道参与竞争，失败的可能性大，但是赌商超渠道，会赢吗？

在货品 SKU（存货管理单位）、位置、导购、陈列、价格、促销、宣传、客情这终端 8 大要素中，除了产品品质优势之外，云南白药牙膏没有任何操作终端大卖场的优势。实际上，从“想进大卖场—学习大卖场运作—学会大卖场运作”是云南白药牙膏的煎熬时期。其实，牙膏 4 大家族的情况也不完全一致。佳洁士、中华牙膏分别作为宝洁与联合利华的牙膏品系，基本上由综合导购兼卖，只有高露洁与黑人是专业口腔护理，派驻专职导购在大卖场进行一对一的产品推荐。而云南白药牙膏强烈的功能化定位，决定了与高露洁、黑人目标消费群的差异，一句话，云南白药牙膏导购只要把产品介绍清楚就足够了。

在整个操盘大卖场的过程中，云南白药牙膏在整个卖场的造势也是非同小可，使用了特殊陈列、促销道具、专家证言等一系列手法。某一阶段在各大卖场的电梯口身着民族服装带有耳麦的云南白药导购推着花车进行喊麦流动促销。云南白药牙膏的终端成就印证了这句话——“认真做事只能把事情做对，用心做事才能把事情做好!”

（四）传播通路——从软文到硬广告

在宣传推广上，云南白药牙膏前期重点在纸媒做软文营销，进行“恐吓式科普教育”，对于潜在顾客深挖“痛处”，告知顾客牙龈护理的必要性，放大不积极做牙龈护理的危害性。同时告知顾客改用云南白药牙膏就可以彻底解决这个难题，只需 20 多元钱，比看牙医实惠多了，理性培育、引导市场。

从品牌策略上分析，云南白药牙膏实质上侵占的是专业牙医的市场，而并非传统牙膏的市场。大多数企业犯的错误是，不从品类独特价值的角度去找品牌定位。这也是很多品牌随便附和一个概念，浮光掠影式喊一下口号然后一败涂地的根本所在。

对于线下的配合，是不惜成本地投入试用装，让顾客快速产生第一次“亲密接触”，进行体验式营销，进而导入口碑宣传。在获得一定认知度与二次消费后，启动影视传媒，顺理成章地进行硬广告宣传。当然，选择阳光兼公益性明星濮存昕为品牌形象代言人也为云南白药牙膏增色不少。

无论是品类的选择、概念的拿捏、渠道的布局还是传播的权衡都体现了云南白药牙膏操盘团队的能力与水平，这对于一个国有性质的股份制企业而言难能可贵。

# 第六节　舒客 VS 云南白药牙膏：牙齿上的攻坚战

云南白药牙膏出道 5 年，硬把高露洁、佳洁士、中华、黑人长期把持的市场变成“4 + 1”格局。之后牙膏市场再次陷入板结，直到奇招迭出的舒客“前来叫阵”。

舒客年销售额不过 5 亿元，而云南白药牙膏早就突破 10 亿元，两者并非一个重量级别的选手，为何会缠斗不休？这场战争有没有看点？

## 一、都是“插班生”，差距却很大

牙膏领域的江湖座次早就排定，高露洁、佳洁士、中华、黑人一字排开，占据第一阵营多年“不退位”。日化线的商战从没停息，其他品牌如冷酸灵、蓝天六必治等偏安一隅却从未放弃。只是各家派驻专业导购、发免费试用装、做促销拦截等已是常规工作，而且年销售额 10 亿元的门槛高不可攀，第一阵营城池固若金汤。板结市场少有新鲜事，直到云南白药牙膏出现。

云南白药牙膏以“国家保密配方”为旗，开辟了牙膏高端市场，经过 5 年的摸爬滚打，在 2010 年前后，销售额突破 10 亿元，市场份额名第五。

云南白药牙膏的进阶举世皆惊。牙膏主流价格还集中在 3 ~ 8 元的时候，2005年云南白药牙膏直接卖出了单支22元的高价，将牙膏消费心理价格直接翻了一番，从而把整个行业市场价格进行了外延式的大幅度提升，由此也带动了4大品牌推出高价位的商品。2008年中美史克推出30元/支的抗过敏牙膏舒适达；2009年佳洁士高端之作全优七效系列闪亮登场；2010年高露洁价格为28～30元的专效抗敏牙膏正式亮相。而其他国产品牌则开始在“以药入牙膏”方面做文章，比如同样是药企出身的片仔癀。

当时最受刺激的却是舒客。

舒客牙膏的核心领袖为日化界传奇人物王梓权。此君中学教师出身，是本土洗涤巨头蓝月亮品牌发展史上不可或缺的一个关键人物，也是本土头发护理品牌迪彩终端体验营销的倡导者与践行者之一。出走迪彩之后，王梓权二次创业，做了两个品牌。他看好的是优克万能清洁剂，做舒客牙膏只是抱着试一试的想法。

没想到倾注大量心血的优克家居清洁一直不温不火，而舒客牙膏却在局部市场销售不错。云南白药牙膏的成功最终惊醒了差不多同一时间进入市场却一直开小差的舒客。王梓权回过神来，自己撼不动4大家族，但同是“插班生”的云南白药牙膏却并非不可企及——舒客要发力追赶！

## 二、不得已的闪转腾挪

王梓权很清楚，云南白药牙膏靠国家保密配方的独有概念是舒客学不到的。缺乏底气的舒客对卖点概念的提炼其实一直处在摇摆中。早期的产品既有红参护龈概念，又有维C营养概念，都是不得已而为之。舒客独有的、支撑品牌的诉求直到2011年7月才完成。

品牌概念不够清晰，决定了舒客在定价方面不能理直气壮地与云南白药牙膏比肩。

针对云南白药牙膏的高端消费人群，舒客每个功能的产品线都包括高端和低端两种产品。例如同样是护理牙龈功效的红参护龈牙膏定价为17.50元，维C营养牙膏定价则为8.90元，错开式的二元定价策略大大增加了销售机会。

高端做形象、低端冲销量正是王梓权的策略。他看准了云南白药牙膏必须维系自己一贯宣称的“高品质、高价位、高利润”“三高”定位，根本不敢推出低价格产品。因此，很多不愿意掏二十几元却想消费好牙膏的顾客就源源不断地流向了舒客，而云南白药牙膏在旁边也只能看着干着急。如何让顾客留下舒客属于“好牙膏”的印象？舒客用全线口腔产品补足专业分。

这是王梓权的组合拳。舒客提倡全方位口腔护理生活方式，配合9条产品线组合，包括牙膏、牙刷、漱口水、口喷、牙贴、牙线、牙线棒、牙间刷、舌刮器，产品总数达到了56个。舒客产品组合的关联性非常强，这为终端销售的连带促销提供了基础。当然就实际销售来讲，这些系列产品的销售额并不高，但舒客给人留下的印象是目前国内品类最齐全的专业口腔护理品牌。超市卖场一般会在牙膏货架旁边开辟出一个口腔护理专架，也需要这些系列产品树形象。

“好牙膏”同样怕淹没在货架无人问津，好在“博眼球”一向是王梓权团队的长项。

当时，包括云南白药牙膏在内的所有大品牌都是横向陈列，舒客牙膏反其道而行之率先采用竖版陈列。包装材料用高档的白卡纸，并大胆进行开窗设计，让人有眼见为实的信任感。与云南白药牙膏传统蓝兼白对比，舒客打破了常有的认知，用很炫的颜色吸引顾客眼球。

在“后云南白药牙膏”时代，舒客的新鲜玩法，开始搅动常规战中缺乏看点的牙膏市场。

### 三、玩转大卖场的人

王梓权的中坚团队基本上来自终端巨头蓝月亮与迪彩，而这两家企业都曾是操作大卖场的高手。本土企业凭什么和跨国品牌对决？比不了品牌、比不了投入，凭的就是终端的白刃战。长期的磨炼让本土企业对于活动的策划、准备、执行和操控练得炉火纯青，甚至活动队一天开几次例会、多长时间进行销售报数、不同卖场之间评比名次等都已套路化与程序化。活动队员总是处于精神亢奋的状态，在“没有不好卖的产品，只有卖不好产品的人”等魔咒般的理念灌输下，每个人都时时挑战自己。舒客的核心优势其实在于卖产品的人。

舒客首先将口腔检测仪搬进卖场，开展免费口腔检测活动。促销员邀请顾客到测试专区，将口腔检测仪探头放入顾客的口中，便能让顾客在电脑屏幕上清楚看到自己的口腔问题，比如牙龈有炎症、出血，牙齿有菌斑、牙结石……再对症推荐适合的产品。在这样的气场氛围感染下，顾客在互动的过程中不自觉地进入角色，购买成功率很多时候可以达到 80% 以上。事后统计，以沈阳地区一家乐购大卖场为例，舒客靠口腔检测仪一个月做到了 20 多万元的业绩，而在之前，该卖场整个口腔区域的销售总量还不到 20 万元。

面对这么能折腾的舒客，高露洁、佳洁士、中华、黑人倒不算太气愤。它们高中低产品线齐全，可以平衡销售产出，因而舒客这种终端拦截对于其影响力有限。但是以高端与功效定位的云南白药牙膏就不一样了，因为经过舒客口腔测试仪购买的顾客，都是云南白药牙膏的目标客户！

大家本以为促销并不是卖牙膏的常态，折腾一段时间也就完了，没想到舒客的促销活动是一个档期接着一个档期做。卖场投篮、扎气球、抓金币等玩法，舒客的营销人员是轻车熟路。俗气是俗气，但是能让人群扎堆。

不做互动活动的时候，舒客就用牙膏盒组合成大炮、风车、飞机等不同异形堆头，从没见过牙膏盒可以这么组合的顾客都被吸引了。见效果甚好，舒客组织销售人员开展异形堆头创意大赛，挖掘集体智慧做这项工作。

应该说在注意力经济时代，舒客的营销活动博取了更多的眼球，获得了更多的销售机会，从一定程度上弥补了品牌知名度的不足。舒客团队精于此道，又把这个优势放大，毕竟能把促销做成常态的销售方式也是本事。

在云南白药牙膏及其他品牌看来，舒客这种“杂耍式”玩法不值一哂。事实上，云南白药牙膏也不擅长这些花样。云南白药牙膏比较可圈可点的一次创意促销是让导购穿上醒目的民族服装，戴着耳麦，推着装有云南白药牙膏产品的卖场小推车穿梭于整个卖场。移动式促销有效扩大了销售半径。

云南白药牙膏的团队不做噱头，却擅长做实地问题分析。有段时间，云南白药牙膏发现自己的牙膏被塞到货架最底层的角落，得顾客蹲下身子才能发现。经一番调查之后才发现，如果超市东西被盗是营业员自己赔。因为云南白药牙膏售价昂贵，营业员直喊“赔不起”，所以“藏起来”卖，卖不掉至少不会被罚钱。找到问题所在，云南白药牙膏团队让营业员在货架上放空盒子防盗，等顾客付款后再拿正装牙膏。他们还要求厂方常驻人员定期巡店，对于那些没有货样的店要及时补充空盒货样，并且要求每个巡店员一定要带好清洁空盒货样的抹布，在每次巡店时都擦拭一次空盒，及时替换太脏的或污损的空盒样。

总之，在创意战上，舒客算一枝独秀。靠着陈列为王的思路和强大执行力，舒客2010年销售额就突破了3.6亿元，2011年直奔5亿元而去，被誉为行业黑马。

## 四、不带你玩

云南白药牙膏跟着舒客玩了几次卖场创意比拼，立刻发现背离了自己的优势。云南白药牙膏的先发优势就是品牌本身，终端推力略逊一筹，但是品牌拉力不容小视，于是继续以濮存昕为形象代言人，在传统媒体上进行持续的品牌传播："人到中年，名利看淡了，健康看重了。选一支好牙膏，多一份健康保障……"

这几句实在的广告语从活跃于公益事业的濮存昕口中说出来，颇有分量。濮存昕在公众心目中的口碑和地位直接转嫁到了云南白药牙膏上，完成了白药牙膏从美誉度到忠诚度的嬗变。品牌拉力反映到销售终端上，云南白药牙膏的年销售额仍然可轻松破 10 亿元。

所以有人评价，云南白药牙膏赢在战略，舒客长于战术。云南白药牙膏的核心是品牌，而舒客的关键是团队，二者的大卖场博弈就是一等的高手拿着较弱的兵器与二等的高手拿着较强的兵器搏斗，均不占绝对优势。舒客无法把云南白药牙膏拉下马，云南白药牙膏也无法把舒客绝杀。

但是跳出大卖场再看两者实力对比——舒客太依赖陈列促销，虽然团队能够让促销成为常规工作，但是 5 亿元的年销售额是一道坎。要真正追上云南白药牙膏再上一个台阶，就属于长跑，单靠卖场推动，是不可能完成的。

舒客要补上该补的课。

首先就是品牌印象。王梓权最兴奋的一点是，长期困扰舒客的卖点概念不突出问题找到突破口了。

不知道是从护肤品日霜与晚霜的分法得到启示，还是从药品白加黑那里收获了灵感，舒客提出以时间概念定义牙膏，引导顾客刷牙早上用舒客益早牙膏，晚上要用舒客益晚牙膏。因为"大部分的口腔问题由细菌引起，人体口腔分泌的唾液本身具有杀菌功能。但是白天的唾液量一般是晚上的 3 ~4 倍，而夜晚当人处于睡眠状态时，唾液腺分泌不足，口腔干燥，会导致口腔酸化和细菌繁殖过快，引发各种口腔问题"。据悉，"在欧美先进国家，80% 以上的顾客选择牙膏时会把早上和晚上用的分开。"

贝克汉姆代言舒客的身价是个谜，但给舒客带来的财政压力肯定不小。为了分摊广告费，也是为了更大的抱负，王梓权指挥舒客朝着传统渠道杀进来。

一般而言，我们习惯将商超叫作现代渠道，除此之外的其他通路叫传统渠道。商超卖货强调的是面向顾客直接售卖，而传统渠道看重的是经销商的深度分销能力。作为终端驱动代表品牌，舒客属于直接破局，在全国已进驻家乐福、沃尔玛、麦德龙、大润发、华润万家等近5000家KA大卖场。云南白药牙膏2008年左右已经较早地完成多渠道的开发与覆盖，而舒客一直是单脚走路，除商超之外其他通路一直处于空白，对于区域渠道深度分销，几乎就是从零做起。

舒客团队拜访经销商，本想着有了贝克汉姆的金字招牌，又有了早晚牙膏的概念，进行渠道突破应该比较容易。某大经销商当场给下面的分销商打电话，下面的人就说："舒客'益早·益晚'这种理由让顾客产生购买的动力很不充分，像是个生造的概念；在品牌拉力上，舒客几乎没有在这方面有过投入，品牌知名度不够高，遑论美誉度与购买忠诚度？"虽然在大卖场，舒客的促销仍如火如荼，但舒客的传统渠道拓展艰难。

相比之下，云南白药牙膏广受经销商欢迎。

在传统分销渠道上，云南白药牙膏的"三高"定位也给各级渠道商留足了利润空间。云南白药牙膏独特的定位获得了顾客极高的指名购买率，作为品牌牙膏，已经获得不可或缺的行业地位。愿意卖、好卖、必须卖使云南白药牙膏成为畅销品。云南白药牙膏早已完成以地区为单位的扁平化布局。

虽然在大卖场双方你来我往斗智斗勇，但是在传统渠道，舒客对云南白药牙膏还远远够不上威胁。就像当初云南白药牙膏出道时一样，传统大品牌看着这个锋芒毕露的后生有些尴尬，一方面知道他不是一个合格的对手，另一方面看到他不断壮大又无可奈何——大象踩蚂蚁无从下脚。现在风水轮流转，云南白药牙膏成了强势又无奈的擂主，而舒客成了挑战者。

## 第七节　彩妆企业的战略营销模式

彩妆以前在中国一直被看作化妆品的配角。近年来随着护肤品市场竞争的日趋激烈，彩妆消费市场基本成型。一直由护肤品主导的中国化妆品格局正在悄然变化，彩妆越来越受到现代都市女性的青睐。有数据表明，国内彩妆行业每年正以超过 40% ~50% 的速度增长。彩妆被称为化妆品里面的最后一块蛋糕，无疑将成为未来日化行业爆发的引擎点。本土彩妆企业要打破外资品牌一统市场的局面，相比美发品与护肤品，突破的难度更大，其表现不仅仅是在市场运作的技巧上，更是在思维模式的创新上。

### 一、战略营销对彩妆行业的意义

从基于以企业为原点确定战略营销模式，到基于动态环境与组织资源，从竞争高度认识市场、管理营销的行为，就是企业战略营销管理的进步。战略营销模式作为企业营销的最高原则，必须适应经济规律。战略营销是企业根据动态的市场环境的变化，结合企业可控资源因素、经营条件、营销要素及组合，寻求在市场中的变革与突破。从静态到动态、从企业到环境、从产品到顾客、从销售到市场，模块要素的变化是折射战略营销创新的必然要求。

彩妆行业的潜力是巨大的，以韩日为例，彩妆在这两个国家的销售占到化妆品整体销售额的 50% 以上，而在我们国内尚不到 5%。与美国彩妆市场规模大于护肤市场规模的情况相反，中国护肤品年销售量是整个彩妆市场的 5 倍。撇开化妆品消费中的文化因素，消费增长的市场潜力可见一斑。诱人的蛋糕吸引了众多垂涎者，尚不成熟的本土彩妆企业应该审时度势，摆脱传统营销的思维限制，通过战略营销模式，应对不断变化的经营环境和满足日趋多样的客户需求，深度挖掘产品价值和渠道空间，加速提升自身品质和形象。

战略营销模式落实到彩妆品类，从口红到唇彩再到润唇膏的多元化，说明彩妆品牌根据市场的要求进行产品创新。卡姿兰把专柜由化妆品专营店开到百货商场是渠道基于竞争的要求进行的渠道变革；商场BA（化妆品专柜小姐）由营业员到化妆师的提升是彩妆品牌服务质量的升级。可见，战略营销模式并不是否定经典的4P原则，而是更深层次的提升、全方位的升华、思维模式的改变。无疑，所有的战术与技巧都是在战略营销模式指导下的具体体现与行为方式。

## 二、彩妆企业的战略营销模式

在彩妆品类的中外品牌演绎的博弈中，有5种势力代表的战略营销模式。这5类彩妆品牌的战略营销模式决定了不同势力代表的行为方式，代表了不同品牌或企业在战略营销过程中所做出的选择。

### （一）贵族彩妆：不同的血统，一样的高贵

资生堂作为名牌护肤品而扬名立万，其实彩妆品类也是其重要组成部分。随着中国经济的转型，将产生庞大的中产阶级，其中的上层将成为消费高端彩妆品牌的中坚力量。秉承着高档品牌的定位、奢侈品的特征，资生堂对目标顾客的选择极其挑剔。资生堂从技术研发的前瞻性、新材料的大胆与优先选用、包装的档次与格调统一保证品质的上乘，由此相对应的是高价定位。资生堂只在中国高档的购物中心商场与护肤品、香水一起并柜销售，摈弃了大众的广宣方式，而是在充满小资情调的《ELLE》《瑞丽》《时尚》杂志上有针对性地投放品牌或者产品的形象广告。

一样的高贵，不同的血统。如日韩系的资生堂、爱茉莉梦妆等；散

发香榭丽味道以巴黎为中心的欧洲品牌迪奥、兰蔻等；还有来自美国的雅姿、雅诗兰黛等。比高端护肤品还要惨烈的是，在高端彩妆这个圈子里几乎完全是外国品牌的天下。如果说彩妆是化妆品最后一块蛋糕的话，那么高端彩妆便是这块蛋糕最底层里面的奶酪。在小众市场里，品牌的个性化与传播的精准性尤为关键，需要口碑式渗透。

### （二）领袖彩妆：国际化品牌，平民化价格

把美宝莲作为中国彩妆市场的引导者与开创者，估计没有人反对。美宝莲在进入中国 10 多来年，凭借专业彩妆的市场定位、知名品牌的号召力、大众的价格与全渠道，多年来持续快速发展，成为中国彩妆市场当之无愧的第一品牌。美宝莲成为在中国年销售额达到 10 亿元的彩妆品牌，市场份额高达 23%。美宝莲在日本设置了庞大的研究机构，专门试验各种色彩及配方以适应亚洲女性的特点，并且不断推出新产品以满足顾客的个性化需求。美宝莲的定位是“国际化的品牌，平民化的价格，要让中国的顾客买得起，且便于购买”。美宝莲曾经有一个口号是“让每一个中国妇女至少拥有一支美宝莲的口红”。

美宝莲采用全方位渠道深销策略，销售网点涉及百货商店、大卖场、超市和化妆品专营店等渠道业态。截至 2009 年年初，美宝莲已经在中国 660 个城市拥有 12870 个销售网点。“美来自内心，美来自美宝莲”，鲜明的终端形象、便捷的陈列组合、热情的销售推荐、面向大众市场的产品定位，牢牢地锁住了中国大批的年轻女性。作为行业的布局者与引导者，首先要进行顾客教育，将行业蛋糕持续做大，同时保证自己占领利基市场；其次防止、控制与制衡竞争品牌做大，树立有序的竞争格局规则；最后引导上游材料商、下游经销商、终端零售商与时俱进，建立行业合作生态链，从而保证服务于市场。

### （三）革命彩妆：明星的效益，大众的需求

在中国本土的彩妆品牌还在各大批发市场血拼价格时，卡姿兰横空出世，其放弃低价格厮杀，实施比附定位策略从而取得胜利。卡姿兰从

美宝莲控制较弱的化妆品专营店渠道撕开缺口，试用装、形象柜、美容导师一步到位，配合适时的广告拉动，如此成了本土彩妆的魁首。跟随第一品牌，是品牌营销的有效成功策略。卡姿兰的成长有效运用了跟进策略，从产品开发到形象建设及部分渠道建设都有效地做了一个跟进者，这是其成长的一大法宝。卡姿兰的消费群以追求潮流的年轻女生为主，恰巧是追星一族。明星代言不仅有效拉动了终端的销量，同时给代理商注入了代理品牌的信心。

与卡姿兰跟随美宝莲的手法如出一辙，巧迪尚惠紧跟卡姿兰。无论是在产品开发上，还是销售手法上都是如影随形，巧迪尚惠直接咬定领导品牌，大大节省了调研的成本与时间。竞争品牌跟随法作为战略营销模式在卡姿兰等一些品牌身上表现得很彻底，也使这些品牌颇有建树。竞争导向的营销模式强调是以竞争者数据为指标运作市场，体现出极大的高效性。

（四）传统彩妆：超低价格制，顾客游移化

二元化的中国消费结构催生了广袤的农村市场，形成了极具消费能力的三级、四级（县镇）市场，造就了蕾琪、雅邦渠道名牌。虽然这些企业运作的历史不少于美宝莲，但是市场推广基本上处于自然销售状态，仅仅是靠渠道驱动与店主推荐运作，始终没有打开顾客的心智。为了保证市场竞争力，这些企业产品的零售价往往以“厂家成本价 + 大于 10% 的生产利润”出货。代理商或办事处往往设在义乌、临沂、汉正街等传统的批发市场，其中间商有 10% 以上的利润空间，零售终端拥有不低于 30% 的利润空间。

这类品牌在中间商与零售商心中处于“利润品牌”的地位，由于缺乏针对顾客的广告拉动，形成不了顾客指定购买的品牌，更不用说品牌忠诚度。顾客是游移不定的，一旦经济条件有改观，便会马上转移到自己认可的品牌。由于中国消费基数大，所以传统的彩妆品牌也始终能拥有自己的生存空间。

传统彩妆品牌的战略营销模式是典型的4P模式。产品是大路货，实行成本定价，然后铺到批发市场随便流通。促销基本上都是针对渠道的。一切营销手段都是从生产商的角度出发，不顾及或者无暇顾及顾客，遑论竞品因素。只有商标，没有品牌是传统彩妆厂家的写照。

（五）另类彩妆：强大的传播性，权威的专业性

2000年娱乐界知名化妆师毛戈平创立MGP彩妆品牌，如今其已进入全国十几个大城市购物中心。MGP有两大特点：一是专业，像化妆工具、修容饼等都达到了专业水准，仅工具就有60多种；二是在MGP专柜，销售人员都是采取体验式营销，让顾客有了直观感受再决定是否购买。2006年9月，MGP化妆品在杭州的单柜销量已经突破100万元，在单柜销售额上已经击败了美宝莲。

MGP作为本土另类品牌不具备可复制性，同时也为本土高端彩妆品牌争得一席之地。MGP作为本土高端彩妆品牌，狙击外资品牌，性格本色已经体现。毛戈平以化妆师的身份为自有品牌代言，权威性与专业性自不待言。MGP的战略营销模式中最核心的是专业性。MGP企业创始人的专业人士身份具备天然优势，同时品牌直接捆绑创始人，使媒体主动宣传创始人，给品牌带来强大的传播力，减少了硬性广告宣传成本，同时也隐藏着一荣俱荣、一损俱损的市场风险。

## 三、彩妆企业战略营销的关键点

### 1. 关键点一：体验营销是彩妆企业战略营销的必然选择

彩妆相对于其他化妆品类，可以立刻改变一个女人的面貌。体验营销在这个品类中不再是一种简单的促销方式，而是上升到了战略层面。“50%取决于产品，另外50%取决于化妆技巧”要求企业不但要把产品卖给消费者，同时把产品的使用方法教给顾客。对于彩妆行业来说，只有体验营销才是生存的核心。彩妆是瞬间美化女性形象的即时性造型用品，顾客花钱购买的是瞬间美丽，如果得不到充分的美的体验，那么顾

客就接收不到彩妆赋予她们的价值。商家要为顾客创造一个机会，让产品说话，让顾客可以与产品实现面对面的互动。“我们出售的不是彩妆，而是在传播和分享美丽。”欧莱雅如是说。

**2. 关键二：整合传播方式是彩妆品牌提升形象的必然**

除了传统影视媒体，平面媒体，楼宇媒体、网络媒体等都是彩妆品牌的宣传阵地，针对目标群，进行精确传播，实施产品、品牌、企业“三位一体”策略，拉动市场持续热销。美宝莲的视频广告为 Mabel 的约会视频。内容根据 Mabel 的约会对象特点和美宝莲的睫毛膏色彩种类分为“黑色摇滚篇”“蓝色商务篇”“绿色书卷篇”“棕色运动篇”。广告中不忘通过约会突发状况来表现产品的防水特性，从而引导顾客对其产品或服务产生好印象，即在产品被使用或消费之前就通过广告增加产品的价值。

## 第八节　后 KA 大卖场时代：日化品牌问道

### 一、KA 大卖场，想说恨你不容易

当化妆品电商乐蜂网与聚美优品的竞争引得大家津津乐道时，当各地化妆品专营店抵抗屈臣氏时，当科颜氏、植物医生单品牌专卖店逆袭时，相比之下 KA 大卖场不再是业界关注的核心，似乎已经淡出大家的主流视线。

可是，一切都并不是那么完美！

在电商渠道，一个三线护肤品品牌花费了十几万元做一家天猫店，结果一年连个零头都没有赚到。

在专营店渠道，华东某家号称化妆品界国美的连锁店亏得一塌糊

涂，亟欲破产关门。还有中原某省日化巨头，砸出 500 万元整合县镇化妆品专营店，终归功亏一篑。

在单品牌专卖店的探索路上，除了科颜氏、植物医生等少数品牌大有斩获之外，失败的案例更是数不胜数。

结论是，不管是进入的还是出去的，不管是顺利的还是跌宕的，忽视 KA 大卖场无疑是不明智的。

春去春又回，KA 大卖场依然造就了英雄。

当蓝月亮一骑绝尘领跑洗衣液，当丹姿在一群散兵游勇中脱颖而出，当百雀羚梅开二度，当相宜本草长袖善舞，当新丝源凌波微步漫步中原，这些成功或者有所斩获的日化品牌，其最大的功臣就是 KA 大卖场。

## 二、越分化越美丽、越融合越专业

“做超市找死，不做超市等死”是 KA 大卖场时代的一句偈语，正确与否勿需论证，鞋子是否合适只有脚知道。如果说 2010 年以前为 KA 大卖场时代，时至今日称之为“后 KA 大卖场时代”也无不可。

SKU、位置、陈列、库存、促销、宣传、活动、客情等这些日化品牌做商超的基本套路依然如昔，只不过有人成功有人失败；有的先火后衰正如霸王，有的先弱后强正如丹姿。

后 KA 大卖场时代，日化品类涵盖护肤品、个人护理产品与家居清洁用品，在陈列上出现“分化与融合”两个特征。分化是指品牌上的集中专项陈列，表现在“护肤品专柜化与家居清洁产品百货化”两个方面。融合是指品类的综合，陈列以品类为核心，弱化单个品牌的独立性。如玉兰油手霜会同时在专柜进行推荐售卖与在手霜柜台中自动售卖，自然形成同一商品的多点陈列。

### （一）护肤品专柜化

当跨国品牌玉兰油、旁氏、卡尼尔、妮维雅、可伶可俐等在百货专柜沦为配角后，自上而下进军超市渠道是自然的结果。为了突出品牌形象，他们以专业“背柜”形式并排在一起陈列到主要通道位置，就像在一个连片的居民楼单建一排别墅一样彰显自己。

顾客逐渐习惯了这个阵营的分化，接受在超市普通柜台销售的多为单价 50 元以下的产品，在品牌背柜售卖上百元的产品。对这种模式，本土品牌丹姿与卡姿兰跟随得最为成功，自然堂与法兰琳卡也在努力跟进。甚至后来巴黎欧莱雅、羽西也放下身段，纷纷在沃尔玛、大润发洗化区设立背柜，以跟玉兰油、丹姿竞争。

### （二）家居清洁产品百货化

一般清洗抽油烟机的产品应该在洗化区陈列，但是按照顾客的购买习惯，家居清洁用品与日用百货贴近陈列更加有助于顾客的选择购买。

在营销推广上，护肤品与个人护理产品偏重于性价比优惠的推广方式。而家居清洁偏重于产品性能告知，将产品说清楚就可以了，因此，将家居清洁产品放到百货区，以顾客便利性为核心进行定性运作是不无道理的。

### （三）品类第一，品牌第二

提倡“零打扰”服务，将选择权归还顾客，减少诱销与误导顾客选择是后 KA 大卖场时代的趋势。无论厂家销售员还是 KA 大卖场零售商理货员，其功能不是卖货，而是帮助顾客购买商品。厂家销售员必须从“促销员”到“导购员”进行功能性结构式提升。

在商品陈列上，完全打破各个单一品牌的陈列模式，完全按照各个品类进行规划，分割成护手霜、洗手液、儿童护理、男士护理等一个个集中陈列区域，从而方便顾客对比挑选。

## 三、后 KA 大卖场时代的破局之策

我们看一下 2012 年化妆品的百度数据：2012 年化妆品行业日均搜索指数为 350 万；女士品牌关注度是产品第一、品牌第二，男士品牌是

品牌第一、产品第二，其中欧莱雅品牌关注度位居榜首；面膜与精华素是 2012 年搜索最高的品类。窥一斑而知全豹，那么作为小品牌、新品牌、弱势品牌如何在后 KA 大卖场时代实施战略突围呢？

（一）聚焦保证立于不败

聚焦是策略，也是战术，还是方法。聚焦策略谁都懂，但是真正明白的人少之又少。日化品牌运作 KA 大卖场如何聚焦呢？

聚焦某一品类。洗发水品类几乎被宝洁与联合利华垄断，也许只有欧莱雅才有实力抢上一席之地。广州迪彩避实就虚全力运作护发产品，十几年造就了弹力素、发膜、焗油膏等护发品品类冠军，赢得了国内各 KA 系统的肯定与尊重。

聚焦某一品种。2009 年，当宝洁、联合利华、纳爱斯、立白还在为推广洗衣粉还是与洗衣液犹豫不决时，做洗手液的蓝月亮毅然打响了引爆洗衣液市场的第一枪，配合多年的大卖场沉淀与电视广告的直接拉动，一发不可收拾，直接切割了行业 30% 以上的市场份额，一举成为洗衣液当仁不让的单品冠军。

聚焦某一区域。新丝源心无旁骛地锚定河南市场，将本地丹尼斯、大张、胖东来、西亚、万德隆等系统逐个做深、做透，继而牵手国内在河南省的连锁超市北京华联、上海世纪联华、华润万佳、大润发，从而兵不血刃地进驻省内沃尔玛、家乐福等国际连锁巨头。

聚焦某一概念。如丁家宜聚焦人参护肤、相宜本草聚焦本草护肤、霸王洗发水聚焦防脱发等。这些本土品牌的表现都可圈可点，从概念上与竞品进行区隔，让产品在顾客心智中打上永久的烙印。

运作 KA 大卖场，聚焦既是手段又是目的。聚焦最大的难点就是坚守，只是个中滋味，谁做谁知道。

（二）寻找细分品类的商机

KA 大卖场到底欢迎什么日化产品？不是利润产品，而是人气产品。人气产品从哪里来？从细分品类中寻找商机。

洗发水、洗面奶、沐浴露、牙膏、洗衣液无疑都是高关注度的产品，早就呈现出板结胶着化的竞争格局，因此任何一个新品牌想闯进来运作 KA 大卖场都难于上青天。能够给 KA 大卖场带来人气的小品类才是破局的方向，我们从本土皮革护理两大巨头运作市场来说明。

在国外只有鞋油产品，但是“皮革护理产品”这个概念是中国的。在行业内，上海庄臣在全渠道运作其麾下两大鞋油品牌，而其他品牌如雪豹、正章都是在传统渠道自然销售。

将蛋糕做大再切是智者的选择。上海皇宇将产品线扩大到大皮革护理品类，率先开发保养油等系列产品，数年下来以北方 KA 大卖场为核心，年营业收入已经达到亿元。

无独有偶，惠州赛纳德继续进行产品升级，开发 F2 闪亮飞扬品牌芳香型新一代产品，摈弃煤油添加剂与低端铅皮包装，从中国南部市场突破，精耕细作沃尔玛、家乐福、大润发、中百系统、步步高、南城百货系统等 KA 大卖场，最终形成皮革护理产品“北皇宇、南闪亮”的竞争格局。

KA 大卖场的日化品牌机会点不在于大而在于小，不在于正而在于偏。大厂商看不上的小品类，恰好就是小品牌的机会。

### （三）锚定顾客永远不会错

KA 大卖场终归是渠道终端，进驻渠道是明线，打进顾客心智是暗线，二者有机结合方为上策。

从渠道品牌快速走向顾客品牌才是阳光大道，说白了，就是要研究从“产品怎么卖”到“顾客如何买”进行转变，从研究“顾客请注意”到“请顾客注意”进行转变。如丹姿品牌。

丹姿确定商超渠道之后，冷静对未来市场进行前瞻式判断，确定了抢占补水护肤品市场的战略，不惜弱化母品牌丹姿，强力推广“水密码”。在整个资源配备上，丹姿也由终端单向推动到与广告空中拉动相结合，将注意力重心由渠道转移到培育顾客认知上。

### 四、日化品牌商后KA大卖场时代的展望与隐患

（一）防“剥皮”，防“抽筋”

零供关系虽然一直在博弈，KA大卖场收取各种名目的费用等于在“剥品牌商的皮”，而开创OEM自有品牌参与市场竞争不啻对日化品牌抽筋。护肤品与个人护理产品因为受价格因素影响相对偏弱，顾客偏好较强，因而KA大卖场不敢轻易做这个品类。过去家乐福生产自有品牌牙膏，虽然价格很低但是仍然卖不上量。但是家居清洁护理产品就比较危险了，为了防止被KA大卖场抄后路，日化品牌只有持续加强同顾客的沟通，加强顾客认知，别无良策。

（二）做规划，倚电商

KA大卖场与电商进行紧密结合，从而实现运营的平衡与利益的最大化。化妆品垂直电商聚美优品“三八”活动接到的订单多得让物流瘫痪。

（三）机会永远存在

日化市场竞争是存量品牌之间的博弈，从而最大限度地抬高了新品牌的门槛，使新品牌进入KA大卖场的难度加大。

勇者相逢智者胜，商机也像海绵里的水，挤一挤总会有的！

## 第九节　洗发水：中国式破局

中国洗发水二元化的市场格局未曾改变，整体上呈现块状同质化的特点。

在中心城市即所谓的一级、二级市场，开架式超市终端是主渠道，

“3 +2”的局势已经确立：“3”是外资的宝洁、联合利华、拜尔斯道夫（丝宝日化），其中宝洁市场占有率为 51.12%，远远超过绝对安全线 43.6%；“2”是本土品牌霸王和迪彩。在广大的乡镇市场即所谓的三级、四级市场，批发市场是主渠道，近 5 年来拉芳、蒂花之秀、好迪、采乐 4 大流通巨头的地位至今无人能撼。

2008 年，洗发水原材料成本犹如过山车式地上去又下来，但是劳动力成本及运营成本还在持续上升，这场经济危机对厂商的影响较大。从消费市场来看，洗发水已经成为生活必需品，影响却并不大。从对世界顾客的市场调研对比来看，美国人洗头次数是 5 次/周，日本人是 6 ~ 7 次/周，中国人是 2.5 次/周。洗发水市场还有很大空白，难怪纳爱斯、立白、娃哈哈、滇虹药业、章光 101 等品牌都想分一杯羹。

但同质化的洗发水市场让多少营销总监愁白了头发，使多少成名人物折戟沉沙，又有多少英才跃跃欲试，摩拳擦掌，梦想一战成名。

品质雷同、概念雷同、价格雷同、促销方式雷同、传播模式雷同，甚至包装风格雷同，在如此多雷同的洗发水市场上，厂家如何创造大不同？

流通市场以大流、大通、大广告为主要特征，日化厂家大多没有能力系统地实施物流管控，最多只能控制 1.5 级渠道。到底有多大比例的产品在一级市场、二级市场、乡镇市场、农村市场被卖掉，厂家完全没有概念，任由市场自我驱动，实际上是有道无渠。

流通渠道的特点决定了价差这一主要利润来源变为不可能。经销商利润来源完全靠厂家返利与费用利润化，然而想最大化享受厂家政策的前提条件是，必须完成每月、每季度、每年度的任务，这就自然导致跨区域冲货。“冲货是违规，被冲是无能”的冷幽默使大多数经销商都选择了铤而走险，脑子一热冲了货再说，被逮住罚款就认命。如此在冲货与报复冲货拉锯战之中，价位体系趋于崩盘，价格迅速透明化。厂家的渠道促销支持都被用于打价格战，使品牌不可避免地沦为带货品种。

更严重的是，当流通品牌的低利润或者零利润不足以支持乡镇市场配送费用的时候，造假、掺假、售假就出现了。如此一来，厂家阶段性促销政策就显得无比尴尬，陷入饮鸩止渴的怪圈。营销管理进入“一放就乱、一收就死”的循环。代理商在年初报年度计划时，也是看碟子下菜，若厂家承诺在本区域内打多少广告，就敢赌广告费 5 倍以上的销售额，大不了就年底压仓，如此循环一年又一年。

价格透明化、跨区域恶性冲货、假货泛滥、广告依赖症就是洗发水市场流通市场的 4 大顽疾。厂家如何破局？

## 一、洗发水市场流通品牌破局的 10 把利刃

（1）给品牌起一个好听易记的名字。有特色是必需的。不言而喻，好迪就是我们日常说的“好的”谐音。

（2）始终主打一个概念。概念传承品牌，数十年广州好迪洗发水主打的概念是精华素诉求；蒂花之秀洗发露的概念是珍珠养护；采乐更绝，其概念直接定位“去屑就是采乐”，不一而足。厂家要持续占有一个概念，把对手逼向一侧！

（3）赌对一个成事儿的形象代言人。品牌要符号化、娱乐化、通俗化。即使是在边远市场，一提起好迪，顾客会不约而同地说，是那个叫 Coco 李玟代言的对吧？

（4）主打一个单品。实施单品带品牌、品牌带系列的战术，如好迪选择的是 140ml 啫喱水，蒂花之秀选择的是护发素，采乐选择的是专业去屑洗发露。现在三个品牌的洗发、护发、定型产品齐全，甚至连带生产牙膏、香皂、膏霜等产品。

（5）设计一句广告语，然后年年、月月、天天进行反复播放、强化、表达，让目标受众方便接受信息。大家看到“大家好，才是真的好”，都知道是好迪，看到“青春好朋友”，明白是蒂花之秀。甚至照相时摄影师为了让大家露出笑容，用“田七”取代了“茄子”。

（6）广告投放是维持品牌曝光率的必需手段。线上线下的宣传费用不应超过回款的20%。有人曾经建议好迪总经理黄家武先生少投些广告，反正大家也不会觉察到，黄先生的答复是："哥们儿，这样做会死人的！"以黄先生之睿智，很清楚其中利害关系。就连安利运作中国市场也打破在国外几十年的传统，积极投入影视、平面、户外广告的宣传。难怪有专家说，从某种意义上，打广告是做品牌最节省费用的手段之一。

（7）将经销商"当佛敬，当贼防"！所谓的厂商一体化、战略合作伙伴说法，事实上这是两个经济利益体之间的合作。厂商双方不可能像夫妻关系，更不可能像朋友关系。当双方利益格局被打破，随时面临合作结束的结局。这种控制与反控制始终伴随着双方的博弈，心照不宣地给对方一样的武器，一边是萝卜加大棒，另一边是皮鞭加鲜花。事实上，进行造假仿冒的往往是核心代理商。

（8）势把压仓进行到底。谁占有代理商的仓库大，谁把代理商的货款提前转走证明谁有本事。是故，厂家有本事掏空一级代理商，一级代理商才能学会套住二级代理商。哪个品牌在二级代理商库存量大，二级代理商就越得重点分销这个品牌。在吨位决定地位的险恶竞争下，订单与回款是流通品牌的生命线。拉芳要求一级代理商进行品牌专销，在这一层面上，就把所有的竞争对手排挤出去了。

（9）必须驾驭二级代理商。专家声称，谁驾驭了二级代理商，谁就真正赢得了市场，因为二级代理商是流通品牌的蓄水池与助动器。二级代理商的夺命武器就是价格，拿到优惠政策后，比品牌代理商还具有价格优势。品牌代理商必须要维护区域市场的品牌整体价格体系，二级代理商则是赚钱就走货。针对这种情况，厂家要管控到二级代理商层面，做到人员管理到位、帮扶支持到位、利益分配到位、监控监督到位！改变单一以销售回款为指标的综合考核方式，在店面柜台的黄金位置上集中陈列，对达到一定的纵向与横向要求的代理商，厂家给予陈列奖励；货车与门头悬挂品牌 Logo，给予广告补贴；二级代理商同意品牌专车专销，厂家可相应配备一名专职铺货员及承担物流汽油补贴。如此厂商一体化，可杜绝二级代理商恶性跨区域冲货的现象。

（10）开好一年 4 场会。3 月、6 月、9 月、12 月是开会月，首先是厂家出政策，产品移库到一级代理商库房，然后一级代理商针对二级代理商开分销会，再往下的是二级代理商（县级分销商）针对零批客户、零售客户、乡镇客户的出货。订货会作为一种销售手段屡试不爽，其作用显而易见：可迅速回笼资金，进一步加强客情关系，有效降低货物库存，直接打击竞争对手，将新品牌集中铺进目标市场。

从二级代理商实际操作的角度看，操作日化订货会时应该注意的问题有哪些呢？

（1）对于区域代理商，特别是地级代理商与县级代理商，办综合订货会无疑是最明智的做法。众所周知，名牌产品价格太透明，根本无法加价，根本没有利润空间；新品牌市场号召力不强，不足已引起分销客户的兴趣。订货会失败的关键就是冷场，这是个品牌组合问题，所以一定要注意新、老品牌的组合，品种品类的组合。

（2）关于奖品与奖励。首先经销商来了就是客，就有纪念品拿。因为很多乡镇客户原本就是冲纪念品来的，在别人订货的气氛影响下，也会不自觉地下个订单，所以不要吝啬纪念品。其次按付款额大小设置奖励，利用分销商之间的攀比心理，让他们尽可能多下单。最后抽奖活动必不可少，以 1000 元为单位设置奖券，让大家碰碰运气，玩开心。奖品除了日化产品外，还可放置旅游、家电、服装提货券，越丰富越好。（如果客户不方便参加旅游，把此笔费用折成产品即可）

（3）关于会场造势。品牌易拉宝、横幅、宣传页、张贴画都是必要的。务必请厂家代表来捧场，证明产品是厂家直供货，货真价实，让客户放心大胆地订货。在会上，如果能请个专业主持人来主持，在会后酒宴上，能请到当地歌手来助兴，那就锦上添花了。

（4）开会时间与地点。因为乡镇客户离市区距离不同，事实上只能断断续续到会，所以把午饭时间延时到下午一点到两点，也不足为怪。会场地点要选择当地档次较高的酒店举行，这也是吸引客户积极参加会议的因素之一。

（5）会议费用问题。有三大块：奖品、餐饮费、客户交通费。要积极向与会厂家申请，要求共同承担，有远见的厂家都会给予不同的支持。

（6）解决末端动销难题。一个业务人员反映最多的问题是，货也铺下去了，产品已经上架了，就是不动销，怎么办？抛开产品、广告、价位、促销大的方面不讲，单就操作层面进行解构剖析，一个根本的原因是，品牌没有得到店主老板与店员的积极推荐。因为顾客都是十里八乡的街坊邻居，基本上老板与店员说哪个品牌好，那个品牌在这个门店就畅销。

为什么得不到门店的重点推荐呢？原因一是利润低，二是没名气。因此，解决动销的第一个方案是有相对稳定的价格体系，保证合适的零售利润。对于零售店来讲，200ml 洗发水零售卖 9 元与卖 12 元没什么区别，关键是让零售店有钱赚！

有的铺货员比较勤快，来到店里就帮忙整理；有的铺货员脑袋活，时不时带来些助销品，或者经常送些小礼品给店员。这些聪明的厂家人员肯定能获得店方的好感，大家由此爱屋及乌，无形中愿意帮助小伙子多销售他的产品。这就是解决动销的第二个方案，赢得有利的客情关系。

顾客进门之前，门头悬挂哪个品牌的 Logo，说明这个品牌是这个店的主打品牌，给顾客留了先入为主的印象。进店后，有品牌端架、品牌 X 展架陈列，或者在柜台上方墙面上张贴品牌形象与其形象代言人海报。这就是解决动销的第三个方案，店面包装造势。

大家都知道，陈列在正门比角落更容易让顾客优先购买，陈列在太高与太低的位置都不方便顾客选择。这就是解决动销的第四个方案，争取黄金陈列位置。

（7）用好你的营销总监。选对人，做对事，大道理谁都懂，但并不是每个老板都能做得到。企业中高层相对稳定，是拉芳、蒂花之秀后来居上的一个根本原因。先理人，后做事，老板对高管的用人之道更需要艺术与智慧。老板需要聪明地糊涂着，而总监则需要糊涂地聪明着！

## 二、洗发水市场终端品牌破局

在2008下半年虽然世界范围内爆发经济危机，但在中国市场，沃尔玛、家乐福、麦德龙、卜蜂莲花、欧尚等外资卖场却没有停下跑马圈地的步伐；国内区域连锁巨头北京华联、武汉中百、重庆新世纪、福建永辉、湖南步步高、河南丹尼斯等亦是加紧攻城略地，把开店目标纵深挺进二级、三级市场。

2007年10月2日，德国拜尔斯道夫以3.17亿欧元（约35亿元人民币）购入丝宝集团旗下丝宝日化85%的股份。自此，德国拜尔—丝宝、美国宝洁、英荷联合利华在KA大卖场洗化区三足鼎立之势正式形成。

也许为了占领更多的超市货架，三大巨头不约而同地实行横向品牌策略。丝宝日化包括舒蕾、风影、顺爽三个洗发用品品牌和一个美发用品品牌美涛；宝洁系洗发护发的五个品牌为潘婷、飘柔、海飞丝、沙宣、伊卡璐；联合利华洗发护发的三个品牌系列为力士、夏士莲、清扬。如此看来，这些品牌构筑的就是所谓的一线品牌阵营。除此之外，在大卖场该走的已经走了，该来的依旧会来，瞄准KA大卖场洗化区的不乏纳爱斯的百年润发、我的样子、麦莲三剑客，德国汉高施华蔻系列，资生堂水之密语系列，立白的奥妮，章光101日化系列，拉芳的美多丝，蒂花之秀的绿瓶系列等，不一而足。

终端的活关键是简单的事情反复做，把细节执行到位，自始至终不动摇、不懈怠、不折腾。

洗发水市场终端品牌破局的 12 个关键词：

（1）单品。SKU 是 Stock Keeping Unit 的缩写，在连锁零售门店中有时称单品为一个 SKU，中文译为最小存货单位，为保存库存控制的最小可用单位。单品品类总是很多，而卖场总是选择极少数 SKU 予以试销，看试销情况再增加 SKU 数量。因此，确定首批进场单品特别重要，应该选择最容易出量的单品打头阵。

（2）促销。10 年来竞争与博弈，舒蕾对宝洁产生的影响是，宝洁不得不也派驻促销员在柜台前向顾客进行讲解与推荐。一定意义上讲，促销数量决定终端销量。促销员的招聘、培训、管理中的学问确实很大。

（3）位置。大家都喜欢“傍大款”，你的位置挨着宝洁，顾客认为你像一线品牌。你的位置邻近霸王，顾客顶多认为你是二线品牌。假如与一个名不见经传的品牌为伍，顾客肯定认为你是杂牌。所以，厂家 KA 经理和卖场采购或者运营经理谈判时，要明确提出挨着哪个品牌，避开哪个品牌。当然，除了正常的柜台陈列外，还有端架与地堆等特殊陈列，基本上，得花钱买。这种比较稀缺的资源，有时候花钱也买不到，得动脑出奇招。

（4）陈列。在货架 6 层以上需要搬着梯子找产品的陈列叫一线天，趴到地上拿着显微镜找产品的陈列叫一线地。新品牌进场，除非有不同一般的客情关系，开始基本上都是一线天或者一线地的陈列。

（5）宣传。这里指除了媒体、户外、平面、电梯之外的广告宣传，还包含地堆、爆炸贴、POP 广告、看板、地贴、眉贴、吊牌、包柱、厂家统一工服等物料宣传品。一旦进超市，你只需要驻足在美涛产品前 5 分钟，你就能明白什么叫专业。

（6）竞品。新品牌进场，就会打破原有的格局与平衡。摒弃前嫌，联手扼杀新品牌于摇篮之中基本上是老品牌促销员的共识，手段无外乎不给新品牌促销存在的空间。这对于每个新品牌的促销员来讲都是考验，一方面是销售压力，另一方面是遭遇竞品的围攻。新品牌理应“建立最广泛的革命统一战线”，向洗衣粉、护肤品、不同目标定位洗发水品牌的促销员示好，实施反围攻。有经验的业务主管会以促销活动的形式打响新进卖场的第一枪，直接派驻 6 ~ 10 个人做活动。等一轮活动下来，既锻炼了队伍，又让竞品习惯了自己的存在，度过了最危险的 7 天适应期后，然后留下两个优秀的队员变成常规促销员驻店销售，其他人再去新店做活动。

（7）库存。对新品而言，库存管理很重要。一般超市都不允许周末补货，因此周一、周四两次下单必须及时、准确。当然，初期要准备充足的赠品。三个月下来，库存就有了历史记录，然后按照 1.5 倍法则定库存。

（8）价格。终端零售价格务必同渠道全系统保持统一。超市终端之间的竞争同样惨烈，应全力避免品牌成为超市价格竞争的口实。新品进场初期，不宜打特价，因为打特价既无助于销售，又损坏品牌形象。

（9）销量。终端渠道的特点决定销量就是回款。销量是营销的结果，是公司对营销总监、区域经理、业务主管、促销人员进行考核的标准。持续做销量分析，计算出单品所占比例，对优势单品的销售经验进行总结，然后在不同超市之间进行经验的交流，互相学习，扬长避短。

（10）活动。做促销活动是运作终端品牌的主要方式。“台上三分钟，台下十年工”。活动前，召开促销动员会，将任务分配到人，制订活动推进表及其他配套表格。活动形式尽管多样，但都要进行人员分工，才会有更多的成交机会。促销员要适时与人群互动，加快犹豫不决准顾客的成交速度，利用从众心理引导感性消费。加强现场管理，及时传递利好消息，渲染气氛。

（11）样板。树立模范，让目标具体化。如在一家店内确立优秀分子，给予店长荣誉；在一座城市打造一家 10 万元/月的样板店；在全国打造一家100万元/月的样板店。样板是品牌旗帜，让大家有了目标与方向。特别是在拓展初期，样板的作用犹如强心剂，鼓励大家迎难而上，实现目标。

（12）规划。从开发终端网点的进度到每月促销活动的节点、人员的梯度培养都要有规划，这是营销总监与各级销售管理人员的日常工作。流通中的每一项工作都很具体、实在、琐碎，因而必须进行全局规划。

总之，块状的同质化是洗发水市场的特点，无论在流通品牌还是终端品牌。对于普通顾客而言，哪里分得清舒蕾与潘婷的不同之处、好迪精华素洗发水同蒂花之秀珍珠养护洗发水的异同点？因此，同质化市场破局的核心在于执行团队的异质化。所做的事情都一样，不同的团队执行，结果一定大不同。

# 【第二章】

# 标杆案例——食品饮料

## 第一节　养元六个核桃的王者之路

有人这样形容 2012 年福州糖酒会的看点：汾酒强势回归；陈光标暖茶、凉茶可爱登场；五粮液逾百个子品牌包下当地喜来登酒店……但最热闹的打擂者莫过于核桃饮料企业。六仁核桃、八个核桃、九仁核桃……单看名字就让人眼花缭乱的核桃饮品展台对展台拉开声势，成剑拔弩张之势。

其实这拨风潮的领头者是养元（全称为河北养元智汇饮品股份有限公司）六个核桃。作为单一植物蛋白饮料品牌，养元六个核桃以年销售约 30 亿元的数字傲视群雄。养元六个核桃的王者之路从撬开巨头把守的市场一角开始，到与生猛的后来竞争者缠斗，并不是一路势如破竹。

### 一、英雄与时势

燕赵大地不乏个性鲜明的饮料企业。旭日升开创了冰茶先河，小洋人妙恋乃果奶先行者，露露股份有限公司（以下简称露露公司）是杏仁露的领导者。相比之下，养元原属衡水老白干酿酒有限公司，2005年，以姚奎章为首的经营团队以309.49万元进行管理层购买，使养元正式进入新时代。

姚奎章深知养元当时的问题在于企业经营业务不聚焦，市场营销力量分散：市场主流饮料品类都进入了，如碳酸类、果汁类、含乳类等，品种竟达15个之多。一番快刀斩乱麻之后，养元选定了核桃乳作为突破重点。

要撬动核桃饮品市场，姚奎章总觉得缺少一个“支点”。“养元”既是公司品牌，又是产品品牌，不具有行业特性，也不具备显著的诉求。那六个核桃呢？

据传言，在一次高级管理层喝酒闲聊的时候，有人突然说道：“一个核桃、两个核桃……”直到数到六个核桃，然后建议将六个核桃作为品类名。六字寓意六六大顺，大吉大利，喜庆！“六个核桃核桃乳”被确定为品类名称，也成为突围利器。

大寨做的是核桃露，养元六个核桃做的是核桃乳。

核桃健脑益智的认知早已深入人心。养元六个核桃为了把人们的这种认知“移情”到自已的饮品上，从企业实力、工艺的先进性、原料的保证等方面形成了一套讲究的说辞。

大寨核桃露请的是演员孙俪做代言人，养元六个核桃便聘明星梅婷做代言人。两大品牌的博弈直接促使核桃饮料行业整个大盘迅速扩大。

过惯了好日子的大寨面对摆脱束缚的养元六个核桃的一系列市场进攻，应变不怎么灵活。不到三年时间，养元六个核桃基本上与大寨核桃露在市场销售额上不相上下。

2008年，养元还赶上了一波重大利好。作为包括核桃饮品在内的整个植物蛋白质饮料行业的隐形对手牛奶行业，爆出“三聚氰胺”事件。牛奶早就进入了人们每日的膳食目录，成为日常必备，而植物蛋白的市场还停留在偶然性消费阶段，市场规模也难以与牛奶相比。当时牛奶行业的“集体沦陷”终于给了植物蛋白饮料占领人们餐桌的绝佳良机。这个时间段恰好是大寨的瓶颈期，却是养元六个核桃的上升期。借着这股东风，2009年养元六个核桃实现弯道超车，将增长滞缓的大寨远远甩在了后面。

## 二、对面的露露杏仁露看过来

细分市场、精准的产品定位、有效营销只是一个产品“上层建筑”方面的战略，要真正在市场上打开局面、站稳脚跟，还得打通渠道，因此养元六个核桃选择的是从自己家门口做起。

然而在大本营河北市场，露露公司才是当之无愧的行业霸主。当时批发部、小卖部只认销售额已经达到了十几亿元的露露杏仁露，根本不理睬养元六个核桃。

养元六个核桃的销售队伍大部分都是来自于衡水老白干酿酒有限公司。这个长期奔走于一线的团队发现了一个规律：露露杏仁露主要在两种情况下被购买，一是作为礼品，多在流通渠道销售；二是作为女士、儿童饮料，在饭店销售。

于是养元六个核桃没有先进攻流通渠道，而是借助酒的销售渠道进行铺货，集中在餐饮业做推广。结果在饭店卖得非常好，仅河北市场的销售就达到3亿多元。在饭店尝过养元六个核桃的顾客又到批发部、超市里购买，反向拉动了渠道商进货。

养元六个核桃的系列动作和不断攀升的销售量终于引起了露露公司的注意，于是露露公司调头跟风推出了露露核桃露抢夺市场。首批上市的露露核桃露选择了三个省份——河北、河南、山东，同样也是养元六个核桃的根据地。

露露核桃露上市后，财大气粗的露露公司立刻拿出撒手锏——拉高渠道利润、加大促销力度。经销商每箱货的利润约为八九元钱，短期内大大高于其他同类产品。由于利润高，二级批发商的销售积极性明显提高。针对终端，露露公司更是大手笔地展开了“买4箱送1箱”的促销活动，相当于每箱降价25%。

正当露露核桃露首战取得不错成绩的时候，诡异的事情发生了，露露核桃露第一批投放的部分市场出现了很长时间的断货。由于某些因素，对手的短板明显给了砸不起这么多钱的养元六个核桃机会。除了断货，在渠道称霸已久的露露公司也存在一些“慢性病”，比如：窜货严重；当惯了“老大”的市场专员跑市场不积极，令不少经销商颇有怨言。

养元六个核桃提出“星级助销”服务模式。说到底，就是扮演一个无微不至的“保姆”角色，辅助经销商进行铺货、客户维护、终端生动化建设等工作，加上高额的返点，极大地带动了经销商的积极性。

除了渠道，露露公司还有一个硬伤，即品牌印象。在顾客心目中，露露就是杏仁露，养元六个核桃才是核桃乳。终端店的露露核桃露竟然用的是杏仁露的手提袋。在顾客买杏仁露时，店主只是出于赚钱的目的告诉他：露露核桃露也不错，有手提袋，价格也差不多。于是顾客就提走了露露核桃露。

这种鱼目混珠的做法等于是露露公司用自己的核桃露打自己的杏仁露，势必形成两难选择：一是继续卖核桃露会减少自己杏仁露的销量；二是核桃露卖得越多亏得越多。这么大的渠道促销力度使厂家利润已经变得很低，甚至有可能需要用杏仁露的利润来弥补核桃露的亏损。

养元则继续加深顾客对产品的认知印象。

养元六个核桃推出新广告，在《多喝篇》里聚焦到了学生和白领这两大人群。广告场景也选用了学生的教室和白领的聚会，还拍摄了《产品篇》进行组合投放。广告拉动的同时配合落地推广，比如在中考、高考前夕在学校里做品尝活动。如果孩子回家向家长反映，一般家长会去购买，对渠道商进货起到了拉动作用。

就这样，养元六个核桃得以一年一小变、三年一大变，在 2010 年终于跻身 10 亿元俱乐部。其中来自河北、河南及山东三个省份的销售额占整个营业收入的比例非常高，可谓生生在露露公司眼皮子底下崛起。

## 三、“对手”李木子

在中国做快消品，特别是食品饮料，是否在中央电视台投放广告是判断一个品牌级别的标准。但是什么时候投放是有玄机的。初期的广告是打给经销商看的，因为只有品牌商敢打广告，经销商才敢打款给厂家；后期的广告才是打给顾客看的，在于引导顾客进行消费。这其中的玄机就在于怎么界定“前期与后期”。

养元六个核桃在建立起了战略区域市场后，于 2010 年 8 月签下知名主持人鲁豫做品牌形象代言人，推出新版广告，并在 9 月登陆《新闻联播》后黄金时段。这个时间点可谓踩得刚好。靠着中央电视台的广告，走向全国市场的养元六个核桃从此和竞争对手们拉开了明显的差距，从曾经的打擂者转化身份成了守擂者。

在众多挑战者中，让养元六个核桃最头痛的应该是九仁核桃。说起来，九仁核桃的崛起当属养元后院起火。

如果不仔细翻阅河南省地图，很难查到豫北一个叫濮阳市的地方。李木子这个曾经的养元区域经销商，就是靠着运作养元六个核桃在濮阳市场掘得第一桶金的。所谓“不想当将军的士兵不是好士兵”，李木子想自己站上产业链条的前端，根据不熟不做的安全法则，选择了核桃饮料。

一开始养元六个核桃并没有把这个连地方“诸侯”都称不上的“叛将”放在眼里。论企业实力、核桃加工工艺，李木子都不是对手。更何况，上一条饮料加工线都不应是李木子拼上身家能办到的事情。

不知道李木子是否研究过兵法，竟然使出了一招“借船出海”，从河北省、山西省、河南省找到多家代工厂，进行品牌授权生产，确定“先市场、后工厂”的策略，通过 OEM 代工实施轻公司模式，轻易地化解了难题。

然后李木子先后注册了六仁、九仁、带露、五仁、五仁露等十几个品牌，其中九仁是重点培养对象。显而易见，李木子企图以群狼战术围剿养元六个核桃。每一个品牌占领一部分市场，多个品牌合在一起市场份额不就非常可观了吗？

李木子携众多的核桃品牌“粘”上了养元六个核桃。养元六个核桃的重点市场就是他的重点市场。市场教育都是“老大”的事情，后辈直接跟着接水就成了。李木子的代工厂也在冀、鲁、豫三个省份，率先一步形成产地销，市场反应更快、更灵活。

李木子还看准了快消品的一个特点，就是名牌的渠道利润都比非名牌低，在具体区域或者特定渠道往往只会选择一家核心经销商。这样数目庞大的经销商没有经销养元六个核桃的资格，正好为李木子的集群品牌留下了操作空间。

养元六个核桃被李木子这种贴身打法弄得不胜其烦，因此反击得非常狠且简单有效——从终端渠道上坚壁清野，通过其代理商“警告”各零售终端，如果上架九仁核桃露的产品，那么将停止供货。面对此种状况，九仁核桃的进攻速度不得不放缓。

## 四、养元的心病

不甘心的李木子并没有停止进攻的脚步，并打出了匪夷所思的一记狠招，推出了自己的新产品新六个核桃。

这摆明了是占便宜，但养元却无可奈何。其中原因还得回到当初注册六个核桃的时候，《商标法》明确规定“商品原料不能作为商标名称”。人们更熟悉的六个核桃的真实商标是养元。六个核桃这个名称严格来说，养元没有专用权，也不受任何保护。养元若转而宣传“养元”

这个商标，一是来不及了，二是前期对六个核桃的宣传投入岂不白费了？也白白便宜了李木子这种“投机”之辈。

商标问题一直是养元的心病。养元不只一次尝试将“六个核桃”作为商标申请下来。在国家工商行政管理总局商标局的审核当中，总有人提出异议，且都有李木子的身影。

在商标专用权方面，李木子确实干得更漂亮。从一仁到九仁都已经被李木子注册，等于九仁的产品可以叫六个核桃、新六个核桃，但是养元六个核桃的产品却不能叫九仁。

养元六个核桃的麻烦还不止于此。有顾客举报，买一箱养元六个核桃，里面装的却是新六个核桃的产品。

这招是太损，但也无确凿证据证明是九仁所为。

通过市场正面阵地战，配合商标侧翼战，李木子及其品牌群的收获颇菲。据传，2010 年李木子所有品牌的销售额为 4.5 亿元。

## 五、后养元六个核桃时代

2011 年 6 月，河北省税务、工商、质检等联合执法查封了为李木子代工的多家河北境内的加工厂。或许这是李木子找代工贴牌生产产品又缺乏管控的风险大爆发。

有件事是确凿的，即九仁核桃的垮台并未终结核桃饮料的商战。在 2012 年 10 月 18 日 –21 日的福州糖酒会上，核桃饮料是大热点，数十家厂家宣布进入，都在梦想复制养元六个核桃的成功，希望依托不同的概念诉求来瓜分市场。同时露露公司等也未完全放弃核桃饮料……

从核桃乳市场的品牌结构角度来分析，现在核桃乳市场的品牌结构还远未定型。按照常规，在一个大的品类里，至少能容纳三个强势品牌。养元六个核桃暂居第一品牌，大寨居第二品牌，第三品牌缺位，明显还有争斗。养元六个核桃的守擂之路仍然弥漫着商战硝烟。

## 六、养元六个核桃的百亿之路

食品饮料无疑是过度竞争性行业，本土饮料品牌有两种主流商业模式：一是娃哈哈、农夫山泉、达利园等极少数企业走的大食品路线，横跨多个品类获得成功；二是更多的企业鉴于谋略或者资源，以单一品类切入市场，建立心智竞争壁垒，形成单品冠军或隐形冠军。那么养元凭借六个核桃于2015年跻身百亿元俱乐部，有什么独门秘籍呢？

### （一）品类第一，品牌后行

品类是指顾客心智对信息的归类并存储的命名。顾客面对成千上万的产品信息，习惯于把相似的产品进行归类，而且通常只会记住该类产品的代表性品牌。形象地说，品类就是顾客心智中储存不同类别信息的“抽屉”。

植物蛋白饮料属于大饮料品类中的一个重要分支，在植物蛋白饮料这个范畴内又细分了多个“二级抽屉”。在养元六个核桃成为单品冠军之前，占据这层品类“抽屉”的有椰树椰汁、露露杏仁露、银鹭花生奶，三者都是各自细分品类的冠军。可以说，在植物蛋白饮料这个大“抽屉”里，本土品牌占据最有利的位置。

出品六个核桃的养元在找到核桃饮品专业定位之前，与国内其他企业一样，采取跟随策略，但品项杂乱，产品线长，什么都做，什么都没做好。事实证明，对处于补充地位的蚂蚁规模型企业而言，创新品类可能是最佳突围捷径。喜之郎果冻布丁、香飘飘奶茶、张仲景香菇酱等莫不如此。

#### 1. 品类：核桃乳 PK 核桃露

品类名称要求通俗、容易理解、具有通用性。核桃乳被确定为品类名但为什么不叫核桃露呢？“露”容易让人联想到“露水”，显得水分更多一些。“乳”容易让人联想到“乳汁”，就像牛奶一样嫩白浓郁，似乎更有营养。从字面上，顾客的联想可能会是：核桃乳营养成分比例大，料足，相反核桃露则显得稀、薄、水。

**2. 品牌：从养元到养元六个核桃**

品牌名要求独特、简单、顺口，寓意品类的某种特性。以前养元作为品牌名，不具有独占性与行业性，直到确定使用养元六个核桃。六个核桃会给顾客心智什么感觉？当然是这种饮料里的核桃成分含量特别多。没有人会追究这一罐饮料里是否真有六个核桃的含量。当然，缘于国家现行法律法规，六个核桃不能够被作为独立商标使用，但这并不重要，因为顾客就认“六个核桃”这个品牌的核桃饮料。在定位理论里，你是谁并不重要，关键是顾客认为你是谁。好的品牌自己会说话，六个核桃这一极具个性化和差异化的品牌命名策略，既易引发品类的直观联想，又朗朗上口，易记易传播，在没有更多的高空广告拉动的条件下，单凭品牌自身就有很强的冲击力和穿透力。为了方便顾客的识别，在图文表现上，“六个核桃”四个字被绝对放大，“养元”两个字则成了点缀。

（二）营养还是解渴？寻找顾客心智中的概念

饮料从对人体产生的效果作用上来讲分成两大类：一类是以解渴与清凉为主诉求的解渴型饮料，主要是减与排的功效，比如纯净水、可乐、汽水、冰茶、凉茶等；与之相对应的是以补充营养为主诉求的营养型饮料，主要是加与补的功效，比如果汁、植物蛋白、营养维生素饮料、运动饮料等。

“经常用脑，多喝六个核桃”，这句广告语明显的诉求就是补充特别营养，表明是对人的大脑有益的产品。这个诉求也符合顾客的认知。

养元六个核桃产品的作用是什么？养元六个核桃用怎样的一套逻辑进行自我证明？核桃享有“干果之王”的美誉，传统中医学“以形补形”的理论也进一步说明核桃有益大脑健康。核桃在国外被叫作“益智果”，核桃仁中含有的不饱和脂肪酸是大脑组织细胞结构脂肪的良好来源，能够为大脑提供新鲜血液，提高生理功能，而磷脂则对脑神经有良好的保健作用。

为了表达出养元六个核桃是核桃饮料中的上品，养元从企业实力、工艺的先进性、原料的保证形成一套说辞。

企业实力：养元是中国核桃乳饮料行业标准起草单位。

工艺先进：建立“5328”核桃饮料独有工艺。这套工艺由“5 个关键环节、3 项独有技术、28 道工序”组成，采用研磨萃取工艺，运用细胞破壁技术，既充分保留了核桃的营养成分，又有效去除了核桃的涩和腻。

原料保证：核桃全部采摘自太行山深处的优质生态核桃基地。

其他竞品的诉求是什么呢？不管是露露杏仁露的“更滋润”、椰树椰汁的“白白嫩嫩”，还是银鹭花生牛奶的“白里透红”，都集中在美容养颜的功效诉求，集体偏向食补养颜。既然诉求是美容养颜，那它有两个代替品，一个是化妆品，另一个是美容类保健品。

养元六个核桃的益智补脑鲜有替代品。对于药店出售的卵磷脂类保健食品，普通顾客不太分得清它与药品的真正差别，认为药店出售的产品就是药品。“是药三分毒”这个根深蒂固的认知几乎没有可能被打破。因此，核桃乳成为最健康、最普众的健脑产品之一。

顾客不等于消费者，或者说购买者不一定是消费者，而这个错位就是礼品市场存在的基础养元。六个核桃聚焦人群为学生、白领、财智人群，其中高端的价格定位显现出高于一般饮料的尊贵，自然切入礼品市场。中央电视台及各地卫视的养元六个核桃广告，以知性主持人鲁豫的倾情推介，中国驰名商标的背书，提升了养元六个核桃在人们心目中的形象。“大品牌、有面子”也使得养元六个核桃在礼品市场的销售愈加火爆。

### （三）落地执行的营销之道

在养元六个核桃的战术执行上，竟然找不到独特的亮点，都是一些老生常谈的套路，如做正确的事情、简单的事情重复做、循序渐进不贪娄、避实就虚、打根据地树立样板、要有过程的结果、适度冒险、利基市场法则等。当饮料巨头把注意力投向一线城市时，正在成长起来的乡镇市场就成为中小饮料企业的乐土。养元六个核桃以广大的三级、四级市场为根据地，扎住根基，再逐步向二类地级市和核心城市市场渗透。

立足大本营，面向全国。养元以所在地衡水市为大本营，以河北省内区域为中心，在周边 500 公里以内的省外区域步步为营，最大限度地做透周边市场，打造赖以生存的根据地，然后实施营销模式的滚动复制，稳扎稳打，精耕细作，最终形成大范围的市场优势。

聚焦资源打样板。要使有限的营销资源发挥最大的市场效力，必须选择最为活跃的重点市场进行重点投入。养元六个核桃筛选出最具价值的地、县、乡级市场作为战略区域市场，进行精耕细作，打造出一批样板市场，进而以点带面，谋求区域发展。

价格高开低走。新品牌、小品牌、弱品牌大多采取竞品跟随定价策略，结果十有八九只能艰难地活着。真正能够后来居上的品牌，要敢于定价，定高价，要比第一品牌高一点，当然从产品品质或者概念上要找到站得住脚的理由。

由于核桃的原材料比杏仁贵，同样作为健脑的饮品，核桃乳在逻辑上应该比其他植物蛋白饮料的价格要高。所以，养元六个核桃的定价选择比一般的蛋白饮料高，其整箱零售价要高于市场一线品牌 5 元以上。高价不仅是产品品质的保障，同时还是品牌档次联想的直接营销武器。当然，高定价策略也给渠道留足了运作空间。这种逆向思维的定价策略对于小品牌来说是冒险。但这种高价策略不但没有影响养元六个核桃的市场推广，反而进一步塑造了品牌的高品质形象，确定了其产品的地位。

养元六个核桃开发一系列有针对性的渠道运作管理办法：把营销渠道建设成为金牌渠道运营体系，承诺“零风险经营”，建立新型厂商关系，提供“星级助销服务”最终实现厂商共赢。

养元六个核桃通过建立战略合作伙伴型新型厂商关系，迅速抓住了渠道建设的核心点和关键点，这也成为企业可持续发展的重要因素。

地面推着，天上拉着。养元六个核桃针对不同营销阶段采取不同的传播推广策略，在营销传播推广策略的大与小之间权衡利弊。核心区域投入营销资源最大的是都市报，在上面刊发软文以弥补电视受众留下的空白，因此，阶段性的软文见诸河南《大河报》、河北《燕赵晚报》等报纸。

在电视广告投放上，采取“中央电视台 + 战略市场卫视”交叉覆盖的策略。2012 年在中央电视台广告招标会上，养元六个核桃以 1.0354 亿元成功中标《新闻联播》后标版一、四单元广告，提高了养元的影响力。

前期打了广告，经销商迟迟不动致使品牌“出师未捷身先死”的案例不胜枚举。也有经销商跟进了，但是产品不动销，有顾客不买账的情况发生。

因此，电视广告，特别是在中央电视台做广告只能起到锦上添花的作用。养元六个核桃在建立起了战略区域市场后，在中央电视台投放广告，对于品牌美誉度的提升无疑是巨大的。

### （四）养元六个核桃的 6 个困惑

跻身富豪俱乐部，证明养元六个核桃没有在战略营销上犯错误，否则在强者如林的食品饮料行业根本达不到这个规模，因为有上千万家的食品企业数十年在 1 亿元的瓶颈上盘旋。“做更多的市场，做更多的产品，卖给更多的顾客”是养元六个核桃的不二选择，然而，也有更多的陷阱横在前方。

（1）品牌困惑：养元既是企业名称，又是产品品牌。养元的主要产品核桃饮料包括核桃乳、核桃杏仁露、核桃花生露三大品种六个系列，其中，公司在香浓、香醇、精品型、木糖醇型、加强型系列上同时使用“养元”与“六个核桃”商标（统称为“养元六个核桃”核桃乳)，其他产品均只标示“养元”商标。“六个核桃”拉着“养元”在走。养元系列产品对于六个核桃而言，在销售上做了加法，在品牌上做了减法，降低了其专业性。中国驰名商标是养元品牌，与六个核桃根本不相关。

（2）品类困惑：养元核桃杏仁露与核桃花生露是品类杂交，或者是品类融合。这种融合的品类做大的可能性微乎其微，因为杏仁露这个品类由露露占领着，花生露这个品类由银鹭占领。当然，露露新开发的杏仁核桃露与养元核桃杏仁露属同一类型“创新”。好事者可能会拿出娃哈哈营养快线的成功来攻击这个结论，然而他们没有深刻理解营养快线是“果汁的口感+牛奶的营养”的交融，二者具有互补关系。而“杏仁+核桃”是相同的成分（对于顾客都是营养)，二者显然是竞争关系。这也是宗庆后没有将“果汁+牛奶”这个品类叫娃哈哈果汁奶，而是启用独立品牌营养快线的良苦用心。

（3）由小众到大众：“经常用脑，多喝六个核桃”这句话既是品牌定位语，又是推广广告语。养元六个核桃的原点人群俨然是以学生为主的用脑人群，因此如何由原点人群引爆大众人群是一个大课题。

（4）地域文化的差异：目前养元六个核桃的王牌市场是华北数个省份，因为核桃有营养价值的观念在这里根深蒂固，根本用不着教育。养元六个核桃欲上一个台阶，必然要东征与南下。但是对于核桃的认识，南方与北方存在极大的差异性，这也是植物蛋白饮料品牌的魔咒。养元六个核桃能够打破这个怪圈吗？研究一下若干年前的王老吉是如何破除“岭南的魔杖”而成为全国人的凉茶饮料吧。另外是通路的差异性，北方的传统渠道依然在发挥着不可替代的作用，而南方以现代商超为主渠道。养元六个核桃“终端出形象，流通出销量”的套路在南方肯定行不通。另外，中央电视台的广告穿透力对于南方的影响力也有限。这都是养元六个核桃进军南方市场的不利因素。

（5）替代品的压力：香浓型的养元六个核桃零售价为3.5元/听

（70 元/箱），略高于普通纯奶的价格。因此养元六个核桃除了与露露、椰树等植物蛋白饮料品牌竞争之外，还直接面临着纯奶等不同替代品的竞争。如果顾客都是以“营养”礼品的方式购买，养元六个核桃又有多大胜算呢？

（6）如何做强做大：养元六个核桃成为品类强势品牌，形成两种强势资产：一是品牌资产，二是渠道资产。在如何做大做强上，如果利用品牌资产，让“六个核桃 = 核桃专业饮料”，立足于核桃做文章，开发其他核桃产品（核桃粉、核桃油）是一个方向。走这条路难度不啻开发一个新产品，因为渠道不兼容。如果利用渠道资产，那么由“六个核桃”带路，其他产品跟进。目前是“养元”跟着“六个核桃”走，后面跟进其他类型的饮料，也未可知。但是如果没有统一与康师傅那样的品类与渠道管控能力，这步棋就是死棋，还是小心为妙。

## 第二节　达利食品：锻造品牌群狼的 6 大密码

娃哈哈、农夫山泉是“通路结盟 + 新产品推动”；“两乐”、康师傅、统一是通路精耕；红牛、露露是“单品突破 + 依靠通路做市场”；王老吉、养元六个核桃是“单品突破 + 通路精耕”。那么拥有达利园、好吃点、可比克、和其正、优先乳等品牌的达利食品（全称为达利食品集团有限公司）玩的是什么套路呢？这里从立体角度全方位审视达利食品，挖掘出这个本土食品巨无霸的 6 大密码。

### 一、在准确研判潮流中锚定商机

始建于 1989 年的达利食品在 2000 年前是一个籍籍无名的小企业，

偏隅于东南一角自娱自乐，直到敏锐地捕捉到休闲小食品的市场先机，才得以大步流星地走向全国。

发现市场机会是企业或品牌腾飞的最关键点之一和催化剂，无论中外企业还是大小企业都概莫能外。分析一下当今百亿级跨国企业及三五年做到几十亿元年销售额的本土企业，最初大都有凭借市场机会推出优势产品然后迅速发展壮大的契机，而这个契机往往就来自于企业对整体市场潮流趋势的把握。企业一旦能抓住先机，把握市场大势，锁定正在或即将大幅上升的市场机会，在产品选项上做出科学的选择，在未来的上市营销推广中不出现致命错误，就能获得成功。

最典型并为大家耳熟能详的中国台湾顶新集团，就是得益于十几年前对中国大陆方便面产业趋势的研判并且牢牢抓住了先机。在 20 世纪 90 年代初，仅仅经营食用油的顶新集团在经过系统的产业研究后发现，大陆是一元以下的低价袋装方便面市场，而日本、中国台湾和韩国已经发展了庞大产业的方便面制造业。顶新集团便果断推出高端的“康师傅红烧牛肉面”，以此为核心产品迅速占领了大陆市场，一发而不可收拾至今仍是方便面绝对霸主。

风靡国际市场的休闲食品是 21 世纪的热点产品，这意味着食品的“休闲化”将是中国市场的一大趋势。2002 年达利食品大胆推出达利园蛋黄派，从而吹响了走向全国市场的号角。当时蛋黄派市场上只有乐天和好丽友两个国外品牌，价格都是居高不下，能消费得起的只有北京市、上海市、广州市等一线市场。而达利食品调研的结果是普通顾客能承受的价格只有 100 克/1 元，于是，便果断地将蛋黄派以竞争品牌一半的价位推向市场。随着明星许晴版“达利园蛋黄派，家家都喜爱”的电视广告密集播出，达利园蛋黄派迅速引爆了蛋黄派市场，成了派类产品的领头羊！

达利食品以和其正品牌切入凉茶市场，也是准确把握潮流趋势的另一典范。其时的王老吉已完成凉茶市场的消费教育，使顾客不仅认识到凉茶的特殊功效，还认识到凉茶不再是凉茶铺里面像中药一样的饮品，而是一种日常大众消费的饮料，从而跳出了药茶的束缚，大大扩展了凉茶市场的版图，使凉茶市场前景一片光明。达利食品正是在这样的市场背景下，果断地进入凉茶市场，分享凉茶蓝海市场带来的喜悦。

多年来，达利食品一直坚定地奉行“拿来主义”的战略，直接选择技术已经成熟、市场销量不错的成熟品类进行跟进和复制。一般这种产品在市场上竞品不多，且整体市场份额趋于快速上升态势，而竞品在价格上存在市场空隙，如其优先乳饮料直接分享蒙牛酸酸乳、伊利优酸乳的市场红利。

### 二、群狼战术抢滩市场

休闲食品是一个品类范围很大的市场，包括饼干、薯片、各类派等小品类。只在其中一个品类上发展很容易遇到瓶颈，突破瓶颈最快速的方法是在多品类领域发展。于是，问题出现了。多品类领域发展是一个品牌包打天下，还是多发展几个品牌分担市场机会和风险？作为后起之秀的企业，往往习惯于把目光瞄准食品饮料行业的领导品牌，如娃哈哈、康师傅、统一等，以期从它们身上借鉴经验。

同样是食品饮料行业巨头的娃哈哈更习惯于依靠单品牌开拓市场，其成功更多的是渠道经营的成功，就是为外界津津乐道的联销体渠道策略。顶新集团麾下的康师傅取得了方便面市场的霸主地位之后，才开始运作康师傅饮料、康师傅休闲食品，最终的结果是取得了“1 +1 +1 > 3”的满意格局，形成了良好的品牌带动模式，获得了巨大的规模和销量。康师傅的对手统一也选择了与康师傅相同的品牌战略，坚守同一品牌，以“统一”品牌发力，推出了自己的同品牌饮品、休闲食品等。

难能可贵的是，与娃哈哈、康师傅不同，达利食品更侧重于使用多品牌策略的群狼战术抢滩休闲食品饮料市场。这一点与宝洁等国际品牌非常相像。从品牌管理的角度来看，多品牌策略更容易凸显食品消费的独特性，使每一个品牌都拥有强烈的个性风格，以实现对细分市场的占领。具体如表 2－1 所示。

**表 2－1 达利食品多品牌策略**

| 品牌 | 达利园 | 可比克 | 好吃点 | 和其正 |
|---|---|---|---|---|
| 品类 | 蛋糕、饮料 | 薯片、膨化休闲 | 饼干 | 凉茶 |

## 三、跟随中的竞品导向思维

从达利食品的品牌运营策略来看，达利食品从来不是市场的拓荒者，而是习惯作为跟随者挑战行业老大，瞄准时机实施弯道超车。典型的竞品导向思维的优点是消费市场已经被培育，竞品的套路玩法很清晰，只需要挑战者或者跟随者找到领导者的软肋，从营销 4P 中找到突破点，然后大打出手就行。

### 1. 可比克，就是要干掉品客

达利食品似乎总能敏锐地找到市场空白，发现顾客在市场中暂时得不到满足的需求并迅速切入。2003 年达利食品进入薯片市场时，薯片主流市场被品客、乐事等少数几个跨国品牌占领，尤其是宝洁旗下桶装售价 18 元的品客占领整个市场。找到品客的弱点后，达利食品作为跟随者，从包装、价格、渠道、广告各个方面直接拦截。

达利食品认为，既然薯片领头羊是品客，经过挑选认为将“可比克”作为薯片品牌最为合适。可比克的品牌定位在年轻一族的市场，因为年轻人喜欢尝新，而且有很强的消费能力。可比克的品牌个性是“个性、自我、张扬”，曾先后请个性十足的陈冠希与周杰伦代言。

针对第一品牌品客采用的时尚桶装，可比克采用分渠道定制产品策略。虽然薯片一样，但是充气包的成本要比桶装低很多经测算，可比克的桶装成本比充气包高 25%。可比克桶装打进一线市场，直面品客竞争，而性价比更高的充气包填补二级、三级市场。

可比克薯片的上市，让品客再也坐不住了。可比克上市后的第二个月，品客的价格就从原来的零售价 18 元一桶降到了 12 元一桶，但可比客桶装薯片却只要 6 元一桶。

**2. 和其正借力打力，博弈王老吉**

2007 年达利食品推出和其正凉茶。经过王老吉培育后的凉茶市场是一片兴旺。邓老凉茶、白云山凉茶等品牌无不是以“更好的凉茶”亮相参与角逐。但是谁会相信呢？因为在顾客心智中，只有王老吉才是正宗的凉茶。和其正认为“怕上火”概念自然不能用了，比“正宗”更是吃力不讨好的事情，最明智的做法就是借力打力，最上策的玩法就是“你（王老吉）好我（和其正）也好”，在技术层面打一个漂亮的组合拳。

和其正凉茶第一步旗帜鲜明地亮出了自己的品牌主张——“清火气、养元气”，从心智认知上区分于凉茶市场领导者，帮助顾客清晰地辨识和记住和其正品牌。第二步在包装形式上区隔于王老吉，避开王老吉的 310ml 铁罐包装产品，重点推广容量更大的 PET 塑料瓶装凉茶。王老吉以餐饮渠道带动通路，和其正就避实就虚重在通路。和其正将其消费定位在家庭消费，避免同领导品牌的正面对抗。和其正一句“瓶装更尽兴”的大声吆喝，与其大瓶装及在终端上的实惠价格相呼应。

**3. 达利食品走平民化产品策略**

达利食品的产品策略并不仅仅是直接与领导品牌争夺既有的顾客，而是利用成本优势直接将价格降下来，直接做大蛋糕扩大市场，吸引更多的顾客成为实际购买者。可比克 PK 品客、达利园蛋黄派 PK 好丽友就是这个道理。好吃点杏仁饼干同样高质量低价格，价格比同类产品低三分之一，很快就抢占了中高档饼干市场的半壁江山。达利园金麦圈、萨其玛同样表现得可圈可点。

## 四、“明星代言 + 大广告投入”简单粗暴的传播术

达利食品广告正是由于把握了较好的产品切入点，其传播才能推波

助澜，起到“四两拨千斤”的效果。

在把握传播阶段方面，达利食品的广告整体上都能按照产品的市场阶段有序推进。在市场导入阶段，广告重点是提高品牌知名度。在具备市场知名度后，再去填充品牌内涵，提升美誉度。在每个传播阶段，结合产品的差异化特点，让每一阶段的广告推广都能落到实处。

与福建运动品牌的“彪悍”手法无二，达利食品大胆采用“明星代言 + 大广告投入”的宣传推广战略。起用多位明星实施立体代言，并将电视广告、平面展示、终端陈列组成立体宣传网络。通过高频率、高密度的广告投放，周密有效的市场营销，新品在第一时间脱颖而出，吸引了大众眼球。

历年来为达利食品代言的娱乐体育明星包括周杰伦、许晴、冯巩、赵薇、郭晶晶、陈道明、刘若英、高圆圆、陈冠希等。如此众多的明星，几乎创造了国内食品界代言明星人数吉尼斯纪录。明星代言不仅为达利食品取得市场突破起到了极为重要的作用，同时代言人身份也为达利食品镀上了一层“明星”的色彩。

强悍的明星代言策略不乏粗中有细的考虑，因为达利食品都充分考虑了明星气质与其代言品牌风格是否相符。许晴之于达利园蛋黄派、赵薇之于好吃点、周杰伦之于可比克、冯巩之于达利园萨其玛、刘若英之于青梅绿茶、高圆圆之于优先乳、陈道明之于和其正等，达到了品牌与代言人之间的高度和谐。

“时尚产品 + 明星代言 + 强势广告 + 中央电视台、地方卫视整合传播”的战略产生了核爆炸力，从渠道开发到顾客引导，再到与竞品较量，都起到了不可替代的作用。达利食品的广告手法简单，但是实用；玩法粗暴，但是结果明显。在中国复杂的市场环境下，结果胜过一切空洞的说教。

### 五、撒豆成兵的产销谋局

从“产地销”到“销地产”，达利食品与“两乐”、娃哈哈、康师傅、统一等巨头并无二致。达利食品生产基地遍布国内各地，在福建、四川、湖北、山东、吉林、甘肃、山西、云南等省建立了十六大生产基地。在强大的营销网络和高效率物流系统的支撑下，达利食品旗下的产品从生产规模、物流配送、市场营销到终端销售都拥有了高效稳定的保障。

在营销渠道设置上，达利食品实施了“以分公司带动区域营销”的布局策略。在这个营销网络中，达利食品一直实施以点带面的策略，从而占领全国市场。这些年来，达利食品在市场上已经完成了自己的战略布局，以商超树形象，以流通走销量，不断拓展市场线，做通、做透每一级市场，实现了产品销量与知名度的双重提升。

## 六、没有模式的“达利模式”

在中国市场上，模式制胜一直是许多企业关心的热点话题。所谓模式，就是企业找出一条适合自己发展的路径。领先企业的经验和教训往往是后来企业宝贵的财富。达利食品成功后，不少同行将“达利模式”总结为市场的模板，并奉为圭臬。

从达利食品走向辉煌的各种营销手段来看，达利食品并没有什么特殊甚至超越常规的独特模式，所谓的“达利模式”只不过是外人赠送的花环而已。达利食品的模式无一不是对营销人所熟知的营销手段的良好运用。中国的企业大多都或多或少地践行着“达利模式”的其中之一，甚至达利食品也并不是“达利模式”的开创者，只是这个模式中一个成功的个例而已。

不同的企业照章实践，结局却往往不一样。就像《孙子兵法》，知其意者多如牛毛，而善用者凤毛麟角。如果一定要为达利食品找出通用模式的话，那就是“因势、因时和变通”这一普遍原理同达利食品的软硬资源相结合。况且“达利模式”并不是没有任何缺陷，达利食品的多品牌、多品类、多品种的产品策略也多为外界诟病。

每个企业的品牌管理能力和资源不同，决定了它们在借鉴任何一种模式时都必须考虑自身的实际情况，既要抓住机会，又要稳健经营。活得久才能有机会活得好。企业不能把模式变成一种束缚，要根据市场变化不断调整和改进，以适应激烈的市场竞争。过于迷信和重复某种成功模式，不仅束缚了企业的自身创新能力，也是企业最大的隐患。市场环境瞬息万变，过分地依赖某种套路只会让自己面临发展桎梏，错失发展良机。

模式往往意味着束缚，而创新就是打破这种束缚。本土食品企业绝不能局限在某个一成不变的模式中裹足不前，而应该追求务实创新，结合企业自身的资源状况，寻找一条适合自己的发展道路。

## 第三节　好想你：小红枣大产业

2011 年 5 月 20 日，好想你枣业股份有限公司（以下简称好想你）成功登陆深圳证券交易所，成为中国枣业第一股。因为农副产品行业的上市公司尤为稀缺，好想你极大吸引除了股民之外普通大众的眼球，形成品牌口碑传播。2011 年好想你交出了一份还算出色的成绩单，年营业收入为 7. 85 亿元，比 2016 年同期增长 19. 44%；净利润为 1. 13 亿元，同比增长 19. 53%。继双汇、思念之后，好想你作为农业大省河南的一张闪亮名片，又如何演绎红枣的精彩呢?

### 一、产品：产地保证与产品创新

中国红枣的种植面积占全世界的 99% 以上，新郑市是中国枣树发源地之一。数千年来坊间传诵：“临潼石榴砀山梨，新郑小枣甜似蜜。”《韩非子·外储说左上》中的“子产退而为政五年，国无盗贼，道不拾遗，桃枣荫于街者莫有援也”，表明新郑在3000年前已经大规模种植枣树。好想你作为国内最大的红枣产销龙头企业，年产量大概为16000吨，市场占有率为1.8%。

好想你的产品，除了鲜枣、枣干、枣片等干果类，还深度开发了功能性口服系列、特需营养浓浆系列、塑形养颜饮品系列、保健养生酒系列、养生饮品系列、收藏高端礼品系列及孕妇伴侣系列等特殊形态产品。

为了扩大经营范围，锁定更多高端顾客，好想你还进行了产品同心多元化整合，增加产品经营品类，从专营红枣类产品调整为经营全国精品特产、药食两用养生食品及木本粮健康食品，如山药、核桃、花生等。

## 二、品牌：从奥星到好想你

好想你前身是1997年成立的河南省新郑奥星实业有限公司。2000年，奥星实业有限公司开了第一家直营店。创始人石聚彬受《真的好想你》这首歌的影响注册了“好想你”品牌。

### （一）天生就是礼品

这个透着温馨、浪漫的名字容易被大家记住。从寓意上分析，“好想你”天生带有礼品属性，自然成为馈赠亲朋的一个“贴切理由”。好想你赞助河南电视台品牌栏目《梨园春》。随着《梨园春》在全国的收视率逐渐提高，好想你红枣也被顾客熟知。在销售网点选择上，好想你选择火车站、飞机场、旅游景点等地方。凡是有游客出入的地方，都有好想你的产品展示，使得好想你被更多的外地游客接受。随后，有“邻家女孩”之称的演员杨紫成为好想你品牌代言人，然后通过影视、车体、户外等各种形式进行品牌传播。

### （二）河南省的红名片

得到官方的认可并推广，无疑成为好想你品牌营销的又一大亮点。

几年前在全国“两会”期间，领导连续三年推广河南的特产中就有好想你。以前，好想你红枣最多是送送亲戚朋友，但自从被领导推介后，渐渐变成了礼品，让大家觉得送外宾都不丢面子。

（三）搭乘神舟八号飞船传播品牌

2011年11月5日，神舟八号飞船在酒泉卫星发射中心完美升空，并搭乘了特殊的乘客——好想你红枣种子。此次航空育种，对于加快推动全国红枣产业的发展、提高枣树产量和提高枣的品质具有重大科研意义，对于好想你品牌的美誉度更是极大的提升。

## 三、商业模式：谁在卖与怎么卖

好想你渠道布局是：专卖店引领，辅以电子商务、商超、流通、出口渠道，“五辆马车”并进。这是好想你列出的理想渠道结构模式。20年来立下汗马功劳的品牌专卖店模式还会得到加强，因为这是企业立身安命之本。当然其他渠道模式也会在不同程度上得到加强与重视。至于渠道之间的冲突，也是必然的。

（一）特许经销商模式的利与弊

2010年，好想你特许经营（经销商）的销售收入占总销售收入的91.86%，商超销售收入所占比例为4.8%，直营店销售收入所占比例为1.61%。好想你的销售网络主要由300多家特许经销商及2000多家门店组成。

特许经销商在市场开发初期发挥了举足轻重的作用。前期采用经销商模式，有利于公司对费用的把控及销售规模迅速扩大。

然而，在经销商的管理模式中，特许经销商由于具有独立经营权，拥有商品的所有权（买断产品），所以可以经营多个品牌，不受或者很少受品牌商的限制。好想你加盟店由特许经销商负责，后者可以自建专卖店和发展专卖店。好想你的赢利严重依赖特许经销商。如果特许经销商出现问题，不仅影响销售，也将影响企业声誉和品牌形象。不少挂着好想你招牌的加盟店同时销售其他品牌的枣制品，而且优先推荐竞品。这并不奇怪，因为竞品的利润率高于好想你。对于特许经销商而言，多赚钱才是王道。

（二）品牌专卖店的“问与题”

**1. 多少失衡：加盟店 VS 直营店**

截至 2011 年，好想你共有专卖店 2133 家，其中加盟店为 2038 家，直营店为 95 家。这组数据表明，加盟店快速扩张是企业迅速发展的重要因素；同时，直营店比例过低，两者比例严重失衡。

好想你的对策是：2012 年投资 1 亿元开设 267 家直营店；新建直营店可以带动专卖店整体档次的提升，预计每年可新增营收 4.87 亿元营业收入，2032 万元净利润。直营店可以加强公司对网络销售的控制，但与加盟店的竞争也是不可避免的。

**2. 强弱失衡：华中 VS 其他区域**

内部资料显示，华中地区的湖北省、湖南省、河南省 2011 年销售额占到公司总营收的 61.15%，达 4.77 亿元，而这三个省份的专卖店数量为 578 家，平均每家年销售额是 82.5 万元。然而，其他区域的 1555 家专卖店年销售额仅为 3.03 亿元，平均每家年销售额为 19.5 万元，月销售额不足 2 万元。

很显然，不是华中三省做得太好，而是其他市场做得太差。当然，另一方面也说明市场潜力无限大。这就不难解释为什么好想你大力发展直营店了，因为现有直营店大多在河南市场。

**3. 高低失衡：门店增长率 VS 门店关店率**

2011 年，好想你新开专卖店 442 家，关闭专卖店 128 家。门店增长速度从以往的 40% ~60% 下降到了 17.26%，关店率从 2% ~3% 上升至 7%。

通常企业初创期与成长期的各方面发展都非常乐观，然后进入匀速发展期。好想你关店率大幅提升的直接原因是专卖店坪效低，费用居高不下。

好想你的应对之策应该是：

（1）加强产品研发，改善专卖店产品结构，让专卖店有“货”可卖。货多选择多，客源自然多，销售机会就多。

（2）建立专卖店销售培训体系，加大对加盟店的指导与培训，做到从“能卖”到“会卖”。

（3）加大对目标顾客的宣传力度，引导消费枣制品的“刚性需求”。组织并指导促销活动，狠抓“核心销售日”的销售。引入数据库营销、体验营销、会员营销等多种助销手段。加强对商品与价格的管控，使加盟店和直营店的出货价一致，严禁低价倾销，狠抓跨区域恶性窜货。

**4. 红枣也可以涉足电商**

在电商市场突飞猛进的势头下，好想你与中国网库联合推出了中国红枣交易网。好想你选择与中国网库通过品类网络营销的模式合作，意欲打造一个中国红枣企业的网上报价和交易中心，主导和推动中国枣业经济的发展，并通过中国红枣交易网实现好想你产品的全网销售和品牌提升。

中国红枣交易网的战略合作模式从细分行业角度出发，实现了枣行业产业链的资源整合，确保了网站的专业性，并带动产业链各环节电商的发展，从而改变了其他枣业网站只是发布枣产品信息的状况，真正为中国枣业的电商发挥了领导性作用。此外，好想你通过中国红枣交易网可优先抢占网络资源、实现最大化网络推广，有助于将品牌做大做强，在创新中打造行业竞争力。

2016年8月，好想你斥资9.6亿元收购杭州郝姆斯食品有限公司100%股权。杭州郝姆斯食品有限公司旗下的百草味旗舰店是天猫平台上坚果零食类目销量最高店铺之一，包括坚果、糕点糖果、果干、肉脯及海鲜等产品。

**5. 渠道创新：异业联盟开市场**

2011 年 12 月 22 日，好想你与文新信阳红茶叶公司（简称文新信阳红）签署了战略合作协议，将在全国开设 1 万家连体经销店。一家为枣制品行业老大，另一家为信阳茶企领导品牌，两者联合，擦出了共赢的火花。

异业联盟成功的案例屡见不鲜。IBM 公司与理光公司达成合作协议，共同开拓市场。IBM 在高端商务打印市场有明显优势，特别是在物流、金融、电信等行业用户集中的领域，而理光公司在激光打印机领域具备独特优势。2007 年，集两家公司优势于一身的 IPS 在继续保持高端打印市场领先地位的基础上，进一步加大了对中端打印市场的投入，扩大自己的市场份额。

成为战略合作伙伴，至少要有两个基本的要素：双方企业的价值观相同及双方的合作潜力巨大。好想你与文新信阳红的合作就具有这样的基础条件。

首先，相同的品牌定位。好想你的品牌定位以中高端为主，其收入贡献占 71% 的健康情枣和精品红枣两类都属于中高端产品，而文新信阳红也主打高端市场，两大品牌目标顾客群一样。

其次，相同的文化属性。犹如“送礼就送脑黄金”这句话深入人心一样，好想你在不知不觉中已经扮演了河南省特产名片的角色。一说河南省特产，大家脑海中浮现的第一产品就是红枣，而红枣第一品牌就是好想你。文新信阳红同样是信阳茶企的领头羊，市场地位非同一般。

最后，重叠的销售渠道。好想你加盟店的销售额占 90% 以上，亟须通过建立直营店直控终端；而文新信阳红现有的销售渠道也主要是专卖店。“二红”联合起来在全国开拓直营店，能让双方更好地发展。

愿望总是美好的，然而，企业“联姻”毕竟是利益至上。好想你与文新信阳红分属不同的利益主体，未来二者在终端渠道的合体并非坦途，存在下列隐患与待解决的问题。

（1）“二红”在收购好想你加盟店方面，如何分担资金？如何分配利益？

（2）“二红”在店面人员、陈列与促销活动中如何进行联合管理？

（3）“二红”的目标顾客群的差异性如何解决？

（4）“枣＋茶”的综合终端店，无疑极大降低了品类专业性，是否会流失顾客？会不会留给其他竞品（枣企与茶企）抢滩的机会？

### 四、文化：做大枣文章

好想你作为中国枣业第一股，出彩之处不仅表现在产品研发、品牌传播与商业模式创新上，还把红枣的营销上升到文化层面，弘扬了红枣产业文化。

好想你通过红枣文化的营销，实现了企业规模的不断扩大。好想你依托新郑市红枣数千年的历史文化，筹建了全国乃至全球第一个红枣博览中心；借助新郑市18万亩百年古树和枣乡风情，连续举办了8届红枣文化节。典雅而有古韵的打枣仪式，与黄帝故里拜祖仪式遥相呼应，成为河南省城乡游、生态游的一个特色活动。好想你现代化的生产车间，被国家旅游局认定为全国观光工业示范点。

好想你聘请能工巧匠，把大量废弃的大肚子枣树雕刻成一座座精美的佛像，号称“万佛苑”。参观者在佛像中穿梭，仿佛进入佛门净地，忘却了烦恼。万佛苑既是对枣文化的一种延伸，又使得新郑市的枣文化旅游项目多了一个景点。

举办枣文化活动的背后，是好想你对于红枣文化的系统性梳理。红枣文化与好想你的高端化战略相得益彰，既使好想你的品牌知名度大幅提升，也促进了枣文化的传播，使红枣业迅猛崛起。

# 第四节 澳的利：风景不再属于你

出生。1997 年，漯河市商人陈松富、祁翠娟夫妇研制出了澳的利葡萄糖果味饮料。

风光。2000 年，请歌星解晓东代言；2001 年，请韩国明星安七炫代言；2002 年，请体坛之星——田亮携郭晶晶联袂代言。

变故。2005 年 11 月，澳的利 51% 的股权由原主人陈氏夫妇出让给海外某集团。

转身。2009 年 8 月，海外某集团出资 2108 万美元收购陈氏夫妇所持剩余的 49% 股权。

破灭。于此，澳的利创始人陈氏夫妇修得亿万身家，金盆洗手归隐江湖。

## 一、开局：创新并不传奇

1997 年，曾经贩过鞭炮、倒过外国香烟、办过预制厂、开过饭店、做过货运、生产过塑料瓶的漯河商人陈松富在医院输液时，听到医生说葡萄糖可以补充营养和体力，像发现了新大陆似的立即从病床上站起来，跑到商场买了几袋葡萄糖粉，用矿泉水勾兑，和妻子祁翠娟一起搞起了“科研”。那时，他们家里摆满了装着上百种果汁的瓶瓶罐罐。1997 年 4 月 12 日，一种全新的饮品——澳的利葡萄糖果味饮料研制成功了。

中国民营企业成功的起源都是平淡无奇的。20 世纪八九十年代的机遇属于这一帮有想法的人，只要敢干、实干，成事的概率确实偏高。刘永好兄弟养鹌鹑、任正非卖通信设备、柳传志卖电子元器件、李书福敲打汽车、俞敏洪走穴做家教都是同一逻辑的不同故事版本。虽然，论影响力陈松富与这几位企业家不在同一个等量级，无法相提并论同日而语，但是对于普通人，陈氏夫妇白手起家，成为亿万富翁的最终结局不免让天下凡人艳羡。

## 二、四轮驱动："品名+概念+广告+渠道"

### （一）澳的利VS奥地利：关公战秦琼并无关系

没有人怀疑澳的利是一个时尚的名字，因为这是一个欧洲国家名称的谐音，而且两者写法高度相似，在"音与形"上兼具高黏性。另外，"利"字也是商人最喜欢的字眼。

产品名一旦和顾客的认知存在一种联系，在传播上的成本肯定会降低。"澳的利VS奥地利"尽管两者之间八竿子打不着，但澳的利还是闪亮登场了，进入今天看来市场竞争最充分的饮料市场。澳的利——虽然有人发音"aodeli"，也有人发音"aodili"，但这并不妨碍它的野蛮成长。

### （二）差异化："品类开创者+细分+功能"

笔者宁愿相信陈松富当时并没有研读过迈克尔·波特的差异化战略定位理论，再研制澳的利葡萄糖果味饮料，但这个品类的名称确实符合差异化理论。

首先，澳的利是葡萄糖饮料的开创者，也就是这个品类市场的开拓者。同时期的旭日升在冰茶品类上的探索更多，遗憾的是，没有修成正果。

其次，澳的利瞄准的是一个细分市场，没有进入已经缠斗不休的碳酸饮料、纯净水市场，避开了这些红海，进入由自己创造的蓝海。细分市场的特点是：创始品牌一支独大，呈现准垄断特征。

最后，澳的利做的是一种功能饮料，除了基本的解渴功能之外，没有人否定葡萄糖具备补充能量的功能，这也是顾客大脑中根深蒂固的认知。澳的利把饮料直接分为普通饮料与功能饮料，企图独霸的就是以葡萄糖补充能量为概念的功能饮料。至于后来的红牛、王老吉，也是这个套路。

### （三）广告："电视+明星+一掷千金"

梦幻般的开场使澳的利顿时膨胀起来。澳的利在宣传与推广方式上采用"电视媒体+明星代言人"的策略，与同时代的其他行业黑马品牌操作手法如出一辙，似乎并没有什么过错。

2000 年澳的利出资 2000 万元，力邀歌星解晓东出任形象代言人。在一曲《相信我吧》的歌声中，2 亿元回款轻松入账。

2001 年，澳的利再投 5000 万元的广告费，签约了韩国明星安七炫。结果当年饮料市场尽刮"黄色旋风"，澳的利的销售额一举突破了 6 亿元。

2002 年，澳的利签约了举世闻名的奥运跳水冠军田亮与郭晶晶（"亮晶晶"组合）担任澳的利品牌 2003 年和 2004 年奥运年期间的形象代言人，成为中国国家跳水队的荣誉赞助商。

### （四）渠道："非主流市场+农村包围城市"思想

在渠道选择上，澳的利贯彻了毛泽东"农村包围城市"的思想策略，避开与饮料行业巨头可口可乐、百事可乐在一线城市的直接竞争，将销售重点放在一些二线、三线城市及广大农村地区。事实证明，澳的利的这种非主流市场定位特别有效。首先在饮料市场品类比较单一的环境中，澳的利葡萄糖饮料是全新的类别，很容易引起顾客的兴趣；其次澳的利所选重点销售区域为广大农村地区，市场空白较大。同时澳的利给各大经销商的利润空间充足，几乎都在 30% 以上，所以经销商铆足了劲卖澳的利饮料就不足为怪了。

## 三、断箭：“企业文化＋企业战略＋人力资源＋市场营销”

### （一）企业文化：经营之魂，无关乎规模

无论企业规模大小、时间长短，都存在着企业文化。企业文化不仅仅表现在企业手册里，更是渗透在经营运作的血液中。

在中小民营企业，企业文化就是老板文化。陈松富时代的澳的利，深深打上了他的思维烙印。他是标准的豫商，有报效桑梓、重视人情、扶弱助残的情怀。因此陈松富时代的澳的利存在安排亲友在自己企业就业的现象。为报效乡亲，带动乡亲致富，他甚至承担了罚款的损失，把家乡的土地改造成游乐园。

2005 年 11 月，澳的利 51% 的股权由原主人陈氏夫妇出让给海外某集团。此时，澳的利进入了后陈松富时代。中外文化的冲突与摩擦也是不可避免的，由高层思维模式的不同给企业决策带来的低效与麻烦可以想象。

### （二）企业战略：褒贬不一的多元化

2003 年前后，陈氏夫妇还投资进入服装、物流、外贸、房地产等领域，先后注册成立了漯河斯恩特服饰有限公司、漯河澳的利进出口贸易有限公司、漯河昌达房地产开发有限公司等企业。

对于产业多元化，业界共识是认可同心多元化，对于不相关多元化多持批判态度。按照王明夫博士“商业种群”的概念，将种群分为三类：一是产品制造型企业，像海尔、华为、上海汽车等；二是投资控股型企业，如往日的德隆、今天的联想投资等；三是区域经济型企业。在省会、地市、县镇都存在着一两家“地头蛇”企业，仗着地熟路通，挖矿、修公路、搞水务、开饭店、做土特产、办工厂、买医院、搞景点……有机会就上，有钱就赚，各个行业模块严重不相关。

从时间排序上，2002 年的“质量门”事件与 2003 年的“非典”影响，实际上是澳的利的分水岭。此时此刻，澳的利已经开始走下坡路

了。陈松富除了饮料主业外，还开辟了其他不相关产业，梦想建立区域小“托拉斯”产业群可能心存“东方不亮西方亮”的侥幸心理。但是，方向不错运气不在，澳的利顶在10亿元以下的天花板上止步不前，使陈松富失去了从企业主升华到企业家的转换。

（三）人力资源：外来的和尚难念经

偏居一隅并非中心城市的漯河市随着澳的利的发展，管理与营销人才供给成为短板与瓶颈。澳的利掌舵人也是感受到了这种威胁，曾经采取过措施进行补救。

2001年职业经理人张青峰上任担任澳的利销售副总经理，采取了一系列的改革措施后，使公司销售额大幅上升。2003年1月，张青峰却因为“无法融入团队”而离职。

黄允炜曾是重庆百事饮料操盘手，任内曾将百事在重庆的市场占有率从30%飙升到70%以上，迫使可口可乐撤出了重庆市场。2002年8月15日，黄允炜以150万元年薪加盟澳的利出任营销总经理。在黄允炜的主导下，“亮晶晶”组合就以“亮晶晶的澳的利，想要就给你”的广告诉求，与雪碧的“晶晶亮，透心凉”广告展开营销竞争。澳的利耗资巨大的宣传攻势再度展开。但由于家族式管理和职业经理人之间无法调和的矛盾，2003年12月，黄允炜黯然出走。

空降兵的成活率一直是人力资源管理的话题。一句偈语是：“没有合适的土壤，再好的种子也不会发芽，发芽了也不会长大，长大了也不会结果，结果了也不会长久。”

（四）市场营销：“广告依赖症＋渠道错路＋公关不力＋竞品狙击”

对于低于10亿元规模以销售导向型为主的企业，无论企业文化、企业战略，还是人力资源战略方面的问题，最终都会通过市场营销显现出来。

**1. 广告依赖症**

对于广告传播的过度依赖，致使澳的利走上了一条盛极而衰的发展之路。2003—2004 年，由于投资物流、游乐园、房地产、服装等项目导致资金分散，澳的利的资金开始断流。企业已经不能像以前那样花重金做电视广告，被迫进行战略调整。而一旦广告停播，整个市场就认为产品出了问题，多米诺骨牌效应导致企业在整体上轰然倒塌。

广告手段作为市场营销系统促销策略的一个二级分支，对于本土品牌，在拓展市场初期，是撕开市场的一把利剑，没有广告轰炸，市场极易陷入“温吞水”状态。一旦进入商品铺货阶段，就要“远离”广告，或者弱化广告，果断、及时地将做广告的预算用于线下推广，迅速夯实市场根基。如果还是单单依赖于广告的拉动，就会进入饮鸩止渴的恶性怪圈。这个阶段的广告作用如同味精，少则味鲜，无则亦可，过则中毒。

**2. 渠道错路**

2002 年澳的利发起了一场向城市进军的战斗，并以北京为首战城市。然而，一个在二级、三级区域市场比较红火的产品，对于见惯了各种大品牌的北京顾客来说，吸引力微弱。几个月后，澳的利宣告此役失败。

**3. 公关不力**

出了事情不可怕，关键是处理危机的态度与手段。纵观这些年，食品行业一直祸事不断。有的安然无恙，有的则被拖进了质量问题漩涡。

**4. 竞品狙击**

澳的利是中国葡萄糖饮料行业的开创者，可惜的是开创者未必一直是领先者。继澳的利之后，上海市、广东省、安徽省、福建省、湖北省等地 200 余家生产厂商紧随其后，竞相生产葡萄糖饮料。此时的澳的利，没有制订出葡萄糖饮料的行业标准，实现产品和产业的结构升级。

一个消费品新品类一旦有竞品跟进模仿，就证明竞品已经承认了你的行业地位，同时这个新行业也会迅速成为一个产业群。市场经济条件下，独食是不可能的，但是做行业领导者是有可能的。红牛之于补充能量饮料、喜之郎之于果冻、香飘飘之于杯装奶茶都是成功的案例。

## 四、结局：不是逗号，是句号

“股权结构比较单一，资产状况比较好，生产线比较先进，品牌也不错”，这是海外某集团对澳的利感兴趣的理由。澳的利创始人陈松富曾在这里留下的印迹，正在逐渐模糊。然而我们无法预料的是，“澳的利”这个品牌是否和其他国内的一些饮料品牌一样，也将逐渐走向消亡？

目前，澳的利企业性质已经由“中外合资企业”变更为“外商独资企业”。别了，澳的利！

## 五、澳的利启示录

### 1. 观点一：意识混沌保守，缺乏战略创新远见

“其兴也勃焉，其亡也忽焉”！与澳的利同一时代的许多企业，在那个市场环境比较有利的年代，凭借一些比较花哨的营销手法和巨量的广告投入，突然一下子就做起来了。只可惜，很多企业并没有意识到市场大环境的变化，缺乏创新意识，很快便又衰落了。值得一提的就是娃哈哈。娃哈哈借助当初那波市场大势，随着市场环境的变化，不断调整营销策略，以及不断推出新产品，成功转型成为“食品饮料渠道王者”，一直笑看风云直至今天。

### 2. 观点二：销售激进，品牌脆弱

中国本土企业的品牌很脆弱，就像当年的澳的利一样，在初期以销售为导向比较有效。但当企业发展到一定规模，缺乏强大的品牌支撑时，企业的发展便很难突破瓶颈了。而纳爱斯却转变思维，在企业度过了生存期之后，从以销售驱动为导向迅速转变为以品牌驱动为导向，一路凯歌，成为本土日化百亿级俱乐部两大巨头之一。

销售保证将商品陈列在顾客购买的地方而品牌是打开顾客心结的那

把钥匙。销售与品牌，不是孰重孰轻的问题，两者不过是一枚硬币的正反面。

**3. 观点三：市场竞争越充分，渠道越重要**

澳的利从做渠道到运作办事处，表现出本土企业渠道策略的多样性。中国本土企业的渠道都有一个共同的问题，就是对代理商等中间渠道商拼命允诺，最终难以兑现，诚信度极低。市场竞争越充分，渠道作用越大。广州立白对渠道、厂商的关系非常重视，近年来随着日化行业竞争的白热化，屡屡发力进一步稳固了其国内日化领导者的地位。

**4. 观点四：公关与品牌不匹配，本应相辅相成却变成了相互制约**

澳的利“质量门”事件不算是很严重的危机，却导致企业一蹶不振。纵观中国发迹于 20 世纪八九十年代的企业，大量企业的倒闭都是因为质量问题被曝光，品牌影响力偏弱，或者说自身免疫力太差，公关不到位以至于处理问题的能力太差，造成品牌与公关相互扯后腿，最终被送上了断头台。

**5. 观点五：从创造第一到保住第一，如何当老大**

澳的利借助一个品类运作市场，成了葡萄糖饮料的第一。随后却逐渐没落，淡出顾客的视线，原因是澳的利犯了一系列严重的战略失误。

创造第一不是一件易事，但保住第一更难。并不是像很多营销策划人肤浅地理解那样，第一个叫出来的便能成为第一。变频空调始于海信，最终却为美的和格力做了嫁衣。何故？实力和传播的问题。成了第一，如果想要保住第一，必须要解决以下两个问题：

首先，企业战略不能失误。在可口可乐的发展过程中，就因为失误让百事可乐有机可乘。所以说，百事可乐能做起来，是百事可乐自己的事，但让百事可乐发展到今天足以威胁到可口可乐的地步，那肯定是可口可乐自己的问题。

其次，必须在你所属第一品类范畴内不停地引领市场。这种引领的方法是多样的，可以像英特尔一样，不停投入资源做技术研发，保持在电脑处理器品类中的第一。对于快消品行业，小洋人妙恋的果奶做得风生水起时，娃哈哈营养快线后发先至，单品突破百亿元之巨；在农夫山泉水溶 C 100 热卖方始，娃哈哈 Hello－C 弯道超车，饮料巨头娃哈哈就是这样产生的！因此，更实用的方法是时刻瞄准市场上哪家企业新品类在上升，而且判断该品类具备足够大的市场潜力，就凭借你的规模、影响力、渠道、管理和的传播，抢占市场，如此一直保证老大的地位。

## 第五节　旭日升冰茶的陨落败局

旭日升冰茶、太阳锅巴、秦池酒、春都火腿肠、澳的利葡萄糖饮料、鹤壁天元等耳熟能详的品牌的轨迹竟然是如此雷同，其中必定有共同的 DNA。警钟长鸣，本土标杆企业应从中汲取教训，以免重蹈覆辙。

1993 年始，以 3000 万元起家的旭日升，到 1998 年变成了一个销售额达 30 亿元的饮料巨头。然而，从 2001 年开始，一日千里发展起来的“旭日”让人无法想象地滑向了“迟暮”的轨迹。2002 年下半年，旭日升停止运作。曾一度风光无限的旭日升，成为一道“蓝色记忆”。

### 一、差异化执行力

在中国饮料发展史上，旭日升冰茶是不可或缺的一页。河北旭日升饮料公司（以下简称旭日升）的前身为冀州市供销社，20 世纪 90 年代初期决定在中国的传统饮料“茶”上做文章，率先推出“冰茶”概念。1995 年，旭日升冰茶销量达到 5000 万元；1996 年，这个数字骤然升至 5 亿元；1998 年，旭日升冻茶的销售额达到市场销售最高峰的 30 亿元；1999 年，旭日升确定将“冰茶”作为旭日升商品特有商标，并在国家工商局注册，期望对自己创造的概念能独家使用。

差异化概念的力量是无穷的。旭日升冰茶的成功是因为它选择了一个百姓熟悉而有市场需求的切入点，并且创造了一个全新的冰茶品类。旭日升冰茶的巨大成功引来众多竞争对手的跟风。在康师傅、统一、可口可乐、娃哈哈等一群“冰红茶”“冰绿茶”的围追堵截中，冰茶的独家市场很快就被对手占领。

相较于纯净水、果汁饮料、碳酸饮料、奶饮料、茶饮料等品类，旭日升冰茶是当之无愧的茶饮料鼻祖。在解渴功能这个“抽屉”中，纯净水正合适，但是，纯净水的缺点是它是“无味道”的解渴饮料。“冰茶”的定位是“有味道”的解渴饮料，因此冰茶的品类创新直接细分了解渴饮料这个大品类。当时把解渴饮料分为“无味的”与“茶味的”两个部分，冰茶就成了旭日升差异化的核心竞争力。

遗憾的是，旭日升并没有把冰茶作为第一的核心竞争力坚持做到极致，而是陆续推出“暖茶、韵茶、袋茶”一堆类同的产品，分散了企业资源与精力，弱化了品牌专业性。加上康师傅、娃哈哈、统一等各个竞争品牌旗下的“冰 × 茶”的挤压与绞杀，旭日升冰茶落入下风是自然的结果。反之，业界的露露核桃露、银鹭、红牛、王老吉等至今一直坚持不懈地推广他们的新品类，沉淀积累数年后各自成为细分品类第一品牌，均取得了不错的江湖地位。可以假设，如果旭日升坚守打造冰茶这个品类，其地位完全可媲美立顿之于红茶、喜之郎之于果冻、洽洽之于葵花子。

## 二、家族式管理

子弟兵与空降兵只是人才来源的渠道，致命的问题是缺乏共识的企业文化融入了员工的血脉，使团队成为不同团伙的集合。

创业初期，旭日升派出上百名冀州员工奔赴到全国 29 个省、市、自治区的各大城市，通过地毯式布点、密集型销售建立起 48 个旭日升营销公司与 200 多个营销分公司，连接起无以计数的批发商和零售商，形成了遍地开花的旭日升营销网络。旭日升在建设销售渠道时，不论进入哪一个城市，不论是什么职位，都无一例外地从冀州派遣本地人马。

“打仗亲兄弟，上阵父子兵。”家族制是中国特色，同籍、同姓、同学、同族等特征皆可构建出一个个关系网。地处小县级市的旭日升，能够做到振臂一呼应者云集将冀州父老招引过来，是必然的结果，也是不二的选择。共有的成长经历、共同的生活习俗、沟通的便利性在企业初创期间发挥了至关重要的作用，将他们拧成一股绳劲往一处使，将一个冰茶品类做到了 30 亿元之巨，缔造了属于他们自己的传奇。但是，市场营销毕竟不是种庄稼，建立粗放式草创市场网络后，没有将预售制、标准化、精细化等现代营销手段提上日程。其时冀州子弟兵无论在心态还是素质方面，都没有与时俱进，因此旭日升不可避免地要为人才培训的缺失买单。

引进外援成为旭日升人才战略转型的方向。首先是企业高层大换血，旭日升当时引进了 30 多名战略管理、市场管理、品牌策划和产品研发方面的专业人士；其次是把 1000 多名原来一线的销售人员安排到生产部门，对营销基层人员实施休克疗法。当“空降兵”进入旭日升并担任要职之后，新老团队的隔阂日益加深，使从国外回来的“洋领导”移植的成功模式在“元老们”那里碰壁，“元老们”经验性的决策在“洋领导”那里碰壁。因此，旭日升的决策与效率就可想而知，组织内部开始产生分歧。

企业内部沟通的成本是效率的分母。当内部沟通出现分歧之后，企业整体运转的效率趋于无限低。团队与团伙最大的区别在于有无共同的信仰、愿景与共有利益。用文化影响，用制度规范，用利益引导都是现代企业人力资源管理的手段。

### 三、经销商制度 VS 直营终端

旭日升的营销探索中，尝试过大代理制度、经销商制度、直营终端。不幸的是，在运作渠道中，旭日升各级经理的专职任务就是伸手催款，而应该做的主要工作——协助渠道商运作市场基本没做。在公司直营阶段，“人人为我，腐败丛生”侵蚀着旭日升的基业大厦，使流程管理、监管监督成为摆设与空架子。在剖析旭日升陨落之谜中，很多专家都质疑过旭日升采取的营销模式，其实，问题不在于营销模式，而在于执行与落实。

无论是经销商制度，还是直营终端，都是企业根据自身资源情况采取的不同营销模式，只有合适抑或不合适，不存在优劣高下之分。

在厂商合作框架下，大致可以分为 4 种模式：

（1）由厂家主导研发生产，由渠道商主导营销与市场。厂家产品以最低价格结算给渠道商，由各区域渠道商八仙过海各显神通运作各地市场。20 世纪 90 年代，此种模式大行其道。

（2）由厂家主导品牌与市场，由渠道商司职销售。在品牌与宣传方面，凡是全国性广告宣传，以厂家为主导，具体区域广告宣传由渠道商协助。渠道商的主要功能是建设销售网络，拓展市场，而厂家业务人员协销。直到目前，一定比例的大企业、规模低于 5 亿元的中小企业大多采取此种模式。

（3）由厂家主导市场营销，将渠道商沦为物流商的邮差。所有的营销功能由厂家履行，而渠道商只负责向厂家打款进货、与下级网络送货结款，充当资金中转平台与配送商，赚取微薄但是稳定的仓储费与配送费。康师傅、宝洁、联合利华、高露洁属于此类运作模式的先行者。

（4）由厂家进行战略主导，实现厂商真正的一体化。双方在各区域市场共同出资建立合资营销机构形成“你中有我、我中有你”的关系。家电行业的格力、格兰仕系探索此类模式的集大成者。

### 四、品牌传播

记忆中除了一对孪生兄弟、一对孪生姐妹外，巨星刘德华也给旭日升冰茶做过品牌代言人。用两对双胞胎代言似乎要表明旭日升的冰茶与暖茶都有售，用明星代言其意是要继续扩大旭日升品牌知名度。这种打法，很明显缺乏主线，更缺一个共同的诉求点，造成主题不明、广告资源浪费。

旭日升整个品牌广告宣传表现为：浮躁的语言，凌乱的诉求，直接割裂了品牌性格，偏离了品牌内涵，使品牌专业性大打折扣。反观成功的品牌，无论广告内容如何变换，宣传方式如何不同，但是始终不曾偏离主题，一直在同一主诉求下坚守一个概念。舒蕾洗发露无论是王馨平代言，还是任贤齐代言，始终诉求焗油健康；金龙鱼调和油诉求营养均衡；海尔防电墙热水器诉求安全；碧桂园“给你五星级的家”诉求尊贵不凡。

## 五、营销管理

2001 年，旭日升在茶饮料的市场份额从 70% 跌至 30%，销售额也从高峰时的 30 亿元降到不足 20 亿元。管理上的问题也随之暴露，旭日升制订了用回款考核业务员的制度。部分冀州的业务员为了完成企业的考核，私自和经销商达成“君子协议”：“只要你答应我的回款要求，我就可以答应你的返利条件；而且，我还可以从集团公司帮你要政策，甚至允许你卖过期的产品。”很多分公司的经理、业务员根本不管市场上的铺货、分销和监督。

对营销人员的管理无法可依，或者有法不依，成为旭日升陨落的致命问题。前期表面上红火的营销始终掩盖着混乱的管理，管理的不善最终使企业的漏洞渐趋扩大，最终形成天坑，以至于旭日升断然陨落。

## 六、营销启示

启示一：旭日升营销闪光点综合评判新品类在。

（1）品牌力。这一点旭日升冰茶得分 100 分。旭日升敏锐地发现市场空白点，创造出差异化的新品类，关键是新品类在规模上完全可以支撑起一个独立的品牌。知名度——美誉度——顾客购买忠诚度这一让渡价值链的发现，使旭日升至今还经常被作为案例进行探讨。

（2）渠道力。这一点旭日升冰茶得分80分。旭日升10年征战市场，果敢地尝试布局渠道，运作终端，也进行了“分公司+经销商”双轨制运作，在渠道谋略中，毫不逊色。

（3）促销力。这一点旭日升冰茶得分60分，无论是针对经销商、终端商的渠道促销，还是对顾客的教育拉动，较早地请明星做代言都做得有声有色，基本上形成了套路，自成体系。

启示二：烧一壶开水，而不要烧几壶温水。旭日升不应该过早地开发更多的品类抽屉，而应该将冰茶概念做精、做深、做透、做实。只有市场才能形成真正的壁垒，抵御外来看的侵袭。在包装细分下，纵向开发易拉罐装、PET塑料装、利乐装、玻璃瓶装；在品类细分下，横向开发冰茶汽水、冰茶饮料（冰×茶）等，始终围绕冰茶做文章。

启示三：国外危机管理专家早就告诫，当企业遇到问题的时候，就像一个湖面，不要从上面扔大石头，而是让里面的人扔小圆石。旭日升掌舵人力求变革励精图治其勇气可嘉，“高层大换防、营销大换血”等一系列“休克疗法”用药过猛，过犹不及以至于企业失败。

同样来自燕赵大地由舒淇代言的今麦郎冰红茶横空出世，主诉求是“今麦郎冰红茶，快乐的味道”。今昔对比，个中滋味，耐人寻味。

# 第三章

# 标杆案例——洗护美妆

## 第一节　立白：百亿冠军

1987 年春天，陈凯旋用 3000 元积蓄购进洗衣粉和洗发水，计划贩回家卖了赚点钱，由此正式进入日化行业。一年后，他跑遍了潮汕地区的各大乡镇，掘到人生中第一桶金，也因此彻底改变了人生轨迹。

在潮汕地区“重厂轻商”的传统思想影响下，陈凯旋决定创办实业。根据当时既有条件，陈凯旋选择了“轻公司”贴牌模式生产洗衣粉，委托当时业务惨淡的洗衣粉厂家生产，贴上“立白”的标签之后，由权威质检部门检测把关，自己集中精力做渠道拓展和传播推广。

从普宁市到潮汕、从潮汕到广东、从广东到华南、从华南到全国，市场拓展势如破竹。陈凯旋也许没想到，从 1994 年到 2010 年的 16 年里，白手起家的他竟然能创造出年销售额 111 亿元的商业神话。

AC 尼尔森数据显示，2010 年立白洗衣粉全国销量第一，市场份额占比达 25%；立白洗洁精连续多年全国销量第一，市场份额占比 40%。至 2010 年，立白在全国已拥有 12 个生产基地、30 多家配送中心、20

多家 OEM 工厂，员工总数突破万人。广州立白与浙江纳爱斯携手成为本土日化双巨头。

商业世界有一个惯例，大凡白手起家的创业家，起步初期被描绘得越艰难，大家就越感兴趣。若不是立白的成功，世人哪知陈凯旋？但是事情又哪有大家想象得那么简单，传奇故事背后都有着其特殊的成功因素，立白亦不例外。

## 一、六大创新动作

一家企业的文化就是企业家的文化，而贯穿立白的始终有一条线，那就是持续不断的创新精神。没有工厂，找厂贴牌；没有客户，找亲戚打头阵；没人合作，那就做几个样板市场给大家瞧瞧；自有品牌无法承担新品类的使命，那就去并购有影响力的品牌；人才不够，就到跨国企业里请高手；品牌只有知名度缺乏美誉度，就赞助奥运会……强大的创新基因，已经渗入立白的骨髓。

### （一）产品线，从单品类到大日化

立白发迹于洗衣粉，为了挖掘渠道的潜量，不断推进品类加法。最终，立白形成洗涤用品、杀虫与家居清洁用品、口腔护理用品、个人护理品门类齐全的 4 大品类，大日化布局基本成型。

不可否认，长大的立白越来越趋于宝洁化。立白 VS 宝洁，这不是一个传说，而是一个现实版本。笔者曾偶遇宝洁旗下汰渍洗衣粉品牌经理，谈及立白，他面露敬畏，由此可见一斑。

### （二）客户，从亲戚到商户

作为日化新兵，立白初期几乎找不到经销商，陈凯旋对此并不气馁，想方设法动员本家亲戚做经销商。原始的广东或华南区域的经销商网络，也因此带有明显的血缘与地缘特征。为什么这些亲戚愿意相信陈凯旋的话呢？人无信则不立，盖因陈凯旋在亲戚圈子里长期留下的良好口碑使然。信任的力量，足可断金。

（三）渠道，从样板到全局

立白实现全面覆盖的路径值得借鉴，它是从打造样板根据地开始的。立白首先锚定最有实力的几个县，选定几个专销商，然后集中优势兵力投入广告、物料、协销人员打造样板市场。这些经销商再利用自己的影响力和辐射能力，尽可能地横向和纵向铺开网络。产品延伸到的地方，就是某个经销商的“地盘”。当某地的经销商做出名气了，通常附近很多经销商都会慕名而来。

以点带面，一片一片地发展经销商，最终将原本辐射不到的区域全部覆盖。可谓“星星之火，可以燎原”。立白开发客户的手法，符合口碑营销法则。最笨的方法，往往也是最有效的方法。

（四）品牌，从自创到并购

除了立白母品牌，立白自创的品牌还有去渍霸、超威、西兰等。2005年，立白打响大日化战略的第一枪，完成对牙膏制造企业天津蓝天的收购；2006年，立白又收购了奥妮商标及上海护肤品牌高姿。立白透露将继续坚持收购的策略，并不排除收购沐浴露企业。而从收购的成效来看，蓝天六必治的销售额已经由2005年的1.5亿元恢复到其营业额最高时的3.5亿元水平，高姿的营业额也连续两年实现100%增长。

（五）推广，从明星代言到奥运公关

在品牌推广方面，立白也实施全明星策略：立白洗衣粉、洗洁精、六必治牙膏由陈佩斯代言；立白洗衣液由李冰冰代言；去渍霸洗衣粉由小沈阳夫妇代言；去渍霸洗衣液由周迅代言；彩奇洗衣粉由邓婕代言；立白牙膏由林心如代言；新高姿护肤品由徐静蕾代言。“明星代言+电视广告”带来的是立白品牌知名度的迅速提升。特别是笑星陈佩斯的代言，给立白打上了亲和力的标签。

2007年4月10日，立白正式宣布加入奥运会赞助阵营，成为北京

2008年奥运会洗涤用品供应商和北京2008年残奥会洗涤用品独家供应商。如果说明星代言做广告的主要目的是促进产品的售卖与提升品牌知名度，那么，牵手奥运会这场公关秀则奠定了立白的至尊地位。

（六）人才，从培养到空降

内部培养人才有稳定性固然是优势，但是思维趋同性和创造性不足也是待解难题。在这方面，立白也有所察觉。

2008年，尽管“饮料奇才”蒋兴洲在立白担任营销经理总不足半年就匆匆离职，但此事并未浇灭立白对引进外来人才的渴望。（蒋兴洲早年是可口可乐中国公司的营运总经理。可口可乐在中国市场有今时今日的地位，蒋兴洲功不可没。后来，他又任广东健力宝集团销售公司总经理。——编者注）

大批出身于跨国日化企业如宝洁、高露洁、联合利华的人才加盟立白后，立即被委以重任。不过，品牌经理等关键岗位还是由陈凯旋亲自把关。同时，立白还大胆启动了“谈判工资”制。一位出身于外企、年龄不足30岁的部门经理，其收入远远高于服务企业十几年的元老，甚至是他的顶头上司，这样的故事在立白早已不是秘密。不拘一格降人才，使得立白平稳向前发展。

## 二、7大成功密码

如果要寻求立白百亿密码最精准的关键词，那么必然包括7个：品牌驱动、专销制度、渠道扁平化、商会制度、并购策略、不伤手概念、公关营销。

（一）品牌驱动

在日用消费品行业，广告驱动的瓶颈是5亿元，渠道驱动的瓶颈是10亿元。无论以广告为主的促销策略，还是渠道政策或者终端手段，都属于销售驱动策略。企业初创期，销售驱动策略是必需的，而要真正做大，就必须由销售策略升华为品牌策略。一个企业，市场部围绕销售部转就是销售驱动；反之就是品牌驱动。

显然，立白早就做到了品牌驱动，其庞大的市场运营中心是整个企业的大脑。从建制上，市场中心地位接近决策中枢；从人才上，不拘一格引进跨国企业专家人才；从流程上，大胆假设小心求证，鼓励创新甚至允许犯错误。

（二）专销制度

专销制度是立白的战略营销策略之一，也是立白成功的法宝。

立白的专销制度有三个特征：一是独一性。在某一具体区域，立白委任某客户独家代理，不再寻求第二个经销商合作；二是排他性。如果是做立白的客户，就不得同时经营其他日化品牌；三是紧密性。彼此互为唯一，经销商等于不拿薪水的厂家办事处，彼此捆绑紧密，关系很亲密。

（三）渠道扁平化

与很多洗衣粉企业的大区域销售策略不同，立白的经销商以县域为单位，而把经销商扁平到县级的最大优点是缩短了经销链。由于每个经销商的销售范围相对狭窄，精耕细作取代了广种薄收，为完成销量，就必须把有限的市场做深做透。

立白自然铺货率相当高，而立白之所以敢这么做，在很大程度上是凭借商会制度有效地控制了窜货这一隐形炸弹的出现。这种有多大能量就给你多大“地盘”的做法，完全因客户能力而定区域。如果一个县级经销商的能力强，那他可能有十几个县的领地；如果一个省会城市的经销商能力不强，那他的销售区域可能还出不了市。经销商也不会不平衡，他们都是跟总部直接对接，政策、待遇都一样。

（四）商会制度

恶性跨区域冲货、窜货是日化行业的毒瘤。商会制度的建立，帮助立白找到管控商品物流的有效方法，把毒瘤连根切掉。

所谓商会就是以专销商为主体，把每个大区域的经销商纳入商会中，大家互换有无，“你帮我卖一些产品，我帮你销一些东西”。由于经常联系，谁也不好意思窜货，加上互相流通产品，实际上促进了双方的销售，窜货现象自然也就很少发生。

立白对窜货的控制手段也非常严厉，一旦发现窜货现象，立刻停止经销资格。面对立白丰厚的利润，经销商不会为了短期利益选择铤而走险。

（五）并购策略

立白的并购活动之所以能获得成功，是因为有着自己独有的商业逻辑。

**1. 如何选择并购目标**

随着企业实力和知名度的提升，立白经常收集到很多并购重组的信息。对此，立白的首要衡量标准就是看该目标企业是否符合公司的发展战略。如果符合，就启动考察、调研等后续程序，否则就不予理会。立白的发展战略就是“做强、做大民族日化”，给自己的定位是“大日化企业”和“品牌运营商”。立白的并购战略服务于整体发展战略，并购前提主要有两条：一是基于立白现有的销售渠道开展相关多元化的并购，只要立白现有销售渠道能够销售的品牌产品，立白都有兴趣介入；二是有助于升级立白现有的日化类快速消费品渠道，即有助于强化升级现有销售渠道的目标企业，立白也有兴趣。

**2. 如何做到成本更低**

在并购过程中降低并购成本的有效方法是减少货币等有形资产的支出，尽可能以无形资产实现并购目的。在并购过程中，立白的企业文化、渠道资源、社会资源、人力资源、品牌、管理等无形资产发挥了重要作用，大大降低了收购成本。2006 年收购天津蓝天集团时，实际上至少有两大竞争对手的出价高出立白两倍以上，但是对方最终选择了立白。原因是立白系本土企业，他们相信凭借立白强大的市场网络和营销经验会把蓝天品牌做强、做大，不用担心收购是为了消灭竞争对手。

**3. 如何兼容被收购方**

没有成功的整合就难以实现成功的并购，因为财务风险并没有在并购交易结束时终止。在整合中，有几项工作非常重要：一是实现协同效应；二是留住关键人才；三是沟通；四是文化的整合。

关于天津蓝天项目，立白当初的目标是：蓝天的品牌和技术同立白的销售渠道相结合实现优势互补。于是立白在正式接手项目后马上启动了四大计划：一是留下其部分优质经销商，同时让蓝天的产品全部进入自己的销售渠道流通；二是立白的牙膏产品以天津蓝天品牌为主，在市场上主推蓝天六必治品牌；三是将立白的口腔护理类产品的研发中心迁往天津蓝天；四是由天津蓝天的技术人员主导口腔护理产品技术配方的升级。而上海高姿项目，立白却是以其原有的渠道、技术、品牌为主，只是同其分享媒体、供应商、社会资源等其他优势资源。

（六）不伤手概念

立白主打概念为什么是“不伤手”？顾客的习惯是大件丝织物用洗衣机洗涤，小件或贴身衣服要手洗，因此立白“不伤手”的利益诉求符合顾客的生活习惯。

不伤手概念表明立白品质值得信赖，表明立白洗衣粉用料考究，品牌利益指向绿色、环保、低碳。

这种营销策略直接建立在深度了解顾客心理的基础上，使得品牌有了更易识别的标签。

（七）公关营销

很显然，立白赞助奥运会就是为了公关营销。

立白借赞助北京奥运会的契机，与国际原料巨头巴斯夫及诺维信合作，在奥运会开幕前夕强势推出新品，除了在包装上添加北京奥运会的 Logo 之外，还配合开展了一系列奥运会主题陈列，推出买产品赠门票等活动。与此同时，立白还高调赞助中国国家网球队，使自己紧紧与

“奥运”二字捆绑在一起。

立白选择笑星陈佩斯代言，使立白的品牌形象显得很亲民；而成为奥运会赞助商，则让立白的品牌价值急速上升。作为唯一赞助奥运会的本土日化品牌，立白的企业形象与地位急剧上升。

## 三、青春期亟待解决的烦恼

所有企业都是在解决问题中成长起来的，没有问题才是最大的问题。笑看风云变幻的百亿立白，青春期的烦恼有哪些呢？

### （一）立白脱帽工程

立白是什么？有人说，立白是本土日化巨头企业；亦有人说，立白是洗衣粉、洗衣液、牙膏等具体的商品品牌。随着企业逐渐做大，立白身兼企业品牌与商品品牌的现状，也是时候该理清了。

在业界，存在两种模式：一种是“宝洁模式”。宝洁只是企业商号，并不指代任何商品；另一种是“可口可乐模式”，它既是饮料企业的商号，又是碳酸饮料产品的品牌，其他平行的还有雪碧汽水、美汁源果汁、原叶茶饮料等。很显然，目前立白和可口可乐是同一模式。

### （二）护肤品破冰之旅

高姿品牌始创于香港，1984 年进入中国大陆，总部设在上海，曾经是在“妈妈辈”里最受追捧的本土化妆品品牌。2006 年年底，陷于平淡的高姿被立白收购。此后高姿一直都从事长三角市场的基础工作，而近两年开始有比较大的动作。2010 年 4 月《杜拉拉升职记》陆续在全国各地热映并掀起热议，高姿产品在该剧中至少出现了 5 次清晰镜头。高姿“植入式营销”基本成功，直接带动了放映城市高姿专柜和专营店的销售。

高姿是幸运的，它的幸运来自于可以作为事业部独立运作，因为很明显，立白洗衣粉的渠道无法兼容护肤品。目前高姿有商场专柜与专营店两条渠道，前者是雅诗兰黛、欧莱雅等国际品牌的主阵地，后者是自然堂、珀莱雅等国内大鳄的根据地，两条战线上惹不起的角色都是各具特色。很显然，高姿目前的状态只是破冰之举，并没有完全找到路径，未来的路任重道远。

（三）豪赌洗衣液

2008 年以来，洗衣粉市场出现行业性整体停滞，而作为新品类行业的洗衣液则开始大幅增长。这一点，作为洗衣粉大鳄之一的立白肯定不会无动于衷。对于洗衣液这个品类，陈凯旋显然是下了重金和大力气的，单从邀请李冰冰代言立白洗衣液、邀请周迅代言去渍霸洗衣液就可见一斑。

但是，洗衣液这个品类不是由质量决定的，也不是由广告决定的，而是由渠道决定的。洗衣液在很长一段时间，大终端就是出货主渠道，谁在 KA 大卖场专业，就是谁的地盘。目前，做洗手液的蓝月亮与做消毒水起家的威露士都把洗衣液作为二次崛起的品类，通过进入终端大卖场，二者双双拔得头筹暂时领先。它们旁边的宝洁汰渍洗衣液与联合利华奥妙洗衣液在虎视眈眈，市场竞争可见一斑。

后期，2015 年与 2016 年立白豪赌《中国好声音》和《中国新歌声》，付出终有回报，问鼎品类巨头当仁不让。

（四）磕磕绊绊的洗发水

不能不说，洗发水是立白心头的痛。2001 年，立白推出了自有品牌洗发水——碧影。此时，广东地区几百家洗发水厂家在搏命，拉芳、蒂花之秀、好迪等都在此列。碧影洗发水沿用了广东军团一贯的推广模式：投入重金、请明星、拼广告、比政策、送赠品……搞得红红火火、风生水起，结果事与愿违，在洗发水角逐中没有找到路子。在一次调查中问碧影跟飘影、风影洗发水有什么区别，连立白的员工都说不清。

2006 年，立白以高于十倍的价格 3100 万元竞得奥妮商标。好事多磨，几年下来，为了这个纠结的商标打了几场官司，2011 年才最终得以结束。而奥妮市场尚处于试销阶段，仅仅在重庆市、山东市等部分市场上市。巧合的是，与立白同为欢喜冤家的纳爱斯，则是不管不顾地砸下几亿元的广告费，推广同奥妮渊源颇深的百年润发洗发水，结果也是赚了吆喝不见响，百年润发市场至今还没有真正启动起来。作为老对手，百年润发的不成功给奥妮带来的肯定不是兴奋。立白原本想让纳爱斯先出牌，自己一方面看看路数，另一方面做足准备工作，岂知双方都遭遇不顺。

奥妮洗发水做还是不做，是一个问题。如果放弃，缺乏洗发水品类的企业，何以堪称大日化？坚持推进，如何确定奥妮的最终推广概念，如何对接立白既有客户，如何运作现代终端？很艰辛，任重而道远，同时更是一个实际的问题。对于这个课题，思索的不应该仅仅是立白，还有整个日化营销界。

## 第二节　蓝月亮：双品类冠军密码

相对于其他行业，日化行业的显著特点是跨国企业强势当道，宝洁、联合利华、欧莱雅、资生堂等大鳄掌控绝对的行业话语权。中国本土品牌倒是悲戚之声蔓延成风，小护士、羽西、中华牙膏、大宝、舒蕾、丁家宜等本土知名品牌或者被兼并或者被租赁或者被合资。西风东渐，沧海横流之中总有一种力量让我们感动！纳爱斯、立白、家化、霸王、拉芳、自然堂、蓝月亮、迪彩、卡姿兰等中国本土日化力量演绎着各自的精彩。其中，造就“洗手液与洗衣液”双品类冠军蓝月亮的成功密码，又会带给业界怎样的启示呢？

商机，往往就是一个点。时间上第一个进入行业的品牌，最有机会成为行业第一；早走一步是先烈，早行半步是先锋，把握准确的时机才会成为第一；行业老二，在跟随中超越，伺机干掉老大，就成为第一。

在洗手液品类博弈中，蓝月亮采取后发先至的策略；在洗衣液品类角逐中，蓝月亮敢为人先径直进行了行业破局。

## 一、洗手物语

20 世纪后，国人洗手与洗衣服都用一种叫“胰子”的肥皂。后来肥皂分化为洗衣皂与香皂，前者专用于衣物洗涤，后者用于洗手与洗澡。

单说香皂这一块儿，打着“专业除菌”的口号，宝洁旗下的舒肤佳成为品类第一品牌。为了抢夺香皂这一市场，本土品牌采取两招：一是低价策略；二是采取差异化或者趋功能化策略，如六神香皂诉求清凉配方、拉芳推广香水香皂、索芙特香皂诉求瘦身、满婷皂诉求除螨。目标顾客群针对性越强，锁定顾客数量越狭窄，因此，在香皂品类市场，舒肤佳江湖地位越稳固，竞争品牌超越的可能性越小。

如果在某一既定的品类无法做得更好，就要采取“替代”策略，从行业层面进行全局颠覆，用一个新的品类替代这一品类，这是最有竞争力的竞争法则。香皂做不过舒肤佳，就不做香皂，做什么？舒肤佳做的是固体香皂，那我来做液体香皂，液体香皂就是洗手液。洗手液与香皂相比：洗手液以“滋润、消毒除菌、防止交叉感染、干净卫生”与“液体洗涤、时尚”的产品卖点切入顾客，瓶装采用液压泵，使用方便，明显区别于传统香皂。

为什么舒肤佳做不好洗手液？因为在顾客心智中，舒肤佳被放进了香皂这个品类抽屉里，因此舒肤佳在运作洗手液这个新品类上并不占优势。相反，香皂与洗手液是直接替代关系，买香皂就不买洗手液，舒肤佳重点推广香皂就不足为奇了。只有这个时候，才是新进入者真正的商机。在洗手液品类中，基本上是本土几个品牌前赴后继占领先机，洗手液的先烈是祖丝，先锋是开米，集大成者是蓝月亮。

1999 年广州诗维娅公司上市祖丝洗手液。由于当时香皂才大面积普及，洗手液的推广非常艰难。诗维娅公司决策层判断中国的洗手液市场还需要一定的时间发展，于是就停止了市场上祖丝洗手液的推广。

1998 年开米上市贝芬洗手液，2000 年以“滴滴都是新的”在中央电视台黄金时段投入广告，进行市场培育。洗手液市场急遽扩大，洗手液品类由时尚家庭用品向日常消费品属性转变。

很遗憾，开米把洗手液行业做大了，却把自己做丢了。开米作为洗手液拓荒者，并没有将“洗手液 = 开米”打进顾客的心智。而差不多同时期，日化界同行精彩各异，低成本地把品类与品牌黏合为一：“美白隔离霜 = 小护士”“护手霜 = 美加净”“护发素 = 蜂花”“SOD 蜜 = 大宝”“焗油博士洗发水 = 舒蕾”“可采 = 面膜贴”“啫喱水 = 好迪”“花露水 = 六神”。因此，开米在行业培育方面是功不可没的，教育顾客清洁双手放弃香皂改用洗手液，将洗手液与香皂对比的优点表现得淋漓尽至，却忽视或者弱化了对开米品牌的打造，以至于无法区别开米与其他竞品的优势所在。

开米的破绽给了伺机而动的蓝月亮机会。“螳螂捕蝉，黄雀在后”，蓝月亮后发先至，创新超越，号脉行业节奏，紧抓机会点，并非最早，但成为第一。

（1）产品线结构：蓝月亮在芦荟洗手液的基础上，推出卖点为“滋润清爽”的野菊花洗手液，随后推出“小麦精华”洗手液，紧接着在 2002 年又推出儿童洗手液系列产品，同时在香型方面也做了多种尝试。

（2）促销拉动：蓝月亮在原有芦荟洗手液的基础上推出野菊花洗手液时，在市场推广中大胆采用“买一送一”捆绑销售的措施。蓝月亮推出的“1 + 1”买赠促销装，成为业界一种特别的推广手段，给行业带来深远的影响。

（3）价格策略：蓝月亮用“芦荟洗手液 + 野菊花洗手液”零售作为 15 元的方式，把该组合装作为单独的 SKU 在全国市场迅速推广。当时开米黄金产品单装 11 元/支。

（4）品牌推广：蓝月亮推出“健康小卫士”活动，在全国范围内以奖学金的形式拉开抽奖促销活动。

同期内的开米没有完成其产品细分工作，由于公司高层营销人员的变动，原有的市场发展策略没有得到很好的延续，推出的新品无法和原有的开米高档产品相匹配。开米随后调整推出的彩装洗手液也只是液体颜色和包装瓶体透明化的改变，而这些招数早已是蓝月亮的拿手好戏，开米和蓝月亮的差距就此拉开。

蓝月亮以产品细分为基础，形成系列产品，覆盖不同偏好的目标顾客群；以差异化包装竞争为有效手段，实质上是以价格作为狙击利器，最终成为行业品类冠军。

## 二、洗衣“液战”：洗衣液 VS 洗衣粉

2007 年中国家化洗涤用品产值为 483.5 亿元，其中洗衣粉的销售额约为 302.45 亿元。洗衣液在欧洲和日本已占有至少三分之一的份额，在美国达到了 80%。AC 尼尔森数据表明，洗衣液从 2006 年市场份额不足 2% 到 2008 年上半年已达到 4%。

衣物洗涤革命也是在轮回。洗衣粉替代肥皂已经很多年。相对于洗衣粉等传统洗衣剂，洗衣液具有更节能环保、易漂洗、少残留等优势。蓝月亮成为洗手液的单品冠军后，在“单品——品牌——系列”的发展模式中，个人护理与家居清洁类产品都取得了不错的市场份额。鉴于洗手液行业国内总共 20 亿元的规模盘子严重制约了蓝月亮真正发展壮大，蓝月亮需要重新审视资源，打造一支真正的金牛产品，实现企业跨越式发展。于是 2008 年 11 月，蓝月亮选择了洗衣液品类作为二次腾飞的契机。

为什么是蓝月亮第一个引爆洗衣液市场，而不是跨国巨头宝洁、联合利华、花王，也并非本土百亿双雄纳爱斯与立白？这个问题不难解

释，因为洗衣液与洗衣粉也是直接替代关系，无论宝洁还是纳爱斯都是洗衣粉市场既得利益者，它们都不希望“碧浪洗衣液 PK 碧浪洗衣粉”或者“雕牌洗衣液 PK 雕牌洗衣粉”这个自残的局面过早出现，而且巨头们无意承担洗衣液品类教育的任务。衣物洗涤市场似乎停滞，直到蓝月亮率先打响洗衣液品类战争第一枪。

很显然，蓝月亮染指洗衣液完全不同于洗手液。洗手液这个小品类日化巨头可以忽略，而洗衣液这个大品类肯定要做，只是出手时间早晚的问题。蓝月亮与日化巨头面对面肉搏交手不再是选择题，而是必须面对的！

蓝月亮的底气与硬气来自哪里？

产品品质优势，破译了衣物液体洗涤清洁度的技术问题，具有浓郁技术背景的蓝月亮是本土企业的典范。

蓝月亮多年沉淀下来的大终端渠道客情关系，很熟悉同跨国连锁沃尔玛、家乐福或者本土巨头大商集团、联华超市这些综合连锁商超打交道的游戏规则。

蓝月亮遍布全国各地的经销商网络能够高效完成新商品的第一次移库，保证公司财务现金流的充盈。数以万计的终端导购队伍保证新品陈列上柜即可销售。

蓝月亮良好的媒体关系，保证品牌宣传的专业性与执行力。

蓝月亮充裕的财务实力保证线上广告与线下宣传的立体推广。

作为外来搅局者，蓝月亮的洗衣液品类市场的破冰，迅速引起行业强烈的连锁反响。威莱集团的卫新洗衣液、联合利华的奥妙洗衣液、立白的去渍霸洗衣液、纳爱斯雕牌洗衣液、美日洁宝的芭菲洗衣液、宝洁麾下的汰渍与碧浪洗衣液先后登场，洗衣液市场由蓝海直接迅速变成血腥的红海。作为出头鸟，已经准备充分的蓝月亮俨然成为洗衣液品类市场的风向标，无论品牌代言人由郭晶晶更换为杨澜，还是陈幼坚设计的品牌 Logo 升级，都引起了媒体及大众的注意力。

蓝月亮的洗衣液计划抢滩成功，拔得头筹并且一鸣惊人。蓝月亮洗衣液占有高达30%的市场份额，留给其他日化巨头无穷的总结与无以言表的酸楚！

### 三、非常事件危机公关

在蓝月亮发展的道路上，每隔几年总有一个影响力事件引起公众的注意。有些事情是被动的，有些事情是主动的。“反击宝洁”“荧光增白剂事件”若处理不慎，都会给自己带来致命的伤害。蓝月亮犹如太极高手，每次重大事件均顺势而为，化被动为主动夺取事件的话语权，守成有利的结果。这些事件总会引起主流媒体的主动报道，加深社会公众对蓝月亮的关注。

### 四、蓝月亮品类双冠启示录

蓝月亮的成就一直是行业内研究的典型，无论是其营销战略还是销售战术都带有很大的启发意义。从大的方面解读内容不外乎：深刻解读消费者行为、捕捉行业环境发展趋势、对竞品进行优劣判断、企业组织资源高效运作；落实在微观上还是产、供、销与人、财、物的良性循环、落地执行。可以说，蓝月亮过去跑赢了大盘，未来之路并非阳光大道。本土品牌需要共需要同继续挖掘基础的道行，才能立于不败之地，笑对风云，“产品策略、品类选择、捕捉商机、克服困难”是蓝月亮留给业界最大的思考。

产品延伸得与失。有时候销售额扩大的代价是品牌专业性的贬值。蓝月亮产品重心的转移，在大规模广告的告知下，“蓝月亮 = 洗衣液”这个概念逐渐装进顾客的心智抽屉。无疑，此举极大弱化了蓝月亮洗手液的专业性，威露士洗手液包抄蓝月亮洗手液是完全有可能的，像当年蓝月亮洗手液包抄开米洗手液如出一辙。笔者认为建议引入副品牌，实施联合品牌法不失为明智之举。这一点，美国安利是个值得学习的好榜样，洗洁精——安利碟新、护肤品——安利雅姿、洗发水——安利雅婷、蛋白粉——安利纽崔莱。在小河里做大鱼，还是在大河里做小鱼是一个战略选择问题。

在大日化领域，洗发水、护肤品、洗衣粉等属于大品类，舒蕾洗发水在大品类只能做小鱼，已经委身德国拜尔斯道夫。面膜属于小品类，美即面膜在小品类做大鱼，已经成功上市。洗手液属于小品类，蓝月亮的领先地位相对稳固。洗衣液属于大品类，蓝月亮只能说是暂时领先。假如汰渍或者奥妙实施3~5年战略性亏损计划与蓝月亮竞争，那蓝月亮将如何应对呢？

成功的商业机会来自于对手的错误。如果开米不犯错误，而是精耕细作洗手液品类，把“洗手液=开米”打进顾客心智，那么洗手液冠军还是蓝月亮吗？假如宝洁或者联合利华宁可冒险损失部分洗衣粉市场份额，也要主动进军洗衣液，很显然作为专业的衣物洗涤品牌，汰渍或者奥妙在衣物洗涤方面都比蓝月亮更加专业，蓝月亮的洗衣液冠军地位也没那么容易获得。因此，洗手液冠军是开米让贤给蓝月亮，洗衣液冠军是宝洁与联合利华成全了蓝月亮。

企业发展的道路上不能缺少鲜花与掌声，更不能缺少陷阱与坎坷。企业要深刻自我反省，查漏补缺才能获益颇多。

## 第三节　相宜本草：由“内在力”到“外在美”

化妆品行业一直热点不断，从美加净被雪藏到小护士、羽西归于欧莱雅、大宝“外嫁”强生、舒蕾进入拜尔斯道夫麾下，到丁家宜被科蒂收编、上海家化被平安“娶走”。有一个本土品牌相宜本草给出了一组数据，在2011年8月的基础上，其9月在商超渠道护肤品市场中的市场份额为7.8%，连续两个月排名第二。这一排名在妮维雅、旁氏之前，仅次于玉兰油（13.3%）。那么，相宜本草茁壮成长的秘诀是什么？

## 一、“概念+技术”双轮驱动

未能免俗，相宜本草也有品牌故事。相宜本草创建于1999年，是一个诠释“本草养肤”概念的品牌。创始人为封帅女士，其外祖父杨继田先生为泰山脚下一代名医，医术高超，馨名远扬。

品牌故事就是推广一个概念的注脚，无论SK-II的无心插柳，还是霸王的中医世家。相宜本草作为品类品牌，直接把“本草”概念融入品牌之中，其品牌定位就是让相宜本草在顾客的心智阶梯中占据最有利的位置，使品牌成为草本护肤品的代表品牌。这样当顾客产生相关需求时，便会将相宜本草作为首选，也就是说相宜本草占据了草本这个定位。相宜本草与上海家化旗下的佰草集构成了本土本草品牌护肤的双子星座。

作为日化的一个分支，护肤品行业是一个竞争激烈的行业。竞争激烈的行业特点是：产品同质化趋势明显、新产品层出不穷、渠道高度重叠、价格区隔模糊、促销手法雷同、顾客忠诚度较低，并对产品有着较高的个性化需求……这些特点决定了护肤品品牌商的竞争战略必须建立在差异化营销的基础上。关于竞争战略，迈克尔·波特说过“所谓的竞争战略就是创造差异性，即有目的地选择一整套不同的运营活动以创造一种独特的价值组合。”

相宜本草直接以本草概念切割了护肤品行业，把欧莱雅、资生堂、雅诗兰黛反向定位为非草本护肤品。相宜本草与佰草集归于一个大品类，构筑了本草护肤品阵营；接下来，相宜本草又在价格与渠道方面佰草集做了差异化，找到了自己独特的定位。

当然，仅有概念是不够的，必须落到实处，那就要靠产品技术的创新研发。相宜本草引入风投以后投入近 5000 万元资金用于研发，同时在各种技术研发方面也基本搭建了齐全的组织框架，包括中国草药研究室、功效性研究室、分析研究室、包材研究室等。由于中药发挥功效通常比较慢，所以需要一种介质加快皮肤对护肤品有效成分的吸收。到 2010 年年末，相宜本草的研发团队申请到了一个技术专利——导入剂，这是一个里程碑式的突破。相宜本草在研发方面，还致力于参与行业标准的制订。如制订关于化妆品中人参皂苷检测方法的行业标准。

技术研发其实也是国际大牌能够呼风唤雨的撒手锏，欧莱雅仅 2005 年投入研发的费用即达到 4.96 亿欧元。优秀的产品品质是任何一个成功品牌的基石，离开这个基石，营销做得再好，最终结局也是徒劳，注定不能长久。漠视质量问题导致品牌轰然倒下的案例比比皆是。

"概念 + 技术" 双轮驱动，概念是虚，技术是实，虚与实相结合，造就了相宜本草的快速发展。相宜本草在 2007 年时的销售额为 8800 万元，2008 年引入资本力量后，年销售额一跃而至 2.17 亿元，2009 年的销售额为 7 亿元，2010 年的销售额为 8.2 亿元，2011 年进入 10 亿元俱乐部，这个数字足以让本土护肤品牌翘楚自然堂、珀莱雅、丸美、美肤宝等肃然起敬。

## 二、"商超 + 专营店 + 电商" 三渠道业态并驾齐驱

相宜本草 2015 年销售达 11 亿元，其中电子商务渠道回款贡献了 30% 左右的份额，商超渠道贡献了约 60% 的份额，专营店渠道只占到约 10% 的份额。

### （一）相宜本草的商超渠道策略

与本土护肤品牌自然堂、珀莱雅、丸美、美肤宝在化妆品专营店渠道强势崛起不同，相宜本草主渠道是现代商超终端，与丁家宜、佳雪、东洋之花、李医生并肩作战，直面与跨国品牌玉兰油、旁氏、妮维雅、曼秀雷敦、卡尼尔的竞争。

相宜本草的商超渠道策略，与更多的本土品牌不同，不是打着“农村包围城市”的旗号龟速在二线、三线城市打游击战，而是采取硬球攻击术，直接攻下上海等中心城市，占领市场制高点，牵手沃尔玛、家乐福、大润发、欧尚等外资连锁卖场及华润万家、大商集团、联华超市等国内连锁大卖场约计 6000 家有效销售网点。相宜本草专注经营连锁卖场渠道，并且把用户聚焦在 25 岁至 35 岁这一经常逛卖场购物的群体。根据对目标顾客群的综合分析，相宜本草将单品价格定在 30 ~ 90 元。

**1. 从中心城市市场到二级、三级市场**

相宜本草一开始便选择了大卖场这一渠道，并将上海市作为其拓展的第一市场。相宜本草要从一级市场开始，自上而下，由难到易，各个击破。2000 年，国内的商超渠道发展尚处于起步阶段，品牌的饱和度不高，费用的压力比较小。相宜本草抓住了这个有利的发展时机大举进军商超，为其后来处理日渐复杂的商超问题积累了经验。当然，相宜本草除了有胆量，更有策略。引入风投之前，对靠自有资金滚动发展的相宜本草来说，品牌影响力实在有限，进入每一个终端系统的时候都要费一番功夫。

**2. 打堡垒树形象，试点式扩张**

最初和沃尔玛总部谈判的时候，沃尔玛只给了相宜本草华东地区 9 家门店的销售许可。相宜本草选择了沃尔玛南京店作为试点，因为当时这家店正要开张。对于新开的门店，一般公司会给予很大的重视，门店自身会推出很多优惠活动以吸引更多的顾客。相宜本草认为新店开业是新品牌进场的好时机，因为这个时候做的大型促销活动和高销量不仅能够给合作方留下更好的品牌印象，也会给进入其余门店创造更多的有利条件。

为了与南京沃尔玛店更好地合作，相宜本草组成了一个 5 人的项目攻关小组，从前期谈判、物流到终端促销都有专门的成员负责。虽然卖场规定每个品牌只能配一名促销员，但在新开卖场可以有所浮动。在和沃尔玛的反复协商下，相宜本草最终派去了6名促销员，而且在进口处争取到了30平方米的大堆头促销位置。当月相宜本草在南京沃尔玛店的销量达到了22万元，打破了相宜本草单店的最高销量纪录。半年之后，相宜本草很顺利地把自己的产品放在了沃尔玛的每一家分店的货架上。

**3. 重点客户系统大客户制**

针对重点客户，相宜本草首先成立一个专项小组，在一家或几家店内大投入做2至3个月的尝试，研究出该连锁卖场的特点后再全面铺开网络。相宜本草已经在全国30多家连锁卖场上复制了这种方法。现在像家乐福、沃尔玛和屈臣氏这样的连锁卖场已成为相宜本草最重要的销售渠道，贡献了超过80%的收入。2003年时，相宜本草大客户部只有一个人兼任，但2005年以后大客户部有了十多个人。他们负责30多个大型连锁卖场，像屈臣氏、家乐福这样的连锁巨头都会有一个专人去服务。

**4. 品牌形象符号化、统一化**

因为突出草本定位，产品包装顺理成章地使用绿色为基调。相宜本草除了统一形象的背柜，更主要的是统一形象的嵌柜，让产品形象与陈列形象浑然一体，从视觉效果上与竞品做出区别。

**5. 卖场促销活动常规化**

在终端铺开之后，相宜本草每个月都会有两周时间做堆放陈列或者体验活动。外资化妆品品牌虽然广告投放力度很大，但卖场活动并不是非常频繁，在卖场最多也就是两三个月做一次促销活动，这给了相宜本草更大的空间。卖场促销活动常规化，常规销售促销化成为相宜本草独步商超的一个策略。

**6. 顾客免费体验的秘密**

在一些大型门店做免费体验活动，可以选择像面膜这样即用效果比较明显的产品，每月需投入近千片试用装。一般顾客购买的比例比别的产品高。通过连带销售，顾客往往还愿意购买套系中的其他产品。

相对于广告单向传播，体验是双向互动沟通，顾客宁愿相信自己的感觉。顾客认可了所体验的产品，也就认可了这个产品所属的品牌，导购人员再向顾客进行连带销售就有了机会。

**7. 销售队伍培训组织化**

导购、活动、赠品是影响日化品牌终端业绩的三个主要因素。其中导购人员是核心因素。因此，持续提高导购人员的业务素质就成为企业经营的重中之重。

相宜本草拥有一个数千人的导购团队。相比投放广告，相宜本草更愿意在卖场付出高成本聘请导购人员和每月做促销活动。事实似乎证明了这样做是正确的，相宜本草近几年维持着高速发展。在卖场单店业绩达 8000 元的时候，相宜本草便会配备一名导购人员，在重点门店甚至配有多名导购。缺乏广告宣传的品牌，导购员的推荐起着决定乾坤的作用。相宜本草成立了导购培训中心，既宣讲基础的产品知识，又教如何把产品售卖出去的技巧。2008 年年初，相宜本草获得今日资本投资之后，加强了对这一块的投入，确定了更多激励方式，包括设置最高销量奖、单日创万元门店奖等奖项。

相宜本草的商超策略首先归功于自身开发战术的安排、支持平台的搭建、市场运营的支持、培训组织的持续提升。另外，与进入商超渠道的环境有着很大的关系。小护士嫁入豪门欧莱雅后隐遁，佳雪与东洋之花毫无作为、缺乏创新，具有特质的李医生昙花一现，只有打着人参概念的丁家宜一枝独秀，这个大环境给了相宜本草破局的机会。

（二）相宜本草的专营店渠道策略

相宜本草在发展初期及时把握住了屈臣氏这一渠道。2006 年以前，屈臣氏在大陆的发展还处于试水阶段，相宜本草与屈臣氏的合作并不紧密，只在屈臣氏的北方和西南地区的部分门店有售。但自 2006 年，屈臣氏部署开拓全国600家门店计划，相宜本草毫不犹豫地紧跟其步伐，进入屈臣氏全渠道系统。相宜本草嫁接了屈臣氏的扩张，实际上使屈臣氏成为相宜本草的代言人，无论在招商层面，还是顾客教育方面，都起到了举足轻重的作用。

相宜本草2003年就已开始尝试化妆品专营店领域，但由于操作不专业，并未取得理想效果。2008年为改善现金流问题，相宜本草重新进入化妆品专卖店，从专卖店渠道销售总监职位已经历三次人士的更迭就足以管中窥豹。

相对于自然堂、珀莱雅、丸美、美肤宝等本土品牌在专营店玩得顺风顺水，从商超到专营店的渠道跨界，相宜本草没有真正把握化妆品专营店渠道的特性，还处在探索的路上。

（三）相宜本草的电子商务渠道策略

2011年11月16日，相宜本草与国内专业女性购物网站乐峰网签订了战略合作协议。相宜本草的产品将通过该网络渠道闪亮登场，方便顾客通过网络选购。

数据显示，2016年中国互联网用户规模已达7亿多，成为全球拥有网民最多的国家。相宜本草在行业中较早涉足了电子商务这个领域。目前，相宜本草各线产品的销售总量在淘宝网上列位第七，而排在前六位的都是国际品牌。因而，相宜本草在电商渠道上的潜力是巨大的。

相宜本草涉足电子商务，最初是建了一个官方网站，方便会员通过电话订购产品。一开始是一个人做，自己接订单、发货。后来设立了一个很小的呼叫中心（call center），一方面是通过试验看这种购物模式的潜力和成熟度，另一方面也借此了解顾客的消费习惯。相宜本草在发现了巨大的市场潜力后，就专门成立了网络营销部研究探索发展的模式。这样相宜本草从电话订购转到了网络订购，又建立了一个购物网。淘宝网的快速成长，也带动了很多经销商的转变。他们开始在网上开C2C店。之后，相宜本草开始对产品进行梳理，开发专门针对网络购物人群的系列产品。

相宜本草在电商渠道小有成就，基本上没有费多少周折。“螳螂捕蝉，黄雀在后”，另外一个同样打着本草概念的品牌芳草集倾力打造电商渠道，并且取得了令传统渠道商瞠目结舌的业绩。如何在电商渠道应付芳草集等品牌的市场抢夺，其困难程度丝毫不亚于在KA大卖场的面对面肉搏。

## 三、“免费+体验+广告”整合立体传播

本草的概念迎合了国人对“安全与绿色”的诉求，打出顾客可感知的概念仅仅是第一步，护肤品的使用体验才是牢牢抓住顾客的主要因素。推广初期，相宜本草在各大卖场及其他销售网点免费派发产品试用装，同时通过各种网络社区开展申请免费试用装的活动。顾客口碑就像一个雪球，在互联网这个信息通道上越滚越大。

### （一）免费制造口碑传播

利用顾客的利益驱动和对新鲜事物的好奇心，为品牌造势、吸引眼球、聚集人气。事实上对于女性顾客而言，申请新品试用装的诱惑比较大，最重要的是她们会发现一个新的品牌。互联网能够实现很多新鲜的尝试。顾客在尝试的过程中关注这个品牌，并了解其他顾客对该品牌的口碑评价，这个过程无形中使得品牌得到了极大的关注。

### （二）数据库精准定向传播

通过收集申请者的数据资料如姓名、性别、住址、邮箱、电话、QQ、品牌消费习惯等信息，并进行反馈，以便进行数据挖掘。这个过程中相宜本草充分利用了数据的资源，为这些潜在顾客进行电话营销，并且为每个潜在顾客邮寄相宜本草的会员杂志。很多顾客反馈相宜本草的服务很贴心，便对相宜本草这个陌生品牌产生了好感。

### （三）网络整合营销传播

相宜本草通过和国内各大知名社区站点做联合推广，实施多点覆

盖，达到更广的传播范围，快速提升了品牌在网络中的知名度和影响力。在这个过程中，线上线下有着交叉互动的关系，包括高校人群的覆盖、短信平台的精准营销，都为整个事件的传播起到了极大的推广作用。

以奖品为诱饵，吸引试用顾客分享产品体验，引导顾客的正向口碑传播，实现提升品牌知名度和美誉度的目的。由于网络社区有稳定活跃的人群，收到试用装的顾客很快就开始试用，并且她们非常愿意与大家分享试用的心得。特定的氛围，加上以奖品为诱饵，相宜本草试用装的试用评论质量非常高。通过倾向性评论，对产品的口碑进行充分传播。比如相宜本草推出的免洗眼膜产品刚好在这一期间投放市场，通过百度和 Google 搜索到的相关评论，基本上全部出自社区，因为这里的顾客是第一波试用的，而且关于这一产品可以找到几十篇高质量的评论。相宜本草通过这种互联网的传播效应，口碑逐渐形成。

（四）线上与线下互动传播

针对护肤品强烈的季节性特征，相宜本草又分别策划了“面膜节”“魅力双眼相宜养成”“岁末狂抢点亮鲜活睡美人”三次主题活动。由于淘宝网上有非法产品窜货现象，为引导顾客认购正品，相宜本草还专门策划了一次“寻正品，获美丽双宝”的活动，同时为了优化经销商队伍，每次传播中都加入了专门的招商信息。再加上牵手上海中医药大学、冠名东方卫视舞林大会、签约影视明星周冬雨代言“芯净自然净肤”系列产品等一系列动作，以及公司准备在 A 股上市的传言，相宜本草成功实现了“品牌传播 + 产品销售 + 渠道招商”的目的。

## 四、“骑上资本的翅膀 + 第三方智业策划 + 密谋企业上市”

2008 年，风险资本投资了相宜本草。相宜本草有了足够的资金研发产品、推广品牌及引入高级人才。同时，引入风投后，企业管理也会变得更加规范。根据工商资料，相宜本草股东包括封帅（创始人）、严明（相宜总经理暨封帅老公）、上海相宜投资管理有限公司、CAPITAL TODAY INVESTMENT X（HK）LIMITED（今日资本）、ORIENTAL TREND LIMITED（东方趋势公司）和天津架桥富凯股权投资基金合伙企业（有限合伙）。引入风投后，相宜本草从自有企业资金滚动发展，到背后有风投的强大推力助动起跑。

## 五、瓶颈与挑战

（1）10 年而立，10 亿门槛。相宜本草以现代商超为主渠道的策略，其发展模式势必由存量增长到增量增长，前者是跳跃的，后者是稳定的。产品从相宜本草到经销商再到零售终端陈列，只是完成了移库，并没有完成真正的销售。庞大的在途、在库商品，都要依靠相宜本草的导购团队去到达“最后一米”。

（2）商超运作的刚性成本高居不下。由于品牌影响力使然，本土品牌不可能拥有与强势大卖场平等对话的机会。不管是进入新卖场，还是要既有卖场的业绩增量，都要增加促销活动，派导购，这意味着费用要倍增。卖场做活动、促销、DM 费用都是品牌商承担，这个费比数据指标警戒线是 40%。如果超过这个数据，这个卖场就是零价值或者负价值。

（3）相宜本草、霸王、迪彩、丁家宜的大卖场经营模式将化妆品行业变成劳动密集型行业，卖场导购是所有经营因素里的主要因素。数千上万的导购员队伍的招、选、育、留是一项系统工程，而这个岗位的高流失率是令所有终端型企业头疼的难题。因为大量的“85 后”“90 后”都是独生子女，他们不愿从事这个“看人脸色”的工作。《劳动法》也迫使企业对加强劳动保护，加上企业之间对这个岗位员工人才的争夺，这一切都推高了企业的用工成本。

（4）相宜本草的商超、电商、专营店渠道政策看起来很美，不管用一种产品做三个渠道，还是规划多个产品分别进入不同的渠道，渠道之间的冲突都是不可避免的。另外，相宜本草准备启动百货专柜渠道，这将会加剧冲突。

由“顾客请注意”到“请顾客注意”，从对营销元素的研究到对以顾客为核心的关注，相宜本草已经走在本土品牌的前头，但是与宝洁、欧莱雅、联合利华、安利等跨国企业同行相比，依然差距巨大。护肤品作为一种日用消费品，对顾客的洞察程度决定了企业能走多高，能走多远，能走多久。

## 第四节　百雀羚：“老树开新花”有秘密

2012 年 11 月 2 日，百雀羚以 7000 万元拿下 2013 年《中国好声音》第二标王，与以两亿元冠名《中国好声音》的加多宝凉茶共同上演了本土品牌力压国际大牌的惊人一幕。在随后的“双 11”上，百省羚同样表现惊人。截至 15：00 左右百雀羚天猫旗舰店当天销售额达到 1500 多万元，昭示着百雀羚这个中国老字号化妆品品牌已经实现浴火重生。

与此同时，同样是中国老字号的谢馥春、金芭蕾、双妹等仍然在苦觅突破之路，因而解构百雀羚“老树开新花”的原因对行业产生的启迪意义不言自明。那么，百雀羚“老树开新花”的秘诀何在呢？

循着百雀羚近 10 年的发展历程，我们不难发现，这 10 年是百雀羚在挣扎中奋进的 10 年，在试错中成长的 10 年，在积淀中薄发的 10 年。2008 年，是百雀羚走向复兴之路的分水岭。这一年，百雀羚彻底撕碎了“老字号的功劳簿”，对自身进行积极变革，针对品牌、产品、渠道、传播进行了系统化的改造，开启了百雀羚的复兴之路。历经从阮玲玉、周旋、胡蝶到莫文蔚的传奇，也正是这 4 驾马车驱动着百雀羚走向第二个春天。

## 一、品牌定位：中国特色赢得顾客的信赖

百雀羚，这个诞生于1931年，经历了80多年霜风雪雨洗礼的中国老字号化妆品品牌，20世纪曾经散发出耀眼的光芒。然而，在行业日新月异、大浪淘沙的竞争浪潮中，百雀羚一度被淹没在潮底。

为什么中华老字号品牌频频没落？原因当然是多样的，但有一点不可否认，那就是老字号所蕴藏的“诚信、优质”的品牌核心价值已不能满足顾客尤其是年轻顾客更深层次的需求了。必须给品牌注入新的内涵，符合顾客的价值需求，品牌才能焕发生机。百雀羚也曾尝试过重振“经典国货”的营销思路，但无奈发现，戴着“经典国货”帽子的百雀羚，除了能使人认可其厚重的品牌历史外，也会被人有意无意地贴上“老化”的标签而缺乏购买热情。百雀羚正是在长期的试错中认识到“老字号功劳簿”只能勉强管品牌的“温饱”，要想奔“小康”，还得另辟蹊径。

不可否认，长期以来在护肤品领域本土品牌被以欧莱雅、玉兰油、资生堂等为代表的跨国品牌压制，只能在细分市场甚至流通领域销售。这种状况从佰草集开始有了改观，价格定位于中高端的佰草集凭借本草这一中国特色成功打破了跨国品牌对中高端市场的垄断。紧接着相宜本草沿袭了佰草集的套路，改走中低端价格路线，避开同佰草集的直接竞争，虽无新意但仍然使其从激烈的市场竞争中脱颖而出，成为中国护肤品领域的又一道风景线。

佰草集和相宜本草等这些本土品牌的成功，从品牌层面上来看，是将“本草”这一中国特色融入品牌价值中，改变了其品牌属性和基因。在中国的传统文化中，发掘和运用中草药（汉方）进行美容、洗发护发已有数千年历史，这是跨国品牌难以企及的，也是跨国品牌的短板和软肋。因此，中国本草文化能避开本土品牌的短板，发挥其长板效应。

越是民族的，越是世界的！佰草集等先行者的成功给百雀羚品牌指

明了方向——走草本之路。这奠定了百雀羚的品牌属性，也奠定了百雀羚的成功之路。尽管百雀羚的产品线中因历史原因目前还保留很多非草本属性的传统产品，但不管百雀羚有没有意识到，新生的百雀羚留在顾客心智中的印记和划痕是它的草本形象。

成功不都是源于创新，走正确的路才是关键，必要的时候，跟随和模仿也是可行的有效战术。百雀羚的草本之路不是一条新路，而是一条顾客“心”路。

寻找不一样的“草本”。确立了品牌属性即“草本护肤品”后，百雀羚接下来做的是在品牌属性的基础上进行演绎，重点是进行品牌定位以区隔佰草集、相宜本草等品牌。佰草集的“自然、平衡”的理念和相宜本草的“内在力、外在美”理念，从严格意义上来说，是一个比较宽泛的诉求，难以形成强有力的定位。在品牌定位上，百雀羚比佰草集和相宜本草更聚焦，“天然不刺激”的“温和护肤”诉求更清晰、更直白，更容易被顾客理解。如果说佰草集和相宜本草打的是品牌太极，百雀羚打的则是品牌截拳道，更具有实战意义。

百雀羚的品牌属性定位方向性地决定了它将要走什么路、举什么旗，是百雀羚走向复兴之路的关键战略举措。

### 二、产品新生：准确诠释品牌属性

产品是品牌的载体，品牌是产品的灵魂。产品是实现品牌策略的最直接、最重要的手段之一，为此，介于渠道业态的差异性，百雀羚丰富了旗下产品线，相继推出了水嫩倍现、草本精粹、气韵草本等草本系列护肤品，清新自然的风格紧贴品牌属性和时尚潮流，与传统百雀羚产品的风格迥异。草本系列护肤品上市后，受到了顾客的一致好评。

### 三、渠道革命：连环三剑定乾坤

新产品上市失败的一个很重要原因就是产品、价格与渠道的不匹配。一些企业在长期发展过程中建立起自己的渠道网络，所以推出新产品时根本不考虑现有的渠道与不同价格、不同定位产品的兼容性，盲目地透支自己的渠道资源，结局往往是悲惨的，使新品入市成为品牌失败的开始。百雀羚在完成品牌和产品的包装后，果断地进行渠道变革，使之与产品、价格更匹配及更贴近目标顾客群。

第一剑：百雀羚将多年来苦心经营的大流通调整为有限流通渠道，只是将低价位的经典系列继续留在流通渠道，从而将资源大规模向终端倾斜，实现从流通到终端的跨越，并从三线、四线市场向一线、二线市场回归。这句话说起来简单，但真正敢于执行与彻底执行的企业寥寥无几。数不胜数的日化企业在流通向终端转型过程中往往不能坚持，最后功亏一篑。

流通渠道的末端多是C类以下的传统小店。对百雀羚新品来说，这种小终端既不能有效传播和展示百雀羚草本属性的品牌形象，又不能与目标顾客群实现紧密良好的接触，因此，传统流通渠道已成为百雀羚必须突破的一道瓶颈。

确定渠道策略后势必进行经销商队伍的整合与调整，要求新合作伙伴必须具有终端网络资源和操作经验。百雀羚积极与知名KA终端谈判合作，先后进驻了沃尔玛、华润万家、卜蜂莲花、世纪华联、中百仓储等KA类卖场，并进行了终端形象包装。百雀羚的渠道变革很快得到了回报，推出的草本精粹护肤商超系列深受顾客的喜爱，销售额高速增长，这都证明了百雀羚渠道选择的正确性。

第二剑：进军化妆品精品店。近10多年来，比超市更专业、比商场更平民的化妆品精品店蓬勃发展，已成为一支不可小觑的零售渠道力量。该渠道不仅造就了自然堂、美肤宝、珀莱雅、丸美所谓“G4兵团”，也被资生堂、爱茉莉、欧莱雅等跨国品牌逐渐重视。这种品类专卖店是顾客选购化妆品不可或缺的终端业态，对百雀羚树立品牌形象起到了至关重要的作用。为了进行渠道差异化，防止互相砸价，百雀羚推出气韵草本系列专供精品店渠道。因此，百雀羚将未来的核心渠道确定为商超与精品店系统是一个自然的结果。

第三剑：进军电商渠道。网购已逐渐成为年轻顾客购物的重要选择渠道。2011 年，百雀羚全面拥抱网络，与天猫、亚马逊、当当网、乐蜂网、京东商城等网络平台结成战略合作伙伴。2012 年天猫淘宝“双 11”当天交易额为 191 亿元，同比增长 260%，让线下终端羡慕。

百雀羚重新上市伊始就注重电商渠道的拓展，与淘宝网建立深度合作，并在强大的广告攻势下，成为淘宝网炙手可热的品牌。在电视广告上标注“淘宝网”可见百雀羚对电商渠道的重视。

种什么树，开什么花，结什么果。2012 年百雀羚在天猫“双 11”大促中备货 8 万套，当天售罄。目前，百雀羚在电商渠道化妆品类目的排名稳定在第 12 名左右，佐证了百雀羚进军电商渠道的正确性和前瞻性。

## 四、广告宣传传播：新老媒体协调共振

围绕着“80 后”“90 后”崛起一代的目标顾客群，百雀羚将电视、网络、微博及传统展会进行了卓有成效的结合，达成品牌传播和促销信息的传递。一手抓销售，另一手抓品牌，将销售结果与品牌提升紧密结合在一起，实现了销售与品牌的有效互动。

在媒体选择上，最贵的才是成本最低的。百雀羚注重关切其目标顾客群最关注什么，因此百雀羚的广告投放聚焦在前三甲卫视的最王牌栏目。自 2010 年起，百雀羚选择在湖南卫视《快乐女声》、江苏卫视《非诚勿扰》等栏目投放广告。2011 年 4 月 27 日，百雀羚以 933 万元夺得湖南卫视《2011 年快乐女声》广告套播标王。2012 年拥抱最炙手可热的浙江卫视《中国好声音》正是延续了百雀羚原有的广告投放策略。

选择莫文蔚为百雀羚品牌代言人可谓煞费苦心。翻遍这位美女明星

的品牌代言史，在化妆品上，莫文蔚只是在 2005 代言过宝洁护肤品牌 SK－II，这是一个很难得的发现。百雀羚启用莫文蔚代言“草本护肤”，对百雀羚品牌定位及顾客群的定位起到核心关键作用：莫文蔚的“国际范”与百雀羚“东方美”的巧妙契合，迅速吸引了顾客、媒体眼球，最大限度吸引了“80 后”“90 后”年轻顾客的关注与购买。随着莫文蔚代言的百雀羚广告热播，沉睡在顾客心中已久的经典百雀羚似乎一夜之间“复活”了，迅速提升外界对百雀羚的关注度。

在新媒体传播方面，百雀羚加大网络营销的力度。在产品促销层面上，百雀羚更是启动了微博这一平民化、价格低廉的传播途径，包括发动微博、品牌微博、微博达人和其他店铺微博的转发。微博内容包括战报、哄抢、奖品宣传等具有实战销售内容的信息。在百雀羚 10 万套装付邮试用活动中，仅在某年 9 月 25 日活动预热阶段，就累计发出近 2 万条预热短信，通过钻石展位、直通车等推广渠道引流至店铺首页，并在店铺首页进行了试用活动的预热。而这次活动也引来淘宝论坛的全力支持。在预热当天，共有超过 5 万用户进店，而在早上 9:00 最高峰的时候，更是有近 9000 人次进店。截至当天下午 3:00，UV（Unique Visitor 的简写，是指通过互联网访问、浏览这个网页的自然人）超过 18 万，PV（Page View，即页面浏览量）超过 82 万，店铺回头率高达 9.49%，这说明大量用户在预热期关注了活动。这样的活动，其热度与线下终端相比一点也不逊色。

同时，为了对传统媒体与现代媒体进行有效整合，百雀羚以软文炒作的形式进行二次传播，将广告作用最大化，实现电视广告、网络传播、线下推广的共同传播。

## 五、展望与隐患

（1）在百雀羚产品线结构中，除了“天然不刺激”的草本产品之外，还有零售价 4 元的百雀羚凤凰甘油，以及花露水等非核心产品。同时男士系列也是刚性不足，削弱了百雀羚的品牌属性。引领百雀羚飞速发展的新生力量是草本系列，净化品牌旗下的产品也许是百雀羚下一步要做的工作。不可否认，基于现实销售规模等因素的影响，百雀羚目前仍没有淘汰与品牌属性定位不兼容的老产品，未来产品线结构如何进一步优化提升，对于品牌操盘者来说是个考验。

（2）百雀羚三个主渠道势必会出现三个价格体系。关于不同终端形式之间、线上线下之间冲突的消息不绝于耳，顾客早已麻木。这种以渠道利益最大化布局的商业模式，仅仅是将顾客作为购买者，而不是商业链的关键一环。纵观跨国护肤品成名品牌，除了日韩品牌会为某一渠道特别定制外，欧美品牌始终会用单一产品载体对接顾客，始终虔诚地以顾客利益为原点展开市场与营销工作，通过顾客购买企业获取盈利。关注重点是在“渠道如何卖”，还是“顾客如何买”，其实就是本土品牌与跨国品牌的差距鸿沟所在的主要因素。

（3）由于百雀羚并非上市公司，没有必须披露年销售额的义务，所以我们无法拿到其具体的年度销售数据。因此，百雀羚这种一掷千金的广告巨量投入是否属于良性范畴我们不得而知，但这是一个生死攸关的问题。

## 第五节 丸美：逆向思维的胜利

欧美日韩一直把持着护肤品高端市场，以欧莱雅、欧珀莱、OLAY为代表的跨国品牌向来处于领导地位，本土品牌一直属于无足轻重的角色，直到佰草集与丸美用数据与结果破除了高端护肤品格局牢不可破的魔咒。关于佰草集，似乎各种说法都解释得通。那么，丸美又是凭什么策略挑战跨国品牌的呢？

## 一、产品策略："引领"型驱动模式

《少数人走的路》告诉我们，随大流的思维只能收获平均结果，逆向思维才有可能缔造奇迹。在产品思维上，丸美走出的是窄门，走向的是通天大道。从"弹走鱼尾纹"眼部护理专家，到"一抹就有好肤色"高机能激白精华隔离霜，再到"肌肤爱吃巧克力"丝滑系列，与绝大多数本土品牌的跟随思维完全不同，丸美的产品策略是"引领"型战略营销驱动模式。

我们先从"丸美的眼睛"探寻丸美产品的创新策略。因为眼部肌肤是最脆弱、最难于护理的部位，这就要求丸美必须踏踏实实做好品质保证。在那个美白、祛斑产品大行其道的年代，丸美选择做眼部护理，实际上选择了从最难的做起。

对于普通顾客而言，眼睛护理的重要性胜过其他部位的护理，但是顾客注意的重点与品牌厂商开发的重点存在差异。因为以眼霜为代表的眼部护理产品使用量较少，在产品结构中不处于主导地位，因此绝大多数品牌都将使用量更大、使用频率更高、技术含量难度相对较低的洗面奶与面部护理产品列为重点推广产品。眼部护理就是在跨国品牌产品线中也是处于附属地位，充其量开发1～2款产品保持不空白即可。丸美嗅出了差异化之下埋藏的金矿，遂一发而不可收地聚焦在这个品类上，从而引领这个品类的方向，成为眼部护理品类冠军。

丸美在眼部护理产品定价上，强调通过产品价格来传递产品价值，单品零售价定在300元以上。当时，本土品牌单价很难逾越100元，这种逆向思维实行高位撇脂定价，是一种冒险。眼霜作为护肤品最高端的品类，迎合了"只买贵的，不买对的"这种高端消费思维，也给丸美自己保留了足够的利润空间进行产品研发、市场推广与品牌传播。

## 二、推广策略：导入继而渗透

（1）引入"皮肤营养"理念。2001年丸美推出了奠基之作——丸美眼部多元细胞修护素，广告语为“您的眼睛还有胃口吗?”

（2）移植“日夜护理”概念 。2002 年，丸美又上市眼部日夜护理组合（几年后的 2010 年，雅诗兰黛也在不遗余力地推广“眼部日夜护理”）。其实，“日夜护理”概念是从护肤品“日夜滋养霜”直接移植过来的并且对其进行有效的活化，保证自圆其说。

（3）跨界到“防晒”领域。既然面霜有防晒霜、防晒露，那么眼部肌肤也需要防晒。因此，丸美第一个获得了卫生部眼部防晒乳特殊化妆品许可，推出眼部专业防晒产品。

（4）嫁接“弹力蛋白”抗皱概念。2007 年丸美弹力蛋白眼精华问世，伴随着海量广告“弹！弹！弹！弹走鱼尾纹！”丸美一鸣惊人，弹力蛋白眼精华在全国各高档商场的销量夺冠，一举打破了 300 元以上单品只为跨国品牌的状况，仅这一支单品就占丸美品牌销量的 40% 。

实际上，丸美走的是一条“单品—品牌—系列”稳健的开发模式。与眼部护理产品的横向开发同步，丸美进行了产品系列的纵向开发，除了眼部护理系列之外，悄然布局了相对完备的产品线结构，包括弹力蛋白保温抗皱系列、高机能激白系列、金沙海蓝防晒系列、巧克力丝滑系列、深肌保温精华系列等。

眼霜的成功让顾客记住了丸美，成就了丸美早期的成功。忘掉眼霜，让顾客记住丸美，让各个产品线均衡发展，才是丸美产品力的真功夫。唯有如此，从产品力上直面竞争欧美日韩，才不是一句空话。

## 三、渠道策略：全通路覆盖

丸美的渠道策略是百货专柜、专营店、超市、美容院、药妆店一个都不能少！那么在这些渠道终端，盘踞着哪些护肤品品牌呢？百货专柜是跨国品牌的主阵地；专营店是本土品牌的福地；超市洗化开架区提供低端的护肤品；专业线美容院基本上是杂牌军的聚集地；药妆店基本上是欧莱雅的独家买卖。

鉴于 200 ~ 600 元较高的零售单价，丸美在综合商超渠道终端都是以形象背柜的形式陈列。这个渠道以巴黎欧莱雅、羽西、玉兰油、旁氏等跨国品牌为主。丸美做药妆，属于“凑热闹”。

丸美起步于专业线美容院，扬名于化妆品专营店。虽然没有数据表明专业线美容院占其整个生意的比例有多大，但是专业线美容院以“培训与服务”见长这种特点，为其跨界到其他渠道起到了不可估量的作用。

中国市场特有的渠道红利，造就了一大批单品类专营店，仅化妆品专营店就是其中的一种。2000 年以来，化妆品专营店打着“比百货专柜更平民、比超市更专业”的旗号度过了黄金 10 年。究其实质，化妆品专营店是在本土化妆品品牌“百货商场进不去，而超市货架空间有限”的前提下，由品牌商为主推手催生的一个分支渠道，造就了自然堂等名震业界的本土名牌，连嗅觉灵敏的日本品牌资生堂、韩国品牌爱茉莉等都分别定制副品牌产品专供这个渠道。

鉴于丸美独有的品类战略，以及较为高端的定位，在专营店这个渠道，本土品牌只有自然堂同门大哥美素有一些竞争力，其他单价 100 元以下的本土品牌与丸美根本不在同一级别上。丸美遭遇的仍然是跨国兵团，与资生堂悠莱系列、爱茉莉梦妆系列、日本高丝、巴黎欧莱雅等品牌具有共同的目标群体。在渠道利益分配上，由于丸美比欧美日韩产品能够分配给渠道商与零售商更多的利润，所以丸美会受到终端的重点推荐就很好理解了。

随着丸美独具特色的波尔多红形象的树立，袁咏仪与陈鲁豫双星代言，每年超 1 亿元的广告拉动，产品的丰满体系结构初成，铁杆粉丝品牌会员数量的暴增，专营店与其他非主流渠道已经无法适应丸美前进的步伐。显然，挺进化妆品最主流的渠道——百货商场专柜就成为丸美必然的选择。

## 四、攻坚战：进军百货专柜

丸美认为挺进百货专柜不仅仅是增加了一个终端渠道，而是品牌升级与战略营销的必然体现，增强品牌竞争力一定要进入一线城市的主力阵地。比如北上广地区的百货专柜，不进入这一渠道，产品价值和品牌地位很难得到认可。

“成熟的百货店没有时间培育不成熟的品牌”，这是所有百货店买手无一例外拒绝本土品牌进场的理由。从 2000 年第一家百货专柜在武汉王府井诞生，丸美在百货专柜渠道走过了三个阶段，而其关注点也逐渐从注重铺点转向渠道优化。

丸美刚成立时，目标很明确，就是要进入百货专柜这个制高点。由于丸美品牌知名度不高，当时的思路是只要百货商场给位置就进去做专柜。之后，丸美品牌及其明星单品逐渐获得顾客的广泛认可，从 2009 年开始调整思路，选择性地进入一些比较大的百货商场，选择的依据就是欧莱雅、欧珀莱、OLAY 进驻的百货商场。现在，丸美一边扩张一边优化，淘汰一批达不到统一要求的专柜，集中精力和资源来提高专柜的单柜产量比，以确保丸美在百货渠道的地位。在推广、信息化、形象升级、渠道支持等常规工作上进行创新式的探索。

丸美组建了一支终端促销队，全国巡场给经销商做营销示范，拒绝透支性掠夺式促销，保持市场良性发展已经成为丸美推广的主要指导思想。丸美引入国际资本新建数万平方米的 4C 中心（研发中心、教育中心、信息中心、制造中心），并计划投资上千万元建立全国信息系统，实现总部、区域运营商、百货专柜、将加盟店的全国在线实时数据共享。丸美在各级渠道进行大面积的形象提升，将加盟专卖店形象专柜全面升级至 2.4 米，对重点客户全线启动 4.8 米的形象柜；增加商场专柜，将面积扩大至半岛或全岛。8 年中本着市场共同投入的原则，从 2007 年与客户各分摊一半柜台费用，到 2008 年分摊一半广告费用，再到 2009 年承担一半专营店人员工资费用，丸美牢牢抓住经销商资源，将客户资源利用到最大化。

在明星产品的支撑下，丸美产品自成体系，满足了顾客的不同需求。在以产品为诉求的广告拉动下，高端形象持续性地传播，线下推广活动波浪式渗透，丸美逐渐被高端白领顾客认可和接受，而其非跨国品牌的出身也被忽略。丸美品牌专柜的销售产出得到均衡的保证，单月销售额为 20 万 ~30 万元成为常态，这组数据也成为丸美同更高端百货采购部进行进场谈判的撒手锏。道路虽然艰难，但丸美终究打开了这扇"阿里巴巴大门"，同时也将更多的本土同行甩得更远。

目前丸美的百货专柜还主要集中于全国二线、三线城市，以全国各地的省会城市为主，西南、中原、华北、华南等都在丸美专柜的布局辐射范围之内。丸美已经对北京市、上海市、广州市三地的百货终端实行总部自营策略。

## 五、展望与隐患

（1）高起点。丸美从难度最大的眼部护理品类做起，引领该品类的发展，并且敢于高价定位。直至多年以后，国际品牌雅诗兰黛推广这个品类，也不得不考虑丸美的影响力。

（2）爱拼才会赢。在媒体选择上丸美一直强调"看准就上"。2007 年面对专营店市场的爆发增长，丸美打破长期稳健的市场投入，借助湖南卫视的时尚娱乐平台，全力投入弹力蛋白眼精华广告。在业内企业一般都只拿收入的 10% ~15% 投放广告时，丸美却拿出当年收入的 1/3 投放广告。

（3）知错就改。2008 年，声名鹊起的丸美遭遇"出身门"事件，丸美大方承认是地道的中国品牌，靠坦诚与诚恳的态度有惊无险地渡过这次公关危机，将不利影响降到最低限度。丸美从广告到传播，从注重知名度到注重美誉度进行提升。

（4）丸美尚要注意的问题。从销售占比来看，过去眼部护理产品与面部护理产品的销售额比值为5∶5，现在这一比值下降至3∶7到4∶6之间。以前主推明星单品眼霜，现在则是连带洗面奶等面部护理产品一起销售，以明星单品拉动全系列的产品。看来，“不是弱化强项，而是提高弱项”是今后丸美的主导思想。这种方式最可怕的结果就是，眼部护理专家形象被弱化，而护肤专家整体形象没有建立起来。

另外，专业线产品与日化线产品是两种完全不同的产品体系，但是对于顾客而言，都是丸美品牌，一个渠道做促销活动往往会连累别的渠道的销售。无疑，这对于丸美品牌是一种致命的伤害，看来需要进行结构优化的不仅仅是具体零售网点，对于渠道的甄选策略，也到了要考虑做减法的时候了。因为一路走来的丸美其实很清楚，有时候少就是多，小就是大！

# 【第四章】

# 标杆案例——连锁经营

## 第一节　破解屈臣氏之王中王

2011 年岁末屈臣氏第 1000 家门店在上海市浦东新区开业，屈臣氏的“百城千店”计划成功实施。

作为全球个人护理连锁店的领头羊，屈臣氏千店成功都有哪些密码呢?

### 一、营销战略系统

营销战略是指基于企业目标，根据客户需求的确定、市场机会的分析、自身优势的分析、自身劣势的反思、市场竞争因素的考虑、可能存在的问题预测、团队的培养和提升等综合因素最终确定的市场营销战略，作为指导企业将既定战略向市场转化的方向和准则。

屈臣氏的营销战略涵盖品类创新、品牌定位、精准锚定顾客群等主要内容。

（一）品类（行业）创新——个人护理用品店

如果能做到行业第一，就全力做行业第一；如果做不到行业第一，就要细分一个行业，在这个细分行业里做到第一；如果在细分行业里也难以做到第一，那就创造出一个概念，重新定义一个新行业，在这个行业里做第一。屈臣氏创造了“个人护理专家”健与美主题商店的概念。屈臣氏的个人护理店同传统意义的化妆品专营店、日化精品店等既有相同点，又有不同点。作为品类的创新者，屈臣氏的做法成为行业标准，业界言必称屈臣氏就不足为怪了。

不同于一站式购物的沃尔玛、家乐福综合品类商超，也有别于广东娇兰佳人、辽宁丽都等本土化妆品精品店，屈臣氏经营的是个人护理用品。屈臣氏的产品结构为：药品占 15%，化妆品及护肤品占 35%，个人护理品占 30%，剩余的 20% 是食品、美容产品及衣饰品等。

（二）品牌定位，强调顾客心智认知

屈臣氏以“个人护理专家”为市场切入点，以低价作为引爆点，围绕“健康、美态、快乐”三大理念，为顾客提供高性价比的产品、优雅的购物环境和专业的资讯服务来传达积极美好的生活理念，旨在帮助热爱生活、注重品质的顾客塑造内在美与外在美。

药品及保健品保留着创店以来的特色，倡导“健康”；美容美发及护理用品所占比例最大，种类也最繁多，表达着“美态”的概念；独有的趣味公仔及糖果精品则传递着快乐的生活态度。为了配合这三大经营理念，公司的货架上、收银台和购物袋上都会有一些可爱的标志，如“心”“嘴唇”“笑脸”，给人以温馨、愉快、有趣的感觉，分别象征着“健康”“美态”和“快乐”。

“我”是谁并不重要，关键是顾客认为“我”是谁。从提供药品到提供个人护理产品的嬗变，屈臣氏找到了自己在顾客心智中的地位。

（三）精准锚定顾客群

与欧美国家的消费习惯显著不同，亚洲女性会花更多的时间进行逛街购物，她们愿意投入大量时间去寻找更便宜或更适合的产品。中国大陆的女性平均在每个店里逗留的时间是 20 分钟，而欧洲女性只有 5 分钟左右，这种差异让屈臣氏最终将中国大陆的主要目标顾客锁定在 18～40 岁的女性，特别是 18～35 岁的时尚女性。

18～35 岁年龄段的女性顾客富有挑战精神，她们喜欢用最好的产品，寻求新奇体验，追求时尚，愿意在朋友面前展示自我。她们更愿意用金钱为自己带来大的变化，愿意进行各种新的尝试。因为 40 岁以上及年龄更长一些的女性大多早已经有了自己固定使用的品牌和生活方式，而 18～35 岁女性比较注重个性，有较强的消费能力，但时间紧张，不太喜欢去大卖场或大超市购物，追求的是舒适的购物环境。

（四）异业联盟，强强联合如虎添翼

因为目标顾客的趋同性，"时尚 + 地产" 的不同行业进行了资源整合。

通过嫁接大型商业地产品牌，屈臣氏在的本土开店策略从稳健从容走向激进爆发。2010 年 2 月 19 日屈臣氏做出重大决定：与中国商业地产两大巨头——大连万达集团、中粮置业投资有限公司分别签署了战略合作协议。这预示着屈臣氏将全面进驻全国各地的万达广场和大悦城，与国内最具实力的两大商业地产旗舰品牌实现同步扩张。

（五）并购提速，资本的魔杖法力无边

屈臣氏最大的底气来自其东家李嘉诚，其旗下的和记黄埔有限公司实施并购最大的优势就是资金充裕。

在李嘉诚资本魔杖的舞动之下，屈臣氏成功实现了裂变，并购同行是其目标之一。随着对英国 Savers 连锁店、荷兰 Kruidvat 集团、拉脱维亚 Drogas 零售连锁店、英国 Merchant Retail 香水连锁店、马来西亚 A-pex Pharmacy SdnBhd 药店等的一系列并购，屈臣氏在自有品牌创建、产品研发和渠道积累方面有了足够大的回旋余地。2005 年，屈臣氏斥资 55 亿港币收购了法国最大、历史悠久的香水零售商 Marionnaud，紧接着又将总部位于俄罗斯圣彼得堡专营保健及美容产品的连锁店 Spektr Group 收入囊中。通过一系列撒豆成兵式的并购，屈臣氏的脚步从亚洲走到了欧洲，悄悄完成了其全球化的布局。

## 二、营销战术组合

营销战术是指企业在决定了目标市场、市场定位后，对企业可以控制的营销手段进行的组合或策划。战术是在战略已经确定做什么的情况下，解决如何做的问题。屈臣氏在产品、价格、促销等战术方面采取了哪些高招呢？

### （一）选址、选址、选址

屈臣氏既可以借势开在大型卖场超市隔壁，也可以深入商务中心和商业社区，从而专注于那些对价格并不敏感但对价值及便利性要求很高的目标顾客群。同时这些核心区域旺盛的人气可以帮助屈臣氏更好地树立品牌形象。每一个店面形象都是终端广告，可以提升店面的零售额。

屈臣氏的店址基本分类有：都市商圈店、商务写字楼店、交通枢纽店、大型居民社区店、销品茂（shopping mall）中心店。

### （二）产品驱动，风暴眼的原动力

产品是企业实施营销目标的最大载体。除了大量引进上游厂家品牌之外，推出自有品牌是屈臣氏一大必杀技。用“屈臣氏”的品牌冠名大量商品，使货品价格得以降低，吸引对价格敏感的顾客。同时，屈臣氏清楚地认识到目标顾客（18～35岁女性）比起价格因素更在乎的是追求个性化与自我满足感，于是不断开发自有品牌产品的品种，使之在商品销售中占据了20%以上的市场份额。

通过自有品牌，屈臣氏时刻都在直接与顾客打交道，能及时、准确地了解顾客对商品的各种需求信息，又能及时分析掌握各类商品的销售状况。在实施自有品牌策略的过程中，由零售商提出新产品的开发设计要求，与制造商相比，具有产品项目开发周期短、产销不易脱节等特征，降低风险的同时又降低了产品开发成本。

屈臣氏正是通过自有品牌把低价和差异化结合起来，在差异化的基础上实现低价，给顾客提供各种丰富的高质低价商品。用高性价比产品满足顾客的需求，使顾客对产品和企业产生双重忠诚，成为竞争对手难以复制的核心竞争力，从而在中国内地市场上独占鳌头。

将产品品牌与企业品牌合二为一，给屈臣氏的连锁经营带来了成功。其中最重要的一点，即自有品牌增加了消费黏性，降低了顾客对自有品牌的认知成本，提高了顾客的忠诚度，从而在同质化竞争中独树一帜。

（三）低价现象下的持续赚钱

屈臣氏在做到了产品组合的同时，强调针对顾客进行价格组合，不是将顾客的钱一次赚足，而是将廉价与高品质的双重品牌构成组合奉献给顾客，在“可持续赚钱”中让顾客持续购买。

2004年，屈臣氏选择顾客购买最频繁、对购买支出影响最大的1200多种保健品与美容护肤品进行让利，价格平均低于市场价格5%左右。其中自有品牌产品占让利商品的15%，自有品牌产品的价格甚至比同类产品在其他超市的售价低20%～30%。屈臣氏宣称：“如果顾客发现同样商品在其他店以更低价格出售，则可以享受差额的双倍赔偿。”活动不仅重新诠释了屈臣氏时尚消费的观念，更带给广大追求生活品质的顾客前所未有的购物新体验。

从此时开始，“保证低价”成为屈臣氏为中国内地顾客量身制订的长期策略。有关“保证低价”策略顾客调查结果显示：顾客对其认知程度非常高，而低价、高品质、产品深度与广度是顾客选择到屈臣氏购物的主要因素。

屈臣氏的店铺里发生了一些本质上的变化：一是一些洗面奶及个人护理用品价格很便宜，可是一些白领阶层消费并不认为会降低身份，但在别的店里就没有这么多忠实粉丝；二是即使非节假日，也能看到在屈臣氏门店内购物的时尚现代年轻女性，她们将这里变成了自己的栖息地。

由于聚集极具号召力的国际品牌、具有竞争力的自有品牌、严格控制产品品质、花样翻新的促销模式，屈臣氏得以不断提高顾客的黏性。聚集目标顾客：一方面是品质保证，另一方面是价格诉求。这一策略具有很大的杀伤力。“我敢保证我低价”“买贵了，半价退还”，这一类的标牌在屈臣氏的终端店随处可见。先将有低价消费倾向的顾客招揽进来，在客源充足的前提下，通过捆绑促销等方式提高他们的购买频率和数量，屈臣氏由此避免了零售业常规的价格战。

### （四）促销三板斧：旧瓶也要装新酒

在促销模块，屈臣氏可以说是毫无特别之处，但是在同质化时代创造大不同却是屈臣氏追求的终极目标。屈臣氏的竞争力在于业态和人群的聚集，并且有在其他地方买不到的特有产品的支持，这是其竞争力最核心的部分。周期性进行的“特价产品、换购和买送”这三种促销手段构成了屈臣氏的促销模式。这一促销模式看似老套，甚至让长时间关注屈臣氏的人感到疲惫和厌烦，但对于已经在顾客心中形成品牌认知度的屈臣氏来说，却非常实用。这种没有创意的促销模式，恰到好处地把握住了顾客的投机性消费心理，让顾客心甘情愿地多付费。

屈臣氏店面促销的 14 种形式：

（1）超值换购。在每一期的促销活动中，屈臣氏都会推出三个以上的超值商品。顾客一次性购物满 50 元，加 10 元即可任意选购其中一件商品。这些超值商品通常会选择屈臣氏的自有品牌，在实现低价的同时又可以保证利润。

（2）独家优惠。这是屈臣氏经常使用的一种促销手段。在寻找促销商品时屈臣氏经常避开其他商家，给顾客更多新鲜感，也可以提高顾客忠诚度。

（3）买就送。买一送一、买二送一、买四送二、买大送小，送商品、送赠品、送礼品、送购物券、送抽奖券，促销方式灵活多变。

（4）加量不加价。这一招主要是针对屈臣氏的自有品牌产品，经常会推出加量不加价的产品，用鲜明的标签标示，以加量33%或加量50%为主。如面膜、橄榄油、护手霜、洗发水、润发素、化妆棉等经常使用的产品，对顾客非常有吸引力。

（5）优惠券。屈臣氏经常会在促销宣传手册中附赠优惠券。在购买指定产品时，顾客使用优惠券可以获得一定金额的购买优惠，省五元到几十元。

（6）套装优惠。屈臣氏经常会向生产厂家定制专供的套装商品，以较优惠的价格向顾客销售，如资生堂、曼秀雷敦、旁氏、玉兰油等。屈臣氏自有品牌也经常推出套装优惠。例如，买一盒69.9元的屈臣氏骨胶原修护精华液送49.9元的眼部保湿啫喱一支，促销力度很大。

（7）震撼低价。屈臣氏经常推出系列震撼低价商品，这些商品以非常优惠的价格销售，并且规定每个店铺必须将商品陈列在店铺最前面、最显眼的位置，以吸引顾客。

（8）剪角优惠券。在指定促销期内，一次性购物满××元，剪下促销宣传海报的剪角，可以抵×元使用，相当于额外再获得9折优惠。

（9）购某个系列产品满××元送赠品。购护肤产品满××元或购屈臣氏品牌产品满××元或购食品满××元，送屈臣氏手拎袋或纸手帕等活动。

（10）购物两件，额外9折优惠。购买指定的同一商品两件，额外享受9折优惠。例如，买营养水一支要60元，买两支一共收108元。

（11）赠送礼品。屈臣氏经常会举行一些赠送礼品的促销活动，一种是供应商提供的礼品促销活动；另一种是屈臣氏自己举行的促销活动，如赠送自有品牌试用装，或者购买某系列产品送礼品装，或者是当天前30名顾客赠送礼品一份。

（12）VIP会员卡。屈臣氏在2006年9月开始推出自己的会员卡，顾客只需去屈臣氏门店填写申请表格，就可立即办理屈臣氏贵宾卡，办卡时仅收取工本费10元。屈臣氏会每两周推出数10件贵宾独享折扣商品，每次消费可积分。

(13) 感谢日。屈臣氏举行限期的感谢日小型主题促销活动，推出系列重磅特价商品，单件商品降价幅度在10元以上。

(14) 销售比赛。销售比赛也是屈臣氏一项非常成功的促销活动，每期指定一些参加比赛的商品，在各级别店铺（屈臣氏的店铺根据面积、地点等因素分为A、B、C三个级别）之间进行推销比赛，销售排名在前三名的店铺将获得奖励。每次参加销售比赛的商品的销售业绩都会以奇迹般的速度增长，使供货厂家非常乐意参与这样有助于销售的活动。

### (五) 体验营销，让顾客感动

除了在产品上下足了功夫，屈臣氏在营销方面更是处处为目标顾客着想。各种营销手段细致而独具特点，使顾客在购物的同时有一种非常新奇而满足的体验，把购物当作放松和休闲活动，在不知不觉中形成对屈臣氏的品牌偏好，最终成为它的忠实顾客。

屈臣氏卖的不是护肤品，而是快乐！进入屈臣氏，顾客就会有一种截然不同的感觉，优美的音乐，摆放在商店里独有的可爱公仔，还有一些可爱的标志，如“心”“嘴唇”“笑脸”等都会出现在公司的货架、收银台和购物袋上，面积不大却让人感觉很轻松和舒服。

为了让顾客更加满意，以女性为目标顾客的屈臣氏将货架的高度从1.65米降低到1.40米；将走廊的宽度适当增大，增加顾客选择的时间和提高舒适度；店面颜色更多使用浅色，让顾客更容易兴奋起来。每家屈臣氏个人护理店均清楚地划分出不同的售货区，将商品分门别类，摆放整齐，便于顾客挑选。

在商品的陈列方面，屈臣氏注重其内在的联系和逻辑性，按“化妆品——护肤品——美容用品——护发用品——时尚用品——药品”的分类摆放。在不同的分类区域会推出不同的新产品和促销商品，让顾客在店内不时有新发现，从而激发顾客的购买兴趣。

在消费行为中，很多顾客计划购买的商品和实际购买的商品大相径庭，因而店内专业人员的指导对顾客有很大的影响。屈臣氏有一支强大的健康顾问队伍，包括全职药剂师和“健康活力大使”，为顾客免费提供健康生活的建议。在店内陈列《护肤易》等各种个人护理资料手册，免费提供各种皮肤护理咨询；药品柜台的“健康知己”资料展架提供各种保健品的营养分配信息和疾病预防治疗方法；积极推行办公电脑化，采用先进的零售业管理系统，提高了订货与发货的效率，注重对顾客体贴细致的关怀，充分体现了其“个人护理”的特色服务。

（六）口碑渗透，金杯银杯不如顾客的口碑

贩卖“健康”“美态”“欢乐”，时尚的顾客走进屈臣氏门店的时候，感觉不是走进一家超市，而是到了更加贴心的护理店。屈臣氏开创性地提出“个人护理专家”的概念，既奠定了自己个人护理专家的龙头地位，又迎合了目标顾客个性化的需求，更是倡导了一种全新的购物理念和生活态度，帮助顾客在健康美容方面做出积极改善，从而快乐享受人生。

在时尚购物类别中，屈臣氏促销活动信息的浏览量和折扣券的下载量排在麦当劳和耐克之后，经常在三到五名之间浮动，深受上网一族追捧。

屈臣氏不做常规的广告宣传，而是更多依靠顾客的口碑传播商品信息、服务理念、企业形象。这种渗透式的传播，直达顾客的心智，速度虽然里，但是一旦占领就分外牢稳。

## 三、事件公关传播推广

除了在产品营销上可圈可点之外，屈臣氏在提升企业美誉度方面以事件公关为主进行形象打造，积极参与医疗、教育、娱乐、体育等社会高关注度的活动。

2002年，屈臣氏与中国香港癌症基金会发动“粉红革命”，向当地市民传递预防乳腺癌的资讯，并筹募善款用于乳腺癌的研究。

2003 年年底，屈臣氏支持中国儿童少年基金会实施“春蕾计划”，通过开展爱心购物行动，集捐款金额达 235800 元，令 500 名失学女童重返校园。

2004 年 6 月，屈臣氏与美国迪士尼公司合作在深圳上演“迪士尼 100 周年奇幻冰上巡演”项目，从娱乐角度切入，让人们感到轻松有趣之余，使屈臣氏的“欢乐”主题淋漓尽致地表现出来，拉近了与顾客的距离。

2006 年世界杯期间，屈臣氏打出“让美丽在世界杯期间更加绽放”的旗帜，“收留”那些被球迷冷落了的女人，鼓励她们享受更多的自由时间，不辜负美好的购物时光。

企业形象对于一个购物商业业态的意义尤为重大，信任比金钱更重要，因为金钱买不到信任。积极参与社会公益事务，是有效塑造企业形象的一种有效手段。

## 四、屈臣氏：挑战与机遇

2011 年 12 月 23 日，华润旗下采活（el vivo）第 10 家门店——安庆店正式亮相安徽省安庆市。该店是采活进驻华东市场的首家门店，也是入驻华润苏果超市的第一家门店。正当其时，在化妆品专营店乃至个人护理店行业，外资、台资、港资、国营、民营等各背景企业汇聚博弈。

在一线中心城市，强调“试用体验”的法国丝芙兰及同样以自主品牌立足的中国香港莎莎，与屈臣氏在选址、人群定位、产品等方面有交叉和类似之处，而风头正劲的统一旗下康是美药妆店也是来势汹汹，屈臣氏与这些竞争者的贴身肉搏在所难免。在二线城市，屈臣氏遭到各区域龙头企业化妆品专营店的顽强狙击。

综合商超与百货商场的分流，因为“洗涤品去超市洗化区，护肤品去商场专柜”是大众主流人群的消费习惯。护肤品毕竟不是快速消费品，不同业态的分食造成事实上的贴身白刃战。屈臣氏基本就在沃尔玛等商超的楼下，或者在西单商场等商场的隔壁。

厂商品牌的远离与抛弃。任何事情都具有两面性，由于屈臣氏自有品牌的强大影响力，厂商品牌产品随时都有被屈臣氏克隆的危险。同时屈臣氏自有品牌同厂家品牌的竞争也是不争的事实，因此，造成很多对顾客号召力不强的厂商品牌远离屈臣氏。

现代电子商务网络营销的冲击。2011 年上半年，中国网民总数达到 4.85 亿，其中手机上网用户达到 3.18 亿，由此可见，电子商务和移动商务是大势所趋。Web 3.0 时代的来临直接颠覆了传统渠道的布局，“80 后”“90 后”年轻一代已经代替妈妈辈成为消费的主力军。网上购物不再是时尚，而是习惯。虽然屈臣氏已经“触网”，但是明显参与度有限。作为销售时尚产品的传统实体店铺，屈臣氏受到现代电商的冲击在所难免。

## 第二节　芙蓉兴盛：小便利织就的万店密码

芙蓉兴盛便利超市（以下简称兴盛）2006 年正式进驻长沙，用了 10 多年时间，其旗下的加盟店达近万家。

兴盛起于湖南省南县，兴于益阳市，盛于长沙市，以长沙市为中心，辐射株洲市、湘潭市、衡阳市、益阳市、岳阳市、永州市等地级市，并在近三年内将加盟店发展到广州市、武汉市、南昌市三个省会城市，完成了“四横六纵”的战略布局，同时在 4 个省份全部建立起拓展中心和物流配送中心。当外资零售巨头总是以战略预亏来掩盖自身的经营失误，当更多的同行还在煞费苦心计算盈亏平衡点时，兴盛已是满堂红。2006 年—2010 年，长沙市 500 家兴盛加盟店的赢利比率达到

95%，关店率几乎为零。尽管低调行事，也从不做广告宣传，但是其迅猛发展的态势还是引起零售界与企业研究界的强烈关注。兴盛千店成功的密码有哪些呢？

## 一、战略是试错的结果

早期兴盛开店策略是地址合适即可，但是整体赢利情况并不乐观。通过数据分析发现，坪效才是开店的关键指标。随着湖南省内步步高、家润多、新一佳等综合商超大肆扩张及跨国零售巨头沃尔玛、家乐福的到来，在资本、管理、人力资源等方面，兴盛根本无法与大型综合商超抗衡。避实就虚，实施差异化经营才是出路。因此，兴盛的战略为：别人做大，我来做小，只做面积30～80平方米的便利超市。在中国本土与综合商超过招，有两种业态可行：一是品类产品专营店，包括专做家电的国美苏宁、专做手机的迪信通、专做化妆品的屈臣氏、专做鞋子的百丽等；二是社区便利超市，毕竟中国家庭还无法真正实现一站式购物。盐、味精、香烟、啤酒、毛巾、香皂等生活必需品、急需品还是愿意在家门口的小超市购买，这就是7－11便利连锁、湖南兴盛、四川红旗便利、上海可的便利店、联合100超市存在发展壮大的根本原因。很多便利超市的价格稍高于大卖场，但是在顾客眼里，便利超市的商品比起大卖场要便宜多了。为什么？低价现象的概念是：通过对本商圈的主流顾客群体最关注、最敏感的商品进行超低价销售来实现客流量的提升，同时引进部分二线、三线品牌陈列于超低价商品的两翼，以提高此类别商品的整体销售利润。比如，菜场商圈的主流消费群体为中年妇女、老人和其他前来买菜的顾客。此类消费群体最关注的是鸡蛋、白糖、大米、调料、食用油等商品价格。要营造低价现象，可以选择高关注度的品牌商品如酱油、白醋、味精和鸡蛋以超低价销售。便利超市根据不同的商圈可进行相应的分类：有菜市场店、车站店、校园店、安置小区店、商业区店、餐饮消夜店、酒店休闲店。商圈不同，顾客的消费习惯、消费能力、购物时间也有很大的差别。从商业业态模式上看，便利超市的优势体现在以下方面：

（1）贴近顾客。店在家门口，方便顾客随时进门购物。

（2）营业时间弹性大。校区店的营业时间大多是6:30－23:00，酒店休闲店、餐饮消夜店的营业时间为8:00至次日4:00。

（3）商品品类齐全，品牌少而精。

（4）服务灵活，大米、食用油、啤酒等大宗商品送货上门。

## 二、“直营＋加盟”双轮驱动

从县级市场、地级市场到省会市场，数年沉淀下来，从选址、采购到运营，兴盛已经形成自己的标准与流程。很多黄金位置被公司以直营形式租赁下来开店，集群专家的操盘保证了直营店普遍赢利的可能性。如何把兴盛真正做大，是摆在高层面前的战略问题。通过对7－11等同行的考察研究，兴盛认为店铺复制与品牌授权的加盟模式是不二选择。

血缘加地缘的加盟关系。朋友、亲戚、老乡至今还是兴盛加盟店老板的主流人群，特别是益阳市南县籍人。“血缘加地缘”构成国人天然的信任情结，特别是先期加盟店的老板会陆续介绍自己的朋友共同加入。还有一个大环境的背景条件，就是很多农村人年轻时候出去务工，到了30岁左右就有回乡创业的计划。一家便利超市门店20万～30万的投资门槛，对他们而言并不是大障碍。在正式合作之前，公司都会安排加盟者到直营店或者附近的店从营业员做起，让他们亲自体验一段时间，获得一手经验，以保证新的加盟店可以迅速正常营业。

除了在企业官方网站做一些业务说明，兴盛几乎不投放广告，加盟商大都来源于合作客户的口碑宣传，新客户大都来自已经加盟的老板自发介绍。兴盛的底气与原则来自两个古朴的道理：一是只有自己做好的事情才会让别人做。加盟店的销售不好，我做给你看，直到教会你为止；二是每一个人身后都站着250个人，只要兴盛用心服务好每一位合作伙伴，他们就会主动介绍自己的朋友来合作。

关于加盟店的商品自行采购权，最初兴盛几位创始人在实施连锁加盟模式的时候，针对是否给加盟店自采权有不同意见：

一种意见是严禁加盟店外采商品。从公司的赢利模式来看，加盟费的利润贡献是最高的，但它却是“一锤子买卖”。企业还是要通过配送的商品利润和配送费来实现长期赢利，而提高商品配送量最好的方式是绝对控制门店的商品采购渠道。此举也可确保连锁店在形象、商品结构、陈列布局上实现高度统一（目前的服装、鞋类连锁加盟就是严禁加盟店外采商品）。

另一种意见是开放部分商品的自采权。通过品类限制和最低进货量的要求，开放部分商品的自采权。比如酒和日化类商品，市场上假货很多，绝不能让门店在外采购。同时，在加盟合同上约定门店每月在公司的最低进货量，一旦在公司的进货量低于这个标准，公司有权力取消加盟。

当两种意见争论不休时，兴盛掌门人岳立华先生石破天惊地道出他的决定：完全开放加盟的商品店自采权，哪怕门店不在公司采购一分钱的商品！

兴盛开放加盟店自采权的理由是什么？

（1）兴盛的定位是便利超市而非便利店。便利超市指既拥有便利店贴近社区、服务顾客的便捷性，又同时拥有标准超市完整的商品结构。便利超市这一特殊的零售业态除了要求高标准的门店选址之外，还需要针对不同的商圈实现商品结构的差异化。通俗说就是“顾客需要什么，我们就采购什么”。开放的商品自采权使兴盛拥有了“野草”般的生命力，在恶劣的竞争环境中肆意汲取营养，实现了 6 年的快速成长。

（2）连锁超市行业的采购部门因手上掌握着大量订单而“拥兵自重”，一向是滋生惰性和腐败的土壤。然而，开放了加盟店自采权的兴盛营运部却像非洲草原上的羚羊，每天必须快速奔跑。因为，一旦他们的商品和配送服务不能保持优势，加盟店就有可能转而将订单交给批发市场！“物竞天择，优胜劣汰”。6年的羚羊式奔跑跑出了中国连锁超市行业第一家“从供应商到加盟店，百分百现金采购，无账期”的营采（供应链）模式，跑出了“现金流三天周转一次，商品库存不超过7天”的“兴盛现象”，一度引发国内很多便利连锁企业的追捧和研究。

（3）在“完全开放加盟店商品自采权”的政策指导下，兴盛的培训教材中有这样的话：“当一个顾客询问5次某种商品，你可以考虑是否采购此商品；但若5个都顾客询问1次某种商品，你必须进货”“你的顾客登记本必须时刻放在收银机旁，以便随时记录顾客对商品的需求”。高度满足顾客需求和全方位的服务让兴盛的单店营业额远远超过同行20%～40%，最高坪效达到555元/平方米。

## 三、赢利模式

兴盛的赢利来源包括：新店加盟费、商品价格差、商品物流配送费、兴盛自有品牌赢利。

（1）新店加盟费。加盟费的固定费用为2万元/店，涵盖品牌使用、营运指导、售后服务的费用。相同条件下的兴盛加盟店比普通便利店营业额高出一倍甚至更多，究其原因：一是兴盛品牌的拉力，多年来形成的口碑；二是从店址把控、开业、运营，兴盛提供专家服务，避免了不必要的探索与试错，使店面运营直接进入快速通道。

（2）商品价格差。在“完全开放加盟店商品自采权”的政策指导下，兴盛并不禁止加盟店到批发市场采购商品。相同种类的商品，只有商品配送价格低于批发市场，加盟店才愿意从兴盛总部订货。兴盛的现金结算，加上较大的规模数量，保证采购的商品价格极低，就算适当加价后，也具有竞争力；而加盟店去批发市场少量零批，其采购价格不可能低。因此，这种价格倒逼兴盛业务部门采购商品时竭尽全力将价格降到最低，只有这样，商品才能产生价差利润。

（3）商品物流配送费。由于加盟店普遍受到“仓库小、人员少”的瓶颈制约，很多便利店几乎每 2 ~ 3 天就要到批发市场去采购商品，除了鉴别商品真假、是否适销之外，还要谈价格，因而采购的时间成本成为影响业绩的最大因素。而且，便利店的产品线比较长，大部分调料、熟食、饼干、百货若整箱采购则库存过大，若拆零则采购价格偏高。加之批发市场里不同的代理商代理不同的品牌，要将商品采购齐全，加盟店往往要花掉一天的时间，并且货物运输时租车费用又高居不下。而兴盛总部仓库除了一次性配送优势，配送费与批发市场的价格持平或者更低，退换货等售后服务也有保障。

（4）兴盛自有品牌赢利。拥有数以千计的零售终端，具备仓储配送条件，兴盛也有一系列自有品牌。当然，自有品牌的成功取决于对品类的选择。商超自有品牌品类选择的特征是：产品品质控制标准不高、商品单元价格比较低、低关注度的行业产品、行业强势品牌不集中、周转率高、售后服务简单。

## 四、加盟店支持系统

兴盛一方面做强直营店，另一方面，结合本土实际情况，做强、做大加盟店更是其重点与方向。那么，加盟店可以从兴盛总部获得哪些支持呢？从流程上，兴盛提供店址把关与维护服务两大支持。

### （一）店址把关

在兴盛，有一个厉害的职能机构，被称为“选址委员会”。该机构的每个人都是具备 10 年以上行业经验的资深人士，对经营环境、人流方向、同业竞争、未来趋势等各项指标进行细致的研究与讨论。这种严谨的态度与做法从根本上保证了新店能赢利。在零售行业有一条规律，那就是店址选好了，至少保证可以不亏损，至于能否多赚钱，那就取决于经营水平了。

兴盛对加盟店的选址有着近乎“苛刻”的原则：

（1）“金角银边”。在交叉路口的门面要尽量选择转角门面，因为转角门面比普通门面要多一倍的顾客接触面；而且绝大多数行人在走到交叉路口时，都会放慢行走速度，这样门店的客流量在无形中就增加了许多。

（2）锁口原则。不管是农贸市场还是学校、车站，不管是医院、酒店还是机关单位等人流密集场所，兴盛选址都优先考虑进出大门口的第一、二间门面房。

（3）中心辐射原则。近年因大规模城市拆迁扩建而产生的安置小区，也是兴盛青睐的商圈。兴盛选择小区中心的休闲绿化带作为开店的首选位置。

（4）临街门面的选址。要求马路宽度尽量不超过10米，因为宽度超过10米的马路，更多是双向车道，车流会阻碍马路对面的顾客前来购物。

### （二）维护服务

兴盛分别从人员培训、证照办理、装修布局、商品陈列、商品采购、价格指导、开业促销等方面支持加盟店。

（1）人员培训。兴盛对加盟店开设了前后15堂课程的理论培训，并根据加盟店老板的学习情况和店面所属商圈的特性，安排加盟店老板及员工到对应商圈的老店去实践，教会他们商品定价、陈列、报单、POS机的使用及商品退换的流程。

（2）证照办理。根据国家对零售店的规定，协助加盟店办理各种证件。

（3）商品采购。对便利超市所处的环境进行更加细致的划分，针对高档小区店、平民社区店、商业区店、菜市场店、校园店不同的消费特点，设计不同的商品结构。另外，因为面积有限，兴盛需要用4000个条码进行全品类覆盖，做到不漏项、不重复，又要重点突出，形象产品与利润产品相结合。严格遴选产品是一项很专业的技术。

（4）价格指导。兴盛根据对大型综合商超、批发市场、街头小店商品价格的市场调研，对各种商品给出建议零售价格，敏感性商品规定底价销售，菜市场店的调味品建议零加价或者微利加价销售。

（5）店面陈列。统一陈列是很多专家的观点，兴盛却对此说“不”。校园店与菜市场店的商品结构不一样，货品陈列肯定不一样。为了最大效率地利用柜台，在大超市横向陈列的水桶，在兴盛必须用大桶套小桶的方式陈列以节省面积；棒棒糖放在最下层，方便刚学步的小朋友拿取。兴盛的理念是销售永远排第一，防止丢失排第二。当然，在商品防盗方面，各个店经常交流，把一个小铃铛放在高档酒上的做法被各个连锁店广泛采用。

（6）开业促销。无论是兴盛新加盟店试营业还是开业，常规的促销方式如发传单、办会员、大特价、大买赠等促销方式被运用得炉火纯青，兴盛总部维护部也会派人数不等的员工前来捧场。一般新加盟店开业当天的营业额达到正常营业额的 5 ~ 8 倍，甚至更多。

## 五、威胁与挑战

（1）网购经济的快速发展，对于沃尔玛、苏宁、屈臣氏等传统渠道终端大鳄都是挑战，当然兴盛也不例外。如何迎合未来的消费主体“85 后”“90 后”，实体店借势电子商务，是不容回避的挑战。

（2）平衡企业发展中的效率与规范问题。以物流配送中心为例，对司机的工资采取计件制，极大激发了他们的工作热情，效率确实高。但是为了赶时间，他们往往匆匆卸完货就走，与加盟店交接清点时容易产生分歧，以至加盟店产生不满与抱怨。其他职能部门类似的事情也大有发生。作为决策层，必须了解这种状况，并且从制度上进行适度的调整。

（3）在部分中心城区，可供开便利超市的位置越来越少。与兴盛定位完全雷同的锦和、快乐惠采取步步紧跟的策略，对兴盛造成一定的影响。更有甚者，因为兴盛对位置选择近乎苛刻的要求，有些加盟商实在找不到合适的店面，转而投向竞争对手。

（4）目前兴盛总部各大职能中心对接湖南省域市场没问题，但是如果新开发省份市场都做到湖南省的规模，以目前的管理人员与人力资源水平肯定无法胜任。建立制度、建立标准、建立流程、建立体系都是迫在眉睫的任务。管理模式是建立沃尔玛总部集权式，还是家乐福区域高度自治式，都不是一个简单的选择题。

（5）文化的再造与升级。富有人文色彩的兴盛文化在创业初期，在企业发展规模有限的条件下发挥了无法作量的作用。随着企业日新月异地发展，建立现代管理制度势在必行，因为复制完整的管理体系是最安全的。否则，发展得越快崩盘的可能性越大，这绝非危言耸听。

## 第三节　和合谷：吃出一片天

中餐品牌实施品牌战略，从早期的永和豆浆、大娘水饺到小肥羊、谭鱼头、小天鹅，再到后来居上的味千拉面、俏江南、乡村基都实现了快速发展。乡村基于 2010 年在美国上市；俏江南实施国际化战略，在纽约、巴黎、伦敦等城市开店；在本土市场，肥西老母鸡相继在合肥、滁州、南京、上海等城市设立一百多家加盟店和直营店，年销售收入近 10 亿元；蚌埠人张建尧开创的“包天下”年销售额超过 6 亿元；郑州阿利茄汁面也开始布局区域性市场。整体上，中国餐饮行业已经连续 20 年保持高速增长，年平均增长率为 16%。

快餐行业是餐饮行业的一个重要分支。随着中国经济的蓬勃发展，西式快餐和日韩快餐大举进攻中国快餐市场，和中式快餐一起形成了中国快餐市场上的三股竞争势力。其中，西式快餐始终是市场的领导者，而中式快餐是市场的跟随者，日韩快餐是市场的补缺者。中式快餐行业虽然起步晚，但发展迅速，先后诞生了真功夫、乡村基、丽华、和合谷等众多知名品牌。

真功夫以绝对优势统领中国的南方中式快餐市场，而和合谷则根植于北京，走出了自己的快餐品牌之路，在经营管理与市场营销上可圈可点，甚至其某些指标数据不逊于西餐两巨头。如店面坪效，麦当劳为4.68，肯德基为4.07，和合谷为5.68。

皇城根下众口难调，和合谷如何吃出一片天呢?

## 一、和合谷品牌定位

如同步步高出自于小霸王，蒙牛渊源于伊利，和合谷脱胎于日式快餐品牌吉野家。因此，在和合谷初创时期，从菜品、采购到商业布局，和合谷与吉野家雷同，这种打法大大缩短了和合谷自身发展的探索时间。可以说和合谷一开始就是站在巨人的肩膀上，借鉴吉野家的成功模式大大缩短了和合谷的盈利周期。

在品牌定位方面，和合谷把“国人快餐”作为品牌定位语。通过自主研发与创新，和合谷越来越远离吉野家的日式风格，与吉野家形成差异。

和合谷中的“和合”二字来源于中国古代的神话故事，赋予了和合谷浓厚的中国文化底蕴，这与和合谷的品牌定位“国人快餐”相得益彰，进一步赢得了市场认同。

## 二、和合谷市场与营销

### （一）生产标准化

对于许多中式快餐企业来说，由于中式餐品烹饪工艺的特殊性，保证餐品标准化是一个难题。其中中式快餐的翘楚粤式快餐品牌真功夫因采取蒸的方式而迅速规模化发展，因为蒸的工艺最容易实现口味的标准化。

为了保证每天卖出的几千份菜品味道不变，和合谷坚持原材料的产地与质量标准化、原材料加工前处理标准化、终端厨房加工定时与定量标准化。2009年，和合谷建立了符合低碳低能耗标准的加工配送中心即中央厨房，实现了产品的统一标准、统一加工、统一配送、统一管理，为公司快速、平稳发展奠定了坚实的基础。

（二）产品创新研发

在营养方面，中式快餐相比西式快餐更有优势。从原材料上讲，和合谷有猪肉、牛肉、鸡肉、鱼等各种肉类及虾、扇贝等海鲜类食材，还有各种蔬菜；从味型上讲，包括咸鲜、酸甜、麻辣等多种口味；从工艺上讲，注重煎、炒，更多样。

和很多快餐企业一样，和合谷没有厨师，也没有厨师长。但和很多快餐企业又不同，和合谷有自己的快餐研究所，负责菜品的开发和工艺研究。当然，和合谷并不是一味地进行原始创新。每当研发完成一个新品种，和合谷的研究人员总要找到各个菜系的名厨对菜品进行鉴定，做到“味型对头”。比如麻婆豆腐盖饭在四川必须又麻又辣，但在其他地区就要注意分寸，让绝大多数人能接受并形成口碑，因而和合谷在菜品合理选味型的基础上做技术转化。

作为中式快餐，要产品相对集中，实现量产并保证食品质量，方便顾客在点餐时能较快地做出选择，前台的出餐度也能更快。如果产品过多，不但不能快速出餐，而且质量控制点也必然增多。但是，餐品创新所带来的新鲜感对于吸引顾客非常必要，和合谷经常推出一些新品，但在新品不断变换的过程中，始终保持着一定数量的稳定产品。一个是实行8大主菜品的末位淘汰制，永远在储备“第9个”主菜品，以保证前面8大主菜品在变化中处于相对稳定的状态，又能用后面的储备品种更新菜品；另一个就是在8大主菜品不变的情况下，以每周或者每月的频率推出一个新菜品，实现新菜品不定期更换。到目前为止，和合谷已经实现了 60 多个菜品的创新。

同时，为了兼顾更多的口味需求，部分店面增设了和风堂独立面品销售区。红烧牛肉面、京味炸酱面、叉烧面、麻辣拌面等 8 种面品，价格从 6 元至 20 元不等，是和合谷产品线的延伸。和合谷的早餐产品已经涵盖粥、面条、自制原味豆浆、无矾油条、包子、红豆沙、绿豆沙、南瓜羹等种类。

和合谷鲜味剂从来不用味精、鸡精，而是从干海带表层的白膜中提取昆布糖作为增鲜剂，然后丢掉利用完的干海带。只是这么有营养的海带被丢掉太可惜，于是和合谷就开发了凉拌海带丝，没想到 6 元一份的拌海带丝每天平均卖出 1000 多份。反过来，和合谷有意控制凉拌海带丝的产出，因为昆布糖的使用量是有限的，如果任由拌海带丝增长，昆布糖就会因产量过大造成新的浪费。这个启示让和合谷的研发团队看到了营养健康食品的前途，进而加强了营养健康菜品的研发和出品，增加了青口瓜条、蔬菜沙拉等菜品，特别是研发出属于自己的“大拌菜”。大拌菜用餐厅大拌菜的原料配上自己的专用拌汁，实现了随吃随拌的标准化制作。

### （三）技术竞争壁垒

和合谷的调味汁由 10 多种配料调制而成，再按主次分为两种，分别称为 A 包和 B 包。和合谷按“不相容职责必须分离”的原则进行流程控制，使品质始终如一。当和合谷声名鹊起的时候，很多人找到和合谷的原料供应商采购原料，但做出来的菜品味道却不同，这就是和合谷在配方上所设置的技术壁垒。

### （四）精准的选址

对快餐来说，正确的选址策略不仅是企业成功的先决条件，也是实现连锁经营标准化、简单化、专业化的前提条件和基础。选址的首要目的是人气的聚集，也就是顾客要进店，因为顾客都有从众心理，所以普遍爱“扎堆”。哪里人多往哪里去，而哪里人少还偏偏不去捧场。这就是所谓的“马太效应”在餐饮业的表现——大多数人都想当然地认为“这里既然人这么多，味道应该不错，而那里既然大家都不去，可见味道肯定不行”。

杜绝盲目扩张，让每一家新店能100%获利被和合谷奉为选址的首要原则。不同模式下的选址标准以和合谷对北京区域的基本划分来看：一类地区包括西单、王府井、中关村、CBD等地区；二类地区基本属于交通枢纽，需要有3万平方米以上的大型商场和高档写字楼聚集；三类地区包括高档商品房住宅区和高等院校集中区。所有店铺的选址均会依据以上三个分类要求进行考量。总之，交通枢纽型、繁华商圈型和社区型是和合谷店铺的三种基础类型，显然这三种类型实际上涵盖了所有区域，反映出快餐业在选址时需要的聚客属性。

然而，独立门店与店中店两种不同模式下的店铺在选址的细节方面有着不同标准。以和合谷的独立门店来看，其选择位于临街的铺面房中。在选址过程中需要门脸面临主要生活道路，附近的商业圈、写字楼及住宅区较为成熟，门口可以挂很大的招牌，以利于行人、车辆在远处就能够很清楚地看到。

此外，独立门店应选择人口比较集中、人口流动性高、车辆、行人通行量大的地方，门前最好有足够的停车位，方便顾客在就餐时停车。其中，客流量以分钟或小时为单位，理想的店面通过目标点的顾客人数（不计算儿童和老人）至少为1800人/小时。门面宽度应至少为10米，门前通道宽度至少为20米。如果和合谷位于商场里面，则在选址标准上会有不同。商场店要求商场总面积不小于3万平方米，且位于繁华街道行人流量大的地方，或客流量大的交通枢纽周围，或周边有高档写字楼。

（五）坚守直营即不加盟政策

从2006年开始，在被投资界普遍看好的连锁餐饮业做得风生水起时，不断有人建议和合谷应该做加盟特许赚钱，比如有些连锁公司仅仅靠收取加盟费就已经身价过亿。但和合谷一直坚持自己直营，多年来拒绝了数不胜数的投资人加盟和合谷的意向。

在和合谷看来，之所以走到今天，是靠“连得起还要锁得住”的策略。“锁得住”一方面是指饭菜味道要“锁得住”，让很多人保持一贯的味觉期待；另一方面是让年轻的和合谷在经营上不出现风险。短期逐利行为的驱动可能会使企业遭遇“滑铁卢”。

在连锁餐饮业的洗牌到来之前，最要紧的是练好内功。商场如战场，战场能使用极端手段获胜，但商场需要的是更为内在的公司系统力。肯德基和麦当劳到现在已经走过了半个世纪，相当于一个人在连锁餐饮行业做了大半辈子，仅标准化的手册就有一米多厚。以店面选址为例，肯德基的能力并不完全在“20 页条件”的界定上，而在于科学获得数据的能力。同时和合谷拒绝了风险投资，是因为觉得自身系统力还不够强。和合谷之所以短时间内不进行特许扩张，是因为还没办法保证能 100% 成功。目前重点在于人才储备和管理的储备，系统力的外在表现是品牌。如果企业的可复制能力很好，就可以做到从一到无限大，这只是一个时间的问题。

## 三、和合谷未来所面临的问题与威胁

（1）老龄化浪潮的到来，极大改变了人们的生活消费方式。

在和合谷社区店，经营结构上为 40% 堂食、60% 为外卖与送餐，面临无店铺专业送餐品牌丽华快餐等竞品的直接竞争。

（2）从以米饭为主，到米饭、面条与甜点并重的产品结构的变化。在顾客有了更多选择的同时，产品的标准化与出餐度能否保证，也在考验和合谷的适应性。

（3）与发迹于南方的真功夫相比，和合谷的品牌传播明显乏力。除了行业影响力，和合谷知名度太小，在行业内知名，但顾客的记忆黏性不足；在北京知名，但在北京之外则是默默无闻。既然要沉淀品牌，除了经营管理外，品牌的持续打造绝对不容忽视。

（4）和合谷直营模式发展的稳定性毋庸置疑，但在麦当劳、肯德基都启动加盟模式的大环境下，不加盟肯定会抑制企业发展的速度。和合谷的直营模式目前只是覆盖北京，造成大量市场空白，毕竟你不做，自然有人做。等和合谷想要布局全国的时候，进入新市场的条件与难度肯定会加大。

## 四、和合谷成功带给餐饮业界的战略思考

### （一）西式理念，嫁接中式餐饮

引入西式快餐的管理和经营理念，找到自己的市场定位、目标顾客和核心价值是所有中餐品牌成功的共同点。无论是和合谷、味千拉面、永和豆浆、大娘水饺，还是乡村基、一茶一坐、肥西老母鸡、包天下，很多本土餐饮品牌都借鉴了西式快餐的就餐环境和经营管理理念。

使用西式餐具和用品，打造西式就餐环境是中式餐饮行业发展的趋势与潮流，典型的代表如豆捞等小火锅品牌。许多餐饮企业将火锅放置于水晶吊灯、法兰西桌布、高级餐具之中，采用分餐制既方便又卫生，还充满了情调。顾客在西式的用餐氛围之中体验着中式传统火锅的美味，满意度大大提升。

### （二）差异化，特色铸造品牌

餐饮行业竞争激烈，特色产品是中外快餐品牌成功的首要条件。在高度同质化的餐饮市场中，谁的特色越鲜明，谁的竞争力就越强，因而特色经营已成为很多餐饮企业吸引顾客的差异化手段。

对于餐饮行业而言，特色可以从两个方面下手：一是特色产品，如肯德基的鸡块、麦当劳的汉堡、永和豆浆的豆浆、大娘水饺的水饺都是特色产品。二是经营特色，如俏江南的艺术特色、澳门豆捞的品位特色等。

### （三）标准化，打造核心竞争力

对快餐企业而言，核心竞争力就是标准化、流程化，且难以被复制。中式快餐品牌的成功必须有一个标准化的模式，那就是“中央厨房、冷链配送、门店加工”。和合谷中央厨房配送模式保证了产品品质和口味的一致。

因为标准化和流程化将生产、配送、销售都变成经营的各个链条，每一个链条都不是独立存在，也就是说核心竞争力碎片化。核心技能被分成若干个小链条，从事每个链条的人只掌握一小部分，因而无法完整复制整个核心能力。只有掌握整个链条的企业才能将技能碎片拼接起来，这样就保证了企业的核心竞争力。

### （四）环保理念提升品牌美誉度

随着全社会环保意识的提升，近年来，和合谷也采取了一系列环保举措，自觉开展“低能耗、低污染、低排放”的低碳经营。

在设备、设施方面，和合谷率先采用 LED 灯、太阳能、电磁灶设备等，大大节约了能源的消耗。和合谷还率先在快餐行业中使用密胺筷取代一次性木筷，平均一年少用一次性筷子近 600 万双，相当于少砍伐近 1000 棵大树。同时，碗、碟、勺等全部采用了可循环的瓷质餐具。

在餐厨垃圾处理上，和合谷也走在了行业前列。通过净菜采购，和合谷把餐厨垃圾留在了原产地，就地实现肥料化。而实行分餐制本身也减少了餐厅餐厨垃圾的产生。此外，通过委托有资质的第三方对店铺废油进行回收、集中处理，也避免了环境污染，还变废为宝，达到资源的再利用。

和合谷的这些环保措施与行为，极大提高了品牌美誉度。和合谷不仅成为京城顾客爱去的吃饭与消费场所，也深受社会与政府有关部门的认同与好评，为企业创造了极为有利的经营大环境。

## 第四节　PPG 中国策：一声叹息

一无工厂、二无分销系统、三无店铺，把邮购和网络的直销模式引进了服装行业的 PPG（全称为批批吉服装网络直销公司），却禁不住年少轻狂的激进、同行狙击式的绝杀及媒体始终怀有的质疑，在把顾客和行业赋予的光鲜感挥霍一空后折翅上海滩，徒留一声叹息！

2005 年，上海籍海归青年李亮决定复制美国蓝衫（Lands End，美国知名邮购和网络直销服装公司）的 B2C 模式创业，将公司注册为 PPG，将企业背景设计为一家美国在华投资的服装公司。

### 一、一鸣惊人

在美国从工程师、高管到普通文员，都习惯性身着牛津纺衬衫，国内也以此为时尚，因此 PPG 决定主打皇家牛津纺概念。

为了吸引中国顾客的眼球，PPG 以蓝衫邮购目录为母本，精选出画面和表现方式，然后交由摄影设计公司直接进行拷贝、复制和临摹，这样既节约了成本，又保持了原汁原味的美式风格。吸取蓝衫的经验，PPG 保留了设计、质监和直营的职能，将生产委托给长三角三家服装企业代工，同时在物流配送、质检等环节也进行外包。与顾客的对接，PPG 则以网站和给顾客邮寄广告为主。顾客通过带有产品名称的目录和图片获得产品信息，然后通过互联网或呼叫中心订货。

一无工厂、二无分销系统、三无店铺，一件相同的衬衫，PPG 要比传统模式生产的衬衫节约将近 60% 的成本。当时国内主流男装衬衣普遍的价位在 200 ~ 300 元之间，因此 PPG 采取低价入市策略，把衬衫价格定位在 99 ~ 150 元之间。由于原封不动地照搬蓝衫的视觉表现，顾客看到的是纯正的美式生活方式。像好莱坞大片一样，PPG 触动了顾客的神经。定价 99 元打破了顾客对于购买 PPG 衬衫的心理防线，2005 年 10 月 24 日营业当天就赢利 1 万多元。

网络营销模式的风起云涌混合着 PPG 的光芒，给传统服装行业模式带来了极大的冲击。

（1）跟随的实质就是借鉴、模仿。PPG 瞄准的是美国品牌蓝衫，从牛津纺概念到邮购目录资料、经典款式，甚至视觉表现都模仿。

（2）轻公司的优势。生产贴牌代工、物流外包、没有终端店面，总体算下来，一件质量相同的衬衫，PPG 要比同类品牌节约近 60% 的运营成本，价格优势凸现，质优低价性价比高。99 元定价也直接攻击了目标人群的心理防线。

（3）抓牢顾客的心智模式。PPG 售卖的不是衬衫，而是纯正的美国式生活，既区别竞争品牌，实施了差异化策略，又迎合了普通消费倾向，开局似乎非常顺利。

## 二、如虎添翼

凭借美国风格和 99 元零售价位，PPG 迅速赢得了市场。同时，2000 万美元启动资金很快被消耗完毕，为了激发旺盛的增长势头，PPG 决定引进风投并进行广告投放。2006 年 8 月，PPG 获得华盈创投和集富亚洲两家风投公司 2000 万美元注资。随之，PPG 在北京、上海的电视媒体、网络、分众传媒、框架传媒、平面媒体，包括主流报刊《南方周末》《参考消息》《读者》上投放广告。

上游供应商和物流公司等上下游合作伙伴，均被 PPG 的上升势头吸引，纷纷在结算方式上同意延期收款以表示支持。2007 年第一季度 PPG 连续超过雅戈尔创造了月销售 1.5 万件的奇迹。由于订单不断涌向代工企业，PPG 的订单量增加了 3 倍，代工厂商也达到 7 家。此时，风投纷纷看好，华盈创投、集富亚洲和凯鹏华盈决定增资 5000 万美元。随着销售纪录的不断刷新，PPG 的 B2C 模式开始被媒体和同行神化，甚至被誉为服装业的戴尔，被捧上了神灵般的位置。

（1）广告投放。电视、报纸、网络、分众传媒、框架传媒综合传播模式迅速启动了市场，PPG 的发展速度更加迅速。

（2）风险投资。未来预期良好促使风投的“赌性”发作，锦上添花与雪中送炭，风投的作用在前者。

（3）合作伙伴。代工厂、物流商、广告代理为了获得订单，丧失合作原则，风险也随之产生。

表面上的一路凯歌，其实危机已经开始出现。在 PPG 的榜样式的示范效果下，B2C 模式在服装行业迅速被使用，更多的对手迫不及待地进入这个门槛并不高的网络直销领域。

宝鸟之战。2007 年 8 月，报喜鸟新品牌宝鸟衬衫挺进男装网络直销领域，推出 777 元的“5 件衬衫和 2 件 T 恤”礼包出售；紧接着推出 169 元的衬衫和 109 元的毛料混纺 T 恤出售。表面上没有针对 PPG 的 99 元价格定位，但宝鸟实际上还是直接冲击了 PPG 99 ~ 229 元定价的产品。宝鸟在广告上也毫不手软，在国内主要的平面媒体上专门挑选与 PPG 相邻的版面打广告，以咄咄逼人的挑战者姿态现身。对此 PPG 难以应付，仅北京的市场份额便下降了 30%。

凡客之战。2007 年 10 月 18 日，凡客一出手便大张旗鼓地在国内市场做起了半版彩色广告。针对 PPG 的牛津概念，凡客差异化地推出全棉生活概念。而当时全棉概念开始逐渐流行，迎合了趋势。在价格战上，凡客直接狙击 PPG 的 99 元最低价定位，推出 68 元体验价格。全棉的定位和低于 PPG 的零售价格，导致 PPG 的顾客被直接分流。PPG 每天的订单量下降到 1000 单左右，每天卖出的衬衫量下降到 3000 多件。

面对步步紧逼的宝鸟和凡客，PPG 决定开发更多的产品系列，以改变牛津布衬衫的单一款式状态，随即也推出了迎风群岛系列、苏格兰休闲系列、海岛棉系列、高支棉系列，因为成本原因，把价格定在 200 元左右。但这并没有形成对凡客的竞争优势，销量没有达到理想的效果。

在 PPG 开发多品种之时，更多的对手加入到这场车轮战中。当当网开展了全场衬衫“满 100 返 30 元”的促销活动，有的网站则以“68元一件”“三件起仅需 29 元”的超低价战略来赢得顾客的眼球。这场大战将顾客低价捡漏的想法转化为实际行动，又有大量的顾客从 PPG 分流出去。其时，PPG 的整体销量已经开始大幅萎缩。

（1）竞争无处不在。PPG 如果是一只螳螂的话，那么蓝衫就是一只蝉，宝鸟与凡客就是两只黄雀。古语“螳螂捕蝉，黄雀在后”，确有道理。无论在产品层面还是在价格层面，竞争的实质是“差异化——同质化——差异化”的反复推进。

（2）从单品突破到系列产品策略。产品线结构的宽或窄，没有对错，只有是否合适。PPG 从单品策略到系列产品策略，不是从自身战略出发，而是迫于竞品的挑战，仓促应战。

## 三、困兽犹斗

（1）供货商纷争。因为价格战无暇顾及质量，由于长期拖欠代工厂货款导致其积极性降低，产品质量急剧下降，很多顾客反映服装有尺寸不对、甲醛味道严重、严重缩水褪色等问题。顾客的投诉，先在网络上发酵，随后向传统媒体蔓延。被拖欠款项的广告代理公司启动了法律程序，将 PPG 拖到官司门之中。长期被拖欠贷款的上游代工厂一改往日的做法，要求增大付款的力度。而此时，PPG 每个月的广告费都高达2000 万元，基本抽不出资金付款。顾客的投诉引起 PPG 对代工厂的不满，于是 PPG 决定拒绝支付应付款项。双方的对峙引起供货商的连锁反应，7 家供货商纷纷要求现款现货，因为 PPG 无法满足供货商的要求，从而导致供货商更大的抵触。频繁出现的质量问题不仅得不到解决，原来 24 小时就能完成的生产到此时一周都不能完成，这对于问题不断的 PPG 来说，无疑是雪上加霜。

对代工厂逐渐失去控制能力的PPG不得不考虑改变原有的模式。2007年2月，PPG决定筹集资金扩建一个8000平方米的厂房，希望得到风投的支持。但风投认为，PPG已经丧失了顾客的信任，并且竞争对手已经成长起来，PPG的优势不复存在，所以拒绝继续支持。于是，资金不足使PPG铺天盖地的广告戛然而止。

（2）低价救市。2007年12月，PPG开通特卖网站，对全线产品进行3~5折特价促销，其中有的款式衬衫最低价只有29元，而且买4件送1件！大量促销信息通过网站与手机传输出去，这本是一场正常的市场救急战役，却遭到媒体的质疑。媒体认为网站甩卖的全部是库存尾货产品，认为这是企业资金链出现断裂的表现，使原本对PPG产品质量就心存疑惑的顾客认为这是在最后一次处理积压产品。

为了抓住最后的机会，2008年8月，就在PPG打算最后一战的前夜，对此了如指掌的宝鸟突然抢先出手，推出“一元体验”的促销活动，直接将低价促销活动推向高潮。顾客在当日单笔购物满300元时，只要再加一元即可获得价值229元不同颜色的毛衣一件，并且可以累积。在换季促销大战中，如此大力度的促销活动吸引了大量网上顾客的关注。尽管PPG将价格降到66元左右，但是市场反响一片冷清，每天的订单甚至不足以支付电话费和员工工资。此时PPG的现金流不到1000万元，月销售规模勉强维持在200万元左右。由于代工厂、供应商、广告代理商、媒体、顾客员工影响，在这场混乱的战役中，PPG溃不成军。

（1）质量门事件。产品质量是企业的生命线，无论营销渠道模式多么先进，企业运作手法多么花哨，忽视产品质量，都是白费力气。产品质量问题不是OEM模式（贴牌代工）的错，但的确是企业溃烂的根本。

（2）价格战确是一柄双刃剑，降价的背景条件、幅度、时机及与其他营销资源的有效配套使用是保证实施价格战胜利的关键因素。

（3）从战术上看，在微观环境中，与竞品的关系就是你死我活，市场经济是不讲究人情的。所谓的双赢、共赢也是由共同的利益使然。

## 四、金蝉脱壳

不顾内部集体非议，PPG 总裁李亮将积聚起来的 2000 万元资金移至美国进行二次创业，其对未来的安排导致内部矛盾激化。因为很多供货商和广告代理商拿不到欠款，而李亮又不愿意回国给予答复，于是各种猜测再次纷纭而至。怀疑 PPG 创始人李亮携款潜逃的报道散布于各大媒体的主要版面，此时 PPG 的订单数量已经由最初的上万件迅速跌落到百件，甚至为零。整个高管团队几乎纷纷离职，使得企业分崩离析。营销团队只剩下 30 人左右，留下的管理人员的畏缩态度将事态发展推向更严重的方向，最终发展到不可收拾的地步。加上代工厂的集体恐慌，使 PPG 的订单被延期生产，而物流企业又见款发货，顾客收不到订货也就见怪不怪了。

2010 年 3 月，终究无法摆脱错综复杂的舆论压力和债务纠纷，曾经叱咤风云的 PPG 轰然坍塌。

（1）矛盾的转化。PPG 外部矛盾向内部矛盾转化。当企业处于高速发展期，一切矛盾与分歧都处于被掩盖之中。当停滞期来临或者风暴期来临，前期的矛盾与分歧会快速发酵，内外交困侵袭企业机体。

（2）企业危机公关。坦诚是最有效的态度，特别是对于企业，更是如此。

## 五、PPG 启示录

历时 5 年光景，从一鸣惊人到困兽犹斗乃至金蝉脱壳，PPG 走了一个完整的倒“V”字形曲线，冲击并变革了中国服装业运行的模式。红极一时的凡客诚品与玛萨玛索莫不是吸取了服装 B2C 革命先行者 PPG 的经验与教训。作为先行者，PPG 提前上演了一场勇敢者的游戏。

**1. 营销战略启示一：从原子到比特，也说 B2C**

从工业化到数字化进程的演变中，机会随处可见。戴尔与阿里巴巴成功的示范效应，引起其他行业先锋试图从互联网时代脱颖而出。PPG 的轻公司商业形态，颠覆了既有对传统服装业的想象空间，取得了以小搏大的里程碑式胜局。

传统企业 VS 轻公司商业形态。PPG 整个公司的运营团队有 30 多人，外加一个上百人的呼叫中心，与传统服装大鳄雅戈尔 2 万多人的庞大集团军不可同日而语。PPG 一无工厂、二无分销系统、三无店铺，产品依靠 OEM 贴牌代工，营销依托报纸、杂志、网络、DM 等载体，销售依赖一个呼叫中心完成全国订单；而雅戈尔从生产研发（占地 700 亩的纺织城与衬衫城）到完善的各级经销商渠道网络，直至分布全国的连锁专卖店、专柜（全国 1500 家门店），形成一条产业链条。

互联网时代，呼唤商品标准化似乎与个性化需求存在矛盾，但是仔细推理分析，发现也不尽然。正是消费需求的多元化，造就了互联网的英雄。正因为宅男宅女的顾客分化，产生了需求，并且这部分人群愿意足不出户实现自己的购买行为。

**2. 营销战略启示二：销售 VS 品牌**

审视一下 PPG 的品牌建设，只有一句广告宣言："Yes！PPG！"这句富有煽动性的语言明显从企业自身出发。至于 PPG 品牌对于顾客意味着什么，极其模糊。PPG 的销售可圈可点，在品牌建设上却毫无建树可言，一切行为都是为了纯粹的卖货。B2C 比之传统企业最主要的是渠道改良，并没有改变其他营销要素。阿玛尼西服是尊贵的象征、Jeep 是中年休闲个性男人的符号、美邦是不走寻常路的叛逆个性青年的选择，PPG 呢？似乎什么都不是。

业界先知一直在为是“销售为王”还是“品牌导向”争论不休，其实，销售与品牌是一枚硬币的两面，都是实现企业目标的手段。为什么 20 世纪年销售超过 80 亿元的三株会轰然倒塌？其他因素暂且不论，忽视品牌建设是三株倒台的主要原因。说白了，三株没有做到真正从卖产品到打入顾客的心智。因此，功利性的纯粹销售肯定是一条短路。当然，纯粹品牌主义也会走向另外一个极端。很多企业连最基本的销售通路建设都一塌糊涂，就火急火燎地做电视广告，就是犯了过犹不及的错误。

**3. 营销战略启示三：回归产品主义本源**

公司创始人是全公司唯一的产品经理。李亮负责购买所有的布料，向外包工厂下订单，至于开发什么产品，也是根据美国市场的一些经验，甚至根据个人的喜好审美来设定具体的产品线。

产品设计、服装行业的把握、消费潮流的洞悉都是企业的必修课，很明显，这一块是 PPG 明显的漏洞。不是做得不好，而是根本没有做。

尽管时髦的4C、4R 还有更多的营销理论充斥坊间，但是博大精深的4P 又有几个人真正看懂了？作为4P 中的本源要素——产品的重要性不言而喻。产品与 4P 其他元素——价格、渠道、促销的互动，与品牌、竞品、顾客等营销因素的关系都是大课题。

**4. 营销战略启示四：企业导向 VS 顾客导向**

顾客从来都不是市场营销的核心要素，但是忽视“顾客导向”的营销品牌都不会走远。PPG 自称“不是一家服装企业，而是一家数据处理企业”。顾客在 PPG 看来仅仅是产品的承担者与买单者。忽视顾客的感受与意见，导致品牌在顾客心智中的印象不深。顾客同样会想：我与你就是生意买卖关系，你 PPG 开张关门，跟我没什么关系！

# 【附　录】

## 快消品营销那些事儿

## 第一节　顾客购买的奥秘

### 一、认知 · 需求 · 营销

（1）认知是需求的前提与条件，需求是营销的原点。过去是，移动互联网时代更是如此。

（2）认知有三个基础来源：其一自我感知，如鸡蛋吃了不饿、水喝了不渴；其二别人告知，如辣椒辣、酱油咸、醋酸；其三信息传知，如药书上写有核桃补脑、黄振龙凉茶铺宣传防治上火要喝凉茶、电视上播报小孩喝奶时要先扭一扭再泡一泡是奥利奥饼干。

（3）要从认知上寻找需求。红牛、香飘飘、米小黄等案例都找到了问题 G 点，从认知中找到最大的需求点，然后直接开药方提供解决方案，这才叫创意。

（4）营销 VS 需求：其一就是将少数人的需求变成多数人的需求，如防上火喝凉茶从岭南一隅普及到大江南北；其二就是将弱需要转化为强需求。“早上喝一瓶，精神一上午”，营养快线将牛奶加果汁饮料直接绑定了早餐这个强而大的需求，硬生生造就了200亿元的战略大单品；同理，“经常用脑，多喝六个核桃”，养元六个核桃将植物蛋白饮料转化为益智健脑类保健饮料。由少到多、由弱到强，营销就是为需求找到性价比最高的解决方案。

（5）认知—需求—营销是用户思维的逻辑推演。遗憾的是，99%的企业还停留在工厂思维上。

## 二、定位三角

（1）大家都知道，需求、竞争、资源是构建品牌定位的三个基本要素。从知道到运用，就是业余与专家的区别。

（2）在行业初级阶段，或者叫品类发育期，大家还在用品类进行表达，所以要重点研究需求。企业要以需求为核心构筑定位，在方法上多采用抢先定位法。

（3）当行业处于充分竞争阶段，顾客已经用品类思考、用品牌表达，此是企业则将重心偏向竞争，在方法上采取关联或者对立。前者是“你好我也不错”，后者是直击行业老大的软肋。

（4）但是，资源始终是定位的前提与条件，再好的定位不进行传播也无人知道。当然，要将产品设计做到极致。定位始于产品归于品牌，才是大道。

## 三、品类化价值

（1）一个很“装”的概念，却是品牌营销的原点，表达出来就是品牌定位。

（2）近些年不看好“定位”者众，但他们运用的逻辑推理根据却属定位范畴。

（3）无论企业处于哪个阶段，无论实施单品牌还是多品牌，无论产品结构简单还是复杂，都需要为品牌找到在品类中的独特价值，并且去全力占据，这也是传播与推广的目的。

（4）案例。王老吉占据的是预防上火饮料品类，红牛占据的是能量补充饮料品类，养元六个核桃占据的是益智健脑饮料品类，椰树占据的是正宗海南椰汁品类。判断能否成就为战略大单品，其依据就是品牌能否占据品类的独特价值。逼竞品出击，实际上是在共同进行品类化教育，因为领导品牌都会最大化地享有品类价值。

（5）品类化独特价值的挖掘工具就是定位三角元素：需求决定有没有，竞争决定让不让，资源决定能不能。其实，品牌营销一点都不复杂，只是用乎之妙，存乎一心。

## 四、品牌信任状

（1）信任状属于品牌定位顶层设计的关键内容之一，从创建伊始锚定，并且不断完善。

（2）占据地域心智资源，符合常识性消费认知，利于被先天性认同。如赤水河边的白酒、北纬×度的红酒、川渝的调味料、山西的老陈醋、源于死海的矿物硫磺皂（米小黄）。

（3）权威机构站台，借力借势，如××大学出品、××研发机构监制。

（4）权威证书或秘方。如专利证书、××祖传秘方、尼尔森统计市场占有率数据、加多宝宣称为王老吉后人授权秘方。

（5）权威人物站台。如小米雷军投资的装饰公司、中国台湾名人牛尔 DIY 的护肤品。

（6）把上下游合作伙伴拉出来站台。如人民大会堂的沙发；路边卖煎饼果子介绍自己用的是金龙鱼的油、双汇的火腿肠；护肤品品牌常说自己是屈臣氏热销品等。

## 五、重度消费人群

（1）重度消费人群也叫示范性消费人群。这部分人群对大众人群产生倾向性影响，引领大众消费的方向与浪潮。他们可以是粉丝，也可以是关键意见领袖。重度消费人群，呈现在传播层面为重点示范人群。依据先聚后散的节奏，其逻辑路径是通过率先撬动部分代表性人群消费，来引领更大乃至最大的消费群体。再一次强调，溜溜梅干果不单是卖给“幂粉”的，而是要卖给更多人；养元六个核桃核桃乳不只是卖给学生的，而是要成为伴手礼甚至被更多中老年人消费；红牛功能饮料不仅是卖给开车一族的，而是更大化地作为解渴饮料被消费。

（2）重度消费人群往往与消费场景紧密相关，或者说通过消费画面彰显品牌主张。红牛能量饮料锁定的是汽车司机和加油站，加多宝凉茶锁定的是食客和川湘菜馆火锅店，养元六个核桃设定的是学生和学习情境中的教室。

（3）选择重度消费人群的根据是品牌的品类独特价值。红牛诉求“困了累了要补充能量”，加多宝诉求“麻辣饮食易上火要喝凉茶”，养元六个核桃诉求“学习费神要益智健脑”。

（4）重度消费人群结合消费场景是品牌传播策略的手段，绝不会减少或弱化目标顾客群，而是通过以点带面引爆更广泛的消费。实际上无论红牛还是王老吉，更多还是被作为解渴饮料被消费的，这才是品牌的“阳谋”。

## 六、典型消费时机

（1）品牌占据独特品类价值后，要在营销上突出典型消费时机，彰显定位。

（2）典型消费时机崇尚简单，表达上通俗易懂，必须要有画面感，才可使人产生共鸣，达到“我也想要”的参与感。

（3）高超的定位语和广告语大多会卡位典型消费时机。如白加黑感冒药的“白加黑，白天吃白片不瞌睡，晚上吃黑片睡得香”（特点、优点、利益点自然转换）；营养快线的“早上喝一瓶，精神一上午”（抛却饮料属性直切早餐市场）；益达口香糖的“餐后嚼两粒”（时机具体化，且引导扩大每次消费数量）。

（4）吴声老师的“场景营销”说甚为火热，笔者认为其提法应源消费者、成本、便利和沟通于营销典型消费时机，其实质是4C（消费者、成本、便利和沟通）理论的场景化。

## 七、包装是第一张脸

（1）包装是产品的第一张脸，也是产品最直接的广告。产品用“色彩+形态”表达让人易记易传，比如金罐加多宝、小黑瓶（护肤品）、米小黄。

（2）包装上的图案取决于顾客需求与动机。绿格子围裙暗示厨邦酱油的行业特点，脸谱明示涪陵榨菜的中国风，海景图说明椰树椰汁的真材实料源于海南。

（3）形式形态来源于顾客购买的体验认知。从饮料来说明，PET塑料装代表即饮解渴（矿泉水）、利乐装代表营养（牛奶）、三片罐代表能量（红牛维生素饮料）、小玻璃瓶代表功能（酵素）。

（4）规格容量决定消费场景与售卖终端业态。500ml水适用个人即时购买消费，1250ml是分享装（固定场合消费），单罐可乐主要终端在便利连锁店，6联包主要在大型商超销售。

（5）品牌情怀需要通过体现个性与活化品牌的直观手段来表现，经典案例如可乐昵称瓶装、江小白时尚语录、新希望牛奶城市记忆等。

综上，包装的设计不是取决于设计师的风格特长，不是取决于老板的好恶习惯，而是取决于对顾客的深刻洞察。

## 八、食材品类属性差异化

食材是相对食品而言，如肉、菜、面、蛋是食材，火腿肠、榨菜、方便面、卤蛋是食品，故食材的快消化与终端化是食品品类创新的方向。食材是半成品，需要经过最后一道工序才会与顾客的口舌相见，方才成为真正意义上的食品。故相对于预包装之后的食品，食材与顾客的黏性不强。食品是需求侧营销，而食材是供给侧营销。食品是消化型购买，而食材是采购型购买。食品营销关键词是非专业型、市场化、感性消费，而食材营销关键词是专业型、计划性、理性消费。

## 九、舌尖上的营销

（1）民以食为天，食以味为先。常见 7 种基本味道为苦、辣、酸、甜、咸、香、臭，然而现实中很少用单味，因为我们的味蕾更喜欢由基本味组合起来的复合味道。

（2）不同顾客对于味道的判断是有差异的。白酒对于好饮者是香的，对于不善饮者是苦的，对于小朋友是辣的。

（3）味道偏好有区域性特征。所谓南甜北咸、西南辣西北酸，故在顾客心智中有先入为主的味道认知。人们普遍认为调味料是四川的辣，老陈醋是山西的酸，紫菜还是福建的鲜，故企业利用或借力地域资源达到事半功倍的效果。

（4）产品品类不同，基本味也不同。苦是咖啡的基础味，香是食用油的基础味，甜是饮料的基础味，立足于主流口味才是研发的正道。

（5）味道是口味，但口感不是味觉。口味与口感是两个不同的概念，但又紧密结合。口感之于加气饮料要求爽，口感之于休闲食品要求脆，口感之于白酒要求柔。

（6）顾客对味道有怀旧情感与依赖性，这是食品饮料战略大单品让人有购买欲望的原因所在。香辣味成就了老干妈，酸香味（老坛酸菜）挽救了统一方便面，酸甜味成就了营养快线 200 亿元大单品，故食品饮料的口味对营销的重要性不言自明。

## 第二节　顾客的 5 重身份

迭代是一个来自于计算机 IT 业的词，被广泛用于商业中。

迭代是什么意思呢？

迭代是一个重复反馈过程的活动。每一次迭代的结果都会作为下一次迭代的初始值，从而不断逼近目标与结果。

### 一、快消品渠道模式的 4 次迭代

20 年前，批发市场大行其道。大家耳熟能详的义乌小商品城、山东临沂大市场、武汉汉正街、沈阳五爱市场、石家庄南三条、成都荷花池等在这个时期雨后春笋般地拔地而起。这个时期，商品几乎都是通过这些大批发市场分销到各个零售小店的。

10 年前，沃尔玛、家乐福、大润发、麦德龙等国际商超攻城略地，在中国安营扎寨。大家几乎一片直呼："狼来啦！"

5 年前，淘宝电商终于被大众认可，成为宅男宅女一族闲逛的去处。此后京东商城、当当网、乐蜂网、聚美优品、1 号店、唯品会、天猫等垂直电商进入主流生活。

从批发市场到大型商超、电商再到微商是一个商业模式的迭代式变革。

微商的出现并不是面膜等几个品类误打误撞的结果，而是存在深刻的零售业态嬗变的基因。从店商到电商，从电商到微商，也是现代电子智能科技推动的结果。

有人问:"微商还能火几年?" 笔者诚实回答"不知道"。

也有人:"微商是否会取代电商?" 笔者的答案是"绝无可能"! 第一，迭代创新下的几大零售业态长期会呈现出竞合共存的状态；第二，我们不难发现几大零售业态的迭代周期从20年到10年再到5年，变得越来越短。

## 二、顾客的5重身份

（1）旁观者。当产品与顾客还没有发生实际关系的时候，或者说在广告吸引阶段，顾客是观众、是听众、是准客户。

（2）购买者。产品通过推动或者拉动的手段，使顾客愿意支付货币进行尝试性购买，这时候顾客是买单的人、是购买者。

（3）体验者。产品被购买后产生实际的消费，这时候顾客的角色是体验者。需要特别说明的是，购物者身份与体验者身份一旦分离，便产生了礼品市场。

（4）传播者。当产品被体验之后，顾客觉得产品好，或者相反，这是口碑营销说法的源点。因此，任何商业模式包括微商，产品力都是基础与前提。

（5）投资者。当体验很好，或者传播口碑极佳，部分顾客自然会看是否可以向他人进行分享，去探寻与产品深度合作的可能，看是否也能可以从事这个生意。顾客的身份转变为投资者就是微商模式的基础，是基于顾客认知与需求的结果。

旁观者——购买者——体验者——传播者——投资者并不是一成不变的关系，当某些条件发生时，这个链条会缩短，甚至会断掉。这也是笔者一直强调的，因为不是所有人都愿意投资做淘宝，也并不是所有人都愿意投资做微商。

总结一下，从零售业态4次迭代的维度，我们找到微商模式的根本；从顾客的5重身份的维度，我们找到微商模式的源点。这两个维度最后归于一点就是，包括微商在内，任何商业模式都是社会化趋势变化带来的结果。

## 第三节 移动互联网的入口，你找到了吗

“+”在互联网的前后位置不同，意义迥异。“+互联网”就是将互联网作为一个渠道，比如原先在店面卖盒饭现在又增添了微信群这样一个销售渠道。“互联网+”就是 Uber 逻辑。Uber 自己没有一辆车，通过技术与模式双驱进行价值链重构，从而颠覆了传统出租车行业。

凡是伟大的都是稀缺的，凡是稀缺的就是你学不来的。海底捞是，Uber 更是，总之你学不会。故对于大多数传统企业，研究“+互联网”更具有现实意义，就是所谓的 O2O。

### 一、O2O：知行合一方为上策

“O”固然重要，“2”才是关键，即如何连接线上与线下（方向与方法）。O2O 的缘起在于满足消费动机的方便性（顾客的贪婪与麻烦便是商机），最直观地解决了“时间与空间”这两大要素对于购物行为的制约藩篱。“互联网+购物消费”的结合，就是形成 O2O 的过程。

无论店商还是电商（含传统 PC 电商与移动社交电商），需要解决的还是引流与成交。一切不以“拓客与锁客”为目的的行为都是无用功，风险大、效益差。上门服务（美甲与餐饮等）不是 O2O 的主流归宿，但 O2O 是产品型社群的基础构建要素。

### 二、产品型社群：羞答答的玫瑰静悄悄地开

社群营销最能体现“产品力稳定是标配，品牌情怀是核心”这一

观点。褚橙卖的是跌倒后再雄起的励志、周鸿祎卖的是就不服的挑战精神、三个爸爸空气净化器卖的是男人对妻小的关爱呵护、江小白卖的是普通人吐槽的感觉。社群的规模大小，取决于关键意见领袖的吸引力，即其人格魅力的吸粉能力。不管 O2O 也好，还是移动社交电商也罢，都是构建社群营销的基本手段，就是碗筷与吃饭的关系。

产品型社群失败的主要原因是注重社群而忽视产品，但产品才是本。产品型社群与传统营销的基础元素是相同的，不同之处在于组合的逻辑。产品型社群实质是市场型驱动的最高模式。

种子粉丝是首批尝试性购买用户、是义务传播推广大使、是草根化的意见领袖、是微商城分销模式下的分销商。当前 99% 的社群都会垮掉，这绝非危言耸听。这类社群并非败在玩法与套路，而是败在基础建设上，一是没有企业信任状，二是没有发掘品牌品类的独特价值。

### 三、微商，花开两朵独自绽放

2015 年下半年，朋友圈微商遭受断崖式下滑，以至于草木皆兵。理清本质，方可从容。微商是社交电商，分为朋友圈与微商城两种打法，既然具备社交属性，其核心还在于“人”。店商要地址，电商要搜索，微商要口碑。

朋友圈微商就是一门生意，是生意有赚就有赔。与店商到处贴转让信息和淘宝赢利率不足 5% 无异，微商也是少数人致富的生意。

微商的某些恶疾是每个正经生意人都唾弃的。至于微信刷屏频次高、杀熟、代理层级利润分配不公平等现象更不值一驳。关于刷屏，谁没有分享过杜蕾丝的创意广告？关于杀熟，谁买房、买车、买手机、买机票有熟人不去找？关于价格，买一车货与买一瓶的结算价可能相同吗？店商、电商、微商要回归产品。

微商城属于移动社交电商，在技术上以智能手机为载体，在模式上是社交电商，而并非简单地将淘宝店搬上手机。PC 电商以产品为核心，靠价格抢店商生意，靠流量 PK 竞品；微商城以用户为核心，靠分享获取生意，靠推荐重构营销。在形式上，二者差不多；在模式上，二者差得多。

微商城以虚拟商店的形式实现人与人之间的连接，将冗陈的资源进行综合利用，是低成本、微创业的一种选择形式。“实体店 + 微商城”实现“1 + N”的虚实结合连锁经营。微商城并非忽视产品，而是产品更为重要；性价比是基础要求，以差异化构筑驱动力；返佣分利的形式避免了朋友圈微商式的诟病，三级分配构成价值链闭环。

笔者认为，微店靠的是人与人的互信，下单与支付在线完成，将顾客向用户转化。顾客与品牌产生强关系，部分顾客愿意成为分销商，投资时间与人力获取利益回报。微店通过移动互联网，以微信为主但不全是这种方式，让分销商以体验者的身份进行口碑销售，以互联网为智能化与数据化为技术支持，将利润分配模块化、集成化、即时化。

## 四、“TMD”改变了我们的生活

T——今日头条，让门户网站沦为传统媒体，以读者阅读偏好为核心，智能生成个性化的页面。它知道每个人喜欢什么内容就推送什么内容，千人千面，真正做到了满足用户差异化需求。

M——美团。团购的实质是“反向定制 + 预售制”，形成规模化、优化供应链及降低生产成本。

D——滴滴，用智能工具连接供需双方，消除信息不对称以进行价值链重构，整合冗陈的社会资源并综合利用以颠覆出租车行业。

“TMD”真正以用户为核心布局商业模式，是对 BAT 平台型商业模式的侧翼战，是对传统行业与 BAT 时代纯粹“按钱分配”方式的一场彻底的革命，真正做到了以利他为初心从而达到利己的结果。

# 第四节　饮料这么卖才对

酒水饮料是一种统称。在更早以前，酒就是含酒精饮料，而水就是原味道饮料。有一种饮料叫植物蛋白饮料，那么有没有动物蛋白饮料？有，叫奶，包括牛奶、羊奶与马奶。植物蛋白饮料行业呈现出“一霸二强”的格局。“一”为做核桃乳的养元，“二”为做椰汁的椰树与做杏仁露的露露，包括一只腿已跨进界的娃哈哈、蒙牛、伊利。

近年来，卖休闲的、卖奶的、卖酒的、卖药的、卖原材料的，不甘心做经销商的杀进饮料行业跨界造梦的数不胜数。利用“抄袭包装＋杜撰概念＋兼容已有渠道”三板斧，结果是灰头灰脸者有之、鼻青脸肿者有之、血本无归者有之，端是一入饮料深似海！

## 一、顾客购买饮料的动机是什么

顾客为什么购买，这是我们研究判断市场营销的原点。

饮料消费时机第一是解渴。追本溯源，人为什么会口渴？通常有两种情况，一是盐吃多了，二是汗出多了。第二是补益。补什么？从产品层面看，补维生素、矿物质及各种微量元素不一而足；从需求层面看，补能量、补脑、补气、补肾、补血、补××加强功能等。第三是除瘴。道理解释很费劲，还是用案例示理。熬夜吃火锅上火怎么办？喝凉茶；大鱼大肉太油腻怎么办？喝苹果醋饮；还有宣传用于明目的蓝莓饮料也是这个套路。第四是休闲。人闲嘴没味，喝点东西解闷，就是喝着玩，儿童饮料的根源就在这。

综上，在顾客认知下，解渴、补益、除瘴、休闲呈现了饮料品类的4大需求点。

## 二、在什么情况下喝饮料

（1）定点性堂食。多人聚会通常会打开大规格分享包装；单人独饮（包括招待客人）会打开小规格即饮包装。

（2）流动性即饮。旅游、逛街、游园等场景，肯定消费小规格即饮类包装形式的饮料。

（3）被动性消费饮料。有老人的家庭通常送奶，有孩子的家庭就会送含乳饮料（娃哈哈与旺旺几乎垄断），给年轻的家庭送箱红牛也很常见。在这种情况下，饮料被定义为伴手礼品，因为购买者与食用者身份实现了分离。

有一点必须强调，电冰箱的普及极大地促进了饮料的计划性购买。冰箱一是保持新鲜，二是提升口感，这说明社会化大趋势给品类的发育发展带来了冲击与影响。

## 三、饮料的分类

饮料的分类通常有两种分法：一种是政策法规分法，另一种是顾客认知分法。前者是别人认为你冷，后者是你自己认为真冷。顾客判断方法直接、简单、不绕圈。

（1）瓶装 VS 听装。前者是 PET 瓶装，后者是金属罐装。瓶装就是解渴时喝的，而罐装拿到手里厚重，喝时得用右手虎口握着喝，暗示着能量、功能、神奇。前者如可口可乐、健力宝，后者如露露、红牛、养元六个核桃、旺仔都深谙此道。

（2）有味 VS 没味。其实是味道清淡还是浓烈，只有一句话供参考，即顾客对浓度的喜好与年龄呈反比。

（3）有料 VS 没料。饮料行业经常性的闹剧，在养元六个核桃命名示范下，×个苹果、×颗红枣、×枸杞、×山药等还在闹腾不停。其实有一个参照对象被忽略了，就是福建喜多多椰果王。在产品里面放几片干货，不就将价值点表现出来了吗？

严肃点说，饮料的品名、品牌、包装、视觉、规格、形态、诉求、口味、色泽等都是牵一发而动全身。

## 四、运作饮料市场的 17 条法则

（1）企业能做什么并不重要，重要的是顾客需求，且这个需求还未被竞品占据。

（2）立项伊始，就要考虑是否会被康师傅、统一、娃哈哈、农夫山泉抄后路，即是否存在规模化后被替代的风险。

（3）饮料是标准化快消品，其各个细分品类已进入充分竞争阶段，即使企业有差异化产品，也是九死一生。

（4）数量吨位决定市场地位。品牌集中度会进一步加剧，因此产品或大卖或滞销，没有第三种答案。

（5）饮料消费升级是趋势。对于 10 亿元规模以下的企业而言，其首要任务是先活下来。

（6）破局康师傅、统一不在渠道，在顾客。不要妄想在传统商业模式上出奇点子，因为你想到的，康师傅、统一、娃哈哈、农夫山泉已经都尝试过了。

（7）在“小茗同学”之后，卖萌营销几时休？

（8）品牌成熟度决定厂商博弈格局。

（9）我们研究了半天 Uber 模式，其实打不死的饮料二级代理商早就暗证了 Uber 逻辑。

（10）KA 大卖场有两大意义；一是证明品牌存在感，二是得天独厚的推广渠道。

（11）可乐、康师傅与统一在便利店里的冰柜威严地展示着其市场地位。

（12）在权重上，经营大于品牌，品牌大于营销（这句话要仔细揣摩）。

（13）营销团队是内驱力量。在规模到达1亿元之前老板要兼任前线总指挥。

（14）相对于其他快消品，饮料业务员最辛苦。能吃苦是招聘的前提条件。

（15）卖得快不快，看生产日期就知道。厂家要对在厂、在途、在店库存的产品进行常规化管理。

（16）越大的品牌，犯的错误越可笑越不可理喻。

（17）我国快消品市场有趣的原因是博大而多元，总会有奇迹发生，远看养元六个核桃，中看东鹏特饮，近看特种兵。

## 第五节　解构休闲食品的套路

相对于代餐、顶餐、辅餐用于饱腹感食品而言，有一类食品吃着好玩自娱、吃着磨牙、吃着打发无聊时间，这是笔者对休闲食品的定义。由此，休闲食品可得出两个貌似相反的延伸观点：一是随时随地吃，二是可吃可不吃。前者场景与后者行为之间的错位交叉才是休闲食品营销的G点。休闲食品的主力消费群体是谁？这是个伪问题，无解。因为，休闲食品是一个范围性行业的概念，不是一个具体品类。对于休闲食品，分类者众。笔者将之分为荤派与素派，当然还有荤素融合一派，比如鱼豆腐。这类产品好像是专门证明与艾·里斯大师的品类定位观点不是完全正确的，其市场行情不错，销量不小。

当然，从顾客食用习惯看，熟食休闲类可分为有骨头的与没骨头的。凡是带骨头的鸭脖、鸡翅、鱼尾巴等，南方市场渗透率更高一些。这里必须提一下湖南企业。他们硬是将原产于海南的槟榔做成了中国

“箭牌”，将南海的鱼仔做成了易撕小软包食品，并形成了几百亿元的产业链聚集区。当然，四川的豆干、福建的糕点、安徽的瓜子（坚果）、河南的红枣更是休闲食品的代表。

休闲食品消费的最大特征是吃着玩，表现行为就是玩着吃。与饱腹食品与解渴饮料相比，消费需求刚性不足。怎么解决这个问题？这里，我们引入一个概念叫旅游休闲食品，表明顾客具有强烈的流动特点。首先，那就是设定消费场景。比如将上学、加班、娱乐、旅行、逛街、茶话、开会等场景进行画面定格，通过强化场景引导更多人更大范围地打破时空消费。其次，用重度示范人群激活全员跟进，所选用品牌代言人小样用王珞丹、溜溜梅用杨幂就很明智。

先从方便面全行业衰退说起，不是统一、康师傅、华龙、白象方便面谁比谁更厉害，而是全行业败给社会化趋势。由于吃方便面充饥的消费时机少了，方便面企业怎么调整口味都没有用了。

在吃货的世界里，满足胃口的食品看衰，满足牙舌的食品看涨，这是休闲食品继续井喷的根本原因。能磨牙的打败能吃饱的，这是行业迭代。无论糕饼、坚果还是熟食等，其实一直都是供给侧行业发展的进步。从软面包到牛角包、从水果蛋糕到白巧克力蛋糕、从酒鬼花生到蟹黄豆、从牛肉棒到牛肉粒等，新概念食品层出不穷，而且是一个新品类集体推广，厂商共享行业红利，这在食品行业其他版块中是不多见的。

休闲食品的消费需求特征是：

（1）消费时机重于消费人群。溜溜梅的目标消费群很清晰，而鸭脖子目标消费群很宽泛，故什么情况下（时机）吃比什么人吃更重要。

（2）首次购买看包装，回头复购靠舌头，故无论如何强调产品视觉、规格、款型、诉求等都不为过。入围（顾客选择）机会都抓不住，那如何做“锤子品牌”？

（3）第一次尝试性购买消费后，口感与口味决定产品的生死。99%的新品死在“不难吃到真好吃”之间。

（4）随着顾客的健康意识提升及政策监管加强，食品安全已成为重中之重。

（5）休闲就是休闲，不要忘记初心，与方便面不一样，与饮料不一样，与啤酒不一样。像张国荣的那句歌词一样："我就是我，不一样的烟火！"

"以价格卖产品叫推销，以产品卖价格才叫营销。"金焕民教授如是说。这个说法可用于解析休闲食品价格带。零售五角的 QQ 糖和一元的辣条都是将定价策略上升为战略顶层设计，是以顾客购买成本倒逼价格体系，这才是由外而内的用户思维。

谁是五角和一元产品的重度顾客呢？不言而喻，是小学生。这些厂家瞄准的就是小学生手中可供支配的零花钱，至于后续推出的大规格包装，只不过是升级客单量的行为。经常会出现这样的购买场景：单支装一元，6 支大规格装 5 元（通常袋装）。故学校周边小卖店老板娘才是天底下最称职的数学老师。

我们知道了顾客为什么购买休闲食品，顾客愿意付出多大成本购买休闲食品，之后的问题是顾客习惯在哪儿购买。

从厂商角度看，这是渠道或终端的问题。休闲食品是非计划性随机购买产品，这就明确要求购买方便性是首要关键因素。从零售业态看，社区便利店是最不可或缺的。休闲食品传统渠道的特点是广而博、多元化、高渗透，达到无缝隙式的覆盖，以解决顾客买得到的问题。至于理清出量渠道、推广渠道、形象渠道之间的分野，要看操盘手的内家"功力"。

随着"85 后""90 后"消费群的强势崛起，电商从补充渠道变为主流渠道。赢在终端大家都爱听，败在终端大家都不爱听，对于休闲食品同理。

终端（渠道）建设只是解决顾客买得到的问题，只是市场营销大体系中的一个环节，只是构成产品动销的一个前提条件。

了解顾客需求（愿意买）、购买成本（买得起）、购买场合（买得到）之后，剩下的就是沟通问题了。解决顾客乐得买的问题，这是西方语境，将之转换为“高兴买”就行了。其他都是条件、手段，只有顾客高兴买，才是产品动销的原因。

从厂商的角度，可通过两个方式加快动销：一个叫促销，另一个叫推广。前者可理解为在销售场合发力，后者可理解为在用户心智发力。总之，厂商要穷极手段让顾客看得到、尝得到、买得到并重复买。

## 第六节　营销人，你到底为了什么

“永远的站台，不变的梦想，风雨中屹立的广州火车站，见证着打工者的艰辛和人生的沧桑。”这是灯饰照明界知名操盘手尹三生于若干年前第N次经过广州火车站时抒发的感慨。

诚如斯言，6000万营销人，背井离乡，行色匆匆，到底是为了什么？

### 一、经营自我，打造个人品牌

经营成本：青春岁月、才能、激情、与家人相聚的机会。

经营收入：金钱、名声、智慧、人生价值。

经营利润=经营收入-经营成本

近日拜读华为老总任正非先生的一篇随笔，写其因公事出国而错失了见老母亲最后一面的机会，笔者被深深震撼了，一种不可名状的酸楚直涌心头。任正非尚且这样，芸芸众生的普通营销人不都是如此吗？营销人的经营成本是不可再生的，经营收入是波动的，并且两者是不成正比的。从一定意义上讲，营销人的经营利润是负数。明知不可为而为之，是古代“士”的精神，更是6000万营销人的人生写照。社会时代的变革，把营销人推到了风口浪尖。回首已无路，我们只有脚踏实地前进、前进、再前进！

“睡得比狗晚，干得比驴多……”营销人幽默地自嘲着。每当夜晚来临的时候，营销人就徘徊在十字街头。此时万家灯火，霓虹闪烁，路上行人扶老唤幼，安享天伦之乐。因此，营销人首先得耐得住寂寞，必须有非同一般的心理承受力；然后能抵御诱惑，以防酒精麻痹你的大脑，以防麻将消磨你的斗志，不为声色折断脊梁。修身齐家治国平天下，“不扫一屋，何以扫天下？”营销人理应把宝贵的业余时间充分利用起来，做一台UPS（不间断电源），不断用知识充实自我。

读书、读事、读人，做好人生“三读”。

读书篇：营销人必备的书，有菲利普·科特勒的《市场营销》、彼得·德鲁克的《管理学》、艾·里斯与杰克·特劳特的《定位》。

读事篇：把解决每个问题都作为人生经验的一种积累，利用既有资源，把眼前的事情做好比什么都重要。

读人篇：“三人行，必有我师焉。”每个人都是一本书，是一本活的书。30%的知识+70%的人脉，决定你的生存高度，决定你的生活质量。

## 二、经营上司，决定你的职位升迁

问：“谁是你的直接客户？”

答案是“上司”。

因为你的上司决定了你的升迁或者下课。除了向企业忠诚与奉献之外，送几句箴言，共勉之。

你可能看不起你的上司，但是他既然能成为你的上司，肯定至少有一方面比你强。在上司面前，不可锋芒毕露，要讷于言而敏于行。在向上司汇报所发生问题的同时，务必将个人解决问题的建议一并提交。发现问题是水平，解决问题才是能力。在大会上，你的发言观点正确与否并不重要，重要的是是否有用。上司的权威往往比事情的对错更重要。当上司误会你时，不要急于辩解，让事实证明一切。人长有一个嘴巴，两个耳朵，证明你要多听少说。

当上司跳槽时，想起带走的第一个人就是你。朋友，恭喜你，经营上司成功！

## 三、经营客户，如同中国式结婚

花无百日红，人无千日好，适当保持与客户之间的距离是明智选择。如同中国式结婚，审美疲劳是一种必然。

在兼顾公司与客户利益的前提下，用客户喜欢的方式解决问题，达到双赢。如果你只是八面玲珑，会察言观色，客户仅仅是不讨厌你；如果你能帮客户踏踏实实做事，以专业能力去解决产生的每一个问题，那么你将赢得客户的敬重。

营销人的三个层次：

第一层次：信号员。充当公司与客户之间的纽带与传话筒。

第二层次：爆破手。在业务上充当客户的冲锋官与尖刀排。

第三层次：参谋长。成为客户经营业务的顾问与助理导演。

当你与客户发生冲突、矛盾无法调和时，上司给了你一道选择题：“你说，换客户还是换你？”

尽管你满腹委屈、尽管你壮志未酬、尽管你犹有不甘、尽管你不明所以……毫无疑问，你的职场生活将进入一段或长或短的暂停状态。

## 四、营销人，何处是归宿

二十、三十、四十，人到中年，基本上该选择归宿了。

（1）职业经理人。以《棋行天下》而著称的家电女强人董明珠也是从基层业务做起，一直做到格力电器董事长的位置。

（2）咨询界。在某一行业或某一岗位挖深钻透，转型进入咨询界，成为某一方面权威，对新进入企业提供外脑服务。出身于 TCL 的杜建国先生与出身于康师傅的魏庆先生，如今在咨询培训界扬名立万。

（3）创业。长期深入某一行业，掌握了足够多的信息资源，熟悉了游戏规则，大部分人便完成了营销人到投资人的转变，由打工者摇身变为老板。当三株因故进入低谷后，一部分三株人进行了创业，在今天医药界、保健品行业到处是他们的身影。当隆力奇由分公司直营向承包制改革时，隆力奇各区域经理转变为各地代理商，进行了身份转型。当然，因年龄原因跑不动了，被迫做老板的也为数不少。

## 五、结束语

如果爱他，让他做营销吧！这是世界上最能实现梦想的职业。如果恨他，让他做营销吧，这是世界上最锻炼人的职业！

营销无罪，事在人为！

# 附：职场金句

（1）沟通是解决一切问题的利刃，要培养主动沟通的习惯。“你不和我沟通。我就不和你沟通”是很多人的通病，这类人可放在职能岗位，不可放在管理岗位。有效沟通的前提是信息对称，即基础信息你知我也知。很多人打着“埋头做事”的旗号根本不了解事务的基本面，这就极大地降低了沟通的效率与质量。经营重在理事，管理重在治人，要打通经营与管理之间的“任督二脉”要靠沟通。一位高效的管理者一定是沟通高手。

（2）对于绝大对数人来说，战略什么也不是！任正非讲过，“战略只允许核心高管探讨，其他人谈战略，马上送到医院诊断。有病就治病，没病就开除！”作为一名营销咨询师，笔者对客户企业总经理坦言：“至于三年五年的战略，那是您重点考虑的问题。我考虑的是今年这×亿元的目标任务如何落地兑现，如何分解产品、时间、渠道、团队、客户等，并且与之配置的资源、方案、节奏。”

（3）关于决策，超越制度的决策只有老板一人能够拍板；符合制度的决策就让下属按章循事即可。作为一名居于老板之下的高级管理人，最难的恐怕就是灵活执行，或拿捏执行的灵活度，这种决策对每一个人的胆识、智慧及情商都是一轮考验。笔者给出的建议是，不要考虑“做这件事会带来什么好结果”，而是追问自己“不做这件事会带来多大的损失”。

（4）遇见问题，一般有两种反应：一是就人说事，二是就理说事。就人说事得到的结果偏主观，就理说事则直接梳理出了问题背后的逻辑。据观察，凡优秀管理者都擅长就理说事。

（5）成为一名优秀的企业营销管理者，挣钱是本分，花钱是天分。在一定意义上，花钱比挣钱更难。不该花的乱花是败家，该花的不花是无为孱弱。从一定意义上，孱弱比败家带来的损失更大！

（6）想法变语言、语言变文字历经两次深度加工，习惯写出来是一种能力自修。因此，笔者倡导凡开会必须要板书，有灵光主意必手记。

（7）只有“相由薪生”，方可相由心生。钱场，绕不过，躲不过。盯着钱只能赚小钱，事做对才能挣大钱，或者说讨钱是做事的结果。

（8）台上的说台下的理解力差，台下的笑台上的不靠谱。

（9）员工是企业第一客户。正能量会层层向外传递，负能量会加速层层向外传递。员工凝聚力量不够原因有两个：一是分财不公，二是心情不爽。

（10）对于创造性岗位来讲，技术性防范管理最愚蠢，因为被管理者会投入不低于 50% 的精力予以“反间道”。

（11）“主动性”是推动结果的引爆力，习惯惰怠的人通常运气都不怎么好。天道酬勤，人自助之。

（12）在是与非的前面，决策者的主观态度会影响结果。

（13）精进的岁月，可怕的不是脸上的皱褶，更不是口袋空空如也，而是习惯性否定，习惯性用自己的常识、经验、偏好对趋势贴上“不可能”“不一定行”“不靠谱”的否定性标签。殊不知，机会就是在不可能中寻找可能，在不一定行中寻求方法，在不靠谱中突出重围。

（14）“积极的人像太阳，走到哪里哪里亮；消极的人像月亮，初一十五不一样。”这是笔者在培训课上常说的一句话。人到中年，越觉得这是至理名言。积极的人习惯秉承万物由我，遇到问题从自身查找原因，理解、善待、容纳他人；消极的人习惯怨天尤人，千错万错就不是自己的错，为人尖酸、刻薄、愤懑。积极或消极，与眼下的境遇、财富、地位、学习无关，只是一种思维的习惯，其实两种心态为所谓的运气奠定基本条件。强者无不呈现出一类精神状态，即无论顺逆，永远微笑面对现实。笔者时常想，假如人生是一手牌，重新洗牌再打一轮，他们这类人还是赢家！

（15）有人止于亲人，有人止于朋友，有人止于工友，真正成为伙伴的极挑剔。一旦越（错）位，则会祸害无穷，就是连熟人也做不成了。将身边最重要的 25 个人整理分为贵人、伙伴与用人（工友），用与被用，是一生的课题。贵人给你的是机会，伙伴给你的是支持，下属给你的是特长。你对伙伴要的是配合，你对下属要的是专业。

（16）从人才测评的角度看，对人才的否定莫过于没人“利用”你。人一旦连被“利用”的价值也没有，这才是悲哀。真正的牛人，不是表现在别人离不开就不能过，而是离开谁都能过，不依附于任何人。

（17）不谄媚上、不打压下，做最好的自我一定会得到回报。

（18）知行分开，常见；知行合一，稀缺！

（19）要德才兼备，因才入职，不要因德离职。人与人不合作了，莫过于争利、争名、争功、争权。不争才是最大的争。

（20）英雄本色，表现为得意不忘形，更表现在失意不丧志。

（21）强沟通能力与总结能力是领导人的基本素养。大企业家都是用人高手，谙熟人性。

（22）明哲保身，短期见效，长期必使身价贬值。

（23）“疯子”靠创天下发达，“傻子”因誓死跟随被发财。

（24）升米恩与斗米仇，见证最丑陋的人性。

（25）不懂事的君子与太懂事的小人，都很难升到核心岗位。

（26）宁放手让下属做到 60 分，也不要自己做到 80 分，这是领导力的基本法则。

（27）职场江湖，该挣的钱一定要挣到，证明你专业；不该挣的钱一定不要挣，证明你有操守。专业，决定你能走多高；操守，决定你能走多远。专业，是入职的敲门砖；操守，是离职的导火线。专业，让领导看得上；操守，让领导看得起。

（28）能够及时保量发工资、报费用、给奖金/提成的企业都是好平台；能够安心全职、不傻不呆不骗不忽悠踏实干活、8 小时之内拜访客户、8 小时之外还在朋友圈发广告的员工都是好员工。雇佣双方都好好珍惜吧！

（29）相对于可口可乐、百事可乐、雀巢等欧美跨国企业，康师傅、统一、旺旺等台资企业，以华人为主，对市场洞察更接地气、营销谋略更靠谱、人才素养更全面。跨国人才的优点是习惯在系统化、标准化、场景中展开工作，重视流程，动作标准，喜欢复制，单一岗位技能强；缺点是习惯在被指挥下执行命令，意图倚仗过往经验解决新问题，循规蹈矩，创新性差，综合经营能力极弱。

（30）知人善用是衡量管理者水平的主要因素，也是管理者的任务。优秀岗位操盘手特征是：不唯上、自我驱动型、敢于冒险有担当、超强沟通力、有前瞻性洞察、抗压力强、天生有组织规划号召力、上不争功、下不争利、平级不争宠、对最终结果负责。

（31）挣钱有 4 种姿势：一是跪着；二是躺着；三是站着；四是坐着。

# 1120 本土管理实践与创新论坛

这是由100多位本土管理专家联合创立的企业管理实践学术交流组织，旨在孵化本土管理思想、促进企业管理实践、加强专家间交流与协作。

论坛每年集中力量办好两件大事：第一，“**出一本书**”，汇聚一年的思考和实践，把最原创、最前沿、最实战的内容集结成册，贡献给读者；第二，“**办一次会**”，每年11月20日本土管理专家们汇聚一堂，碰撞思想、研讨案例、交流切磋、回馈社会。

**论坛理事名单**（以年龄为序，以示传承之意）

**首届常务理事：**

彭志雄　曾　伟　施　炜　杨　涛　张学军
郭　晓　程绍珊　胡八一　王祥伍　李志华
陈立云　杨永华

**理　　事：**

卢根鑫　王铁仁　周荣辉　曾令同　陆和平　宋杼宸　张国祥
刘承元　曹子祥　宋新宇　吴越舟　吴　坚　戴欣明　仲昭川
刘春雄　刘祖轲　段继东　何　慕　秦国伟　贺兵一　张小虎
郭　剑　余晓雷　黄中强　朱玉童　沈　坤　阎立忠　张　进
丁兴良　朱仁健　薛宝峰　史贤龙　卢　强　史幼波　叶敦明
王明胤　陈　明　岑立聪　方　刚　何足奇　周　俊　杨　奕
孙行健　孙嘉晖　张东利　郭富才　叶　宁　何　屹　沈　奎
王　超　马宝琳　谭长春　夏惊鸣　张　博　李洪道　胡浪球
孙　波　唐江华　程　翔　刘红明　杨鸿贵　伯建新　高可为
李　蓓　王春强　孔祥云　贾同领　罗宏文　史立臣　李政权
余　盛　陈小龙　尚　锋　邢　雷　余伟辉　李小勇　全怀周
初勇钢　陈　锐　高继中　聂志新　黄　屹　沈　拓　徐伟泽
谭洪华　崔自三　王玉荣　蒋　军　侯军伟　黄润霖　金国华
吴　之　葛新红　周　剑　崔海鹏　柏　龑　唐道明　朱志明
曲宗恺　杜　忠　远　鸣　范月明　刘文新　赵晓萌　张　伟
韩　旭　韩友诚　熊亚柱　孙彩军　刘　雷　王庆云　李少星
俞士耀　丁　昀　黄　磊　罗晓慧　伏泓霖　梁小平　鄢圣安

## 企业案例·老板传记

| | 书名．作者 | 内容/特色 | 读者价值 |
|---|---|---|---|
| 企业案例·老板传记 | **你不知道的加多宝：原市场部高管讲述**<br>曲宗恺　牛玮娜　著 | 前加多宝高管解读加多宝 | 全景式解读，原汁原味 |
| | **借力咨询：德邦成长背后的秘密**<br>官同良　王祥伍　著 | 讲述德邦是如何借助咨询公司的力量进行自身 与发展的 | 来自德邦内部的第一线资料，真实、珍贵，令人受益匪浅 |
| | **收购后怎样有效整合：一个重工业收购整合实录（待出版）**<br>李少星　著 | 讲述企业并购后的事 | 语言轻松活泼，对并购后的企业有借鉴作用 |
| | **娃哈哈区域标杆：豫北市场营销实录**<br>罗宏文　赵晓萌　等著 | 本书从区域的角度来写娃哈哈河南分公司豫北市场是怎么进行区域市场营销，成为娃哈哈全国第一大市场、全国增量第一高市场的一些操作方法 | 参考性、指导性，一线真实资料 |
| | **六个核桃凭什么：从 0 过 100 亿**<br>张学军　著 | 首部全面揭秘养元六个核桃裂变式成长的巨著 | 学习优秀企业的成长路径，了解其背后的理论体系 |
| | **像六个核桃一样：打造畅销品的 36 个简明法则**<br>王　超　范　萍　著 | 本书分上下两篇：包括“六个核桃”的营销战略历程和 36 条畅销法则 | 知名企业的战略历程极具参考价值，36 条法则提供操作方法 |
| | **解决方案营销实战案例**<br>刘祖轲　著 | 用 10 个真案例讲明白什么是工业品的解决方案式营销，实战、实用 | 有干货、真正操作过的才能写得出来 |
| | **招招见销量的营销常识**<br>刘文新　著 | 如何让每一个营销动作都直指销量 | 适合中小企业，看了就能用 |
| | **我们的营销真案例**<br>联纵智达研究院　著 | 五芳斋粽子从区域到全国/诺贝尔瓷砖门店销量提升/利豪家具出口转内销/汤臣倍健的营销模式 | 选择的案例都很有代表性，实在、实操！ |
| | **中国营销战实录：令人拍案叫绝的营销真案例**<br>联纵智达　著 | 51 个案例，42 家企业，38 万字，18 年，累计 2000 余人次参与…… | 最真实的营销案例，全是一线记录，开阔眼界 |
| | **双剑破局：沈坤营销策划案例集**<br>沈　坤　著 | 双剑公司多年来的精选案例解析集，阐述了项目策划中每一个营销策略的诞生过程，策划角度和方法 | 一线真实案例，与众不同的策划角度令人拍案叫绝、受益匪浅 |
| | **宗：一位制造业企业家的思考**<br>杨　涛　著 | 1993 年创业，引领企业平稳发展 20 多年，分享独到的心得体会 | 难得的一本老板分享经验的书 |
| | **简单思考：AMT 咨询创始人自述**<br>孔祥云　著 | 著名咨询公司（AMT）的 CEO 创业历程中点点滴滴的经验与思考 | 每一位咨询人，每一位创业者和管理经营者，都值得一读 |
| | **边干边学做老板**<br>黄中强　著 | 创业 20 多年的老板，有经验、能写、又愿意分享，这样的书很少 | 处处共鸣，帮助中小企业老板少走弯路 |
| | **三四线城市超市如何快速成长：解密甘雨亭**<br>IBMG 国际商业管理集团　著 | 国内外标杆企业的经验 + 本土实践量化数据 + 操作步骤、方法 | 通俗易懂，行业经验丰富，宝贵的行业量化数据，关键思路和步骤 |
| | **中国首家未来超市：解密安徽乐城**<br>IBMG 国际商业管理集团　著 | 本书深入挖掘了安徽乐城超市的试验案例，为零售企业未来的发展提供了一条可借鉴之路 | 通俗易懂，行业经验丰富，宝贵的行业量化数据，关键思路和步骤 |

续表

| 互联网 + | | | |
| --- | --- | --- | --- |
| 书名. 作者 | | 内容/特色 | 读者价值 |
| 互联网 + | **互联网时代的银行转型**<br>韩友诚　著 | 以大量案例形式为读者全面展示和分析了银行的互联网金融转型应对之道 | 结合本土银行转型发展案例的书籍 |
| | **正在发生的转型升级·实践**<br>本土管理实践与创新论坛　著 | 企业在快速变革期所展现出的管理变革新成果、新方法、新案例 | 重点突出对于未来企业管理相关领域的趋势研判 |
| | **触发需求:互联网新营销样本·水产**<br>何足奇　著 | 传统产业都在苦闷中挣扎前行,本书通过鲜活的案例告诉你如何以需求链整合供应链,从而把大家熟知的传统行业打碎了重构、重做一遍 | 全是干货,值得细读学习,并且作者的理论已经经过了他亲自操刀的实践检验,效果惊人,就在书中全景展示 |
| | **移动互联新玩法:未来商业的格局和趋势**<br>史贤龙　著 | 传统商业、电商、移动互联,三个世界并存,这种新格局的玩法一定要懂 | 看清热点的本质,把握行业先机,一本书搞定移动互联网 |
| | **微商生意经:真实再现33个成功案例操作全程**<br>伏泓霖　罗晓慧　著 | 本书为33个真实案例,分享案例主人公在做微商过程中的经验教训 | 案例真实,有借鉴意义 |
| | **阿里巴巴实战运营——14招玩转诚信通**<br>聂志新　著 | 本书主要介绍阿里巴巴诚信通的十四个基本推广操作,从而帮助使用诚信通的用户及企业更好地提升业绩 | 基本操作,很多可以边学边用,简单易学 |
| | **今后这样做品牌:移动互联时代的品牌营销策略**<br>蒋　军　著 | 与移动互联紧密结合,告诉你老方法还能不能用,新方法怎么用 | 今后这样做品牌就对了 |
| | **互联网+"变"与"不变":本土管理实践与创新论坛集萃.2016**<br>本土管理实践与创新论坛　著 | 本土管理领域正在产生自己独特的理论和模式,尤其在移动互联时代,有很多新课题需要本土专家们一起研究 | 帮助读者拓宽眼界、突破思维 |
| | **创造增量市场:传统企业互联网转型之道**<br>刘红明　著 | 传统企业需要用互联网思维去创造增量,而不是用电子商务去转移传统业务的存量 | 教你怎么在"互联网+"的海洋中创造实实在在的增量 |
| | **重生战略:移动互联网和大数据时代的转型法则**<br>沈　拓　著 | 在移动互联网和大数据时代,传统企业转型如同生命体打算与再造,称之为"重生战略" | 帮助企业认清移动互联网环境下的变化和应对之道 |
| | **画出公司的互联网进化路线图:用互联网思维重塑产品、客户和价值**<br>李　蓓　著 | 18个问题帮助企业一步步梳理出互联网转型思路 | 思路清晰、案例丰富,非常有启发性 |
| | **7个转变,让公司3年胜出**<br>李　蓓　著 | 消费者主权时代,企业该怎么办 | 这就是互联网思维,老板有能这样想,肯定倒不了 |
| | **跳出同质思维,从跟随到领先**<br>郭　剑　著 | 66个精彩案例剖析,帮助老板突破行业长期思维惯性 | 做企业竟然有这么多玩法,开眼界 |

续表

<table>
<tr><th colspan="4">行业类：零售、白酒、食品/快消品、农业、医药、建材家居等</th></tr>
<tr><th colspan="2">书名．作者</th><th>内容/特色</th><th>读者价值</th></tr>
<tr><td rowspan="9">零售·超市·餐饮·服装</td><td>1. 总部有多强大，门店就能走多远<br>2. 超市卖场定价策略与品类管理<br>3. 连锁零售企业招聘与培训破解之道<br>4. 中国首家未来超市：解密安徽乐城<br>5. 三四线城市超市如何快速成长：解密甘雨亭<br>IBMG 国际商业管理集团　著</td><td>国内外标杆企业的经验 + 本土实践量化数据 + 操作步骤、方法</td><td>通俗易懂，行业经验丰富，宝贵的行业量化数据，关键思路和步骤</td></tr>
<tr><td>涨价也能卖到翻<br>村松达夫　【日】</td><td>提升客单价的 15 种实用、有效的方法</td><td>日本企业在这方面非常值得学习和借鉴</td></tr>
<tr><td>移动互联下的超市升级<br>联商网专栏频道　著</td><td>深度解析超市转型升级重点</td><td>帮助零售企业把握全局、看清方向</td></tr>
<tr><td>手把手教你做专业督导：专卖店、连锁店<br>熊亚柱　著</td><td>从督导的职能、作用，在工作中需要的专业技能、方法，都提供了详细的解读和训练办法，同时附有大量的表单工具</td><td>无论是店铺需要统一培训，还是个人想成为优秀的督导，有这一本就够了</td></tr>
<tr><td>百货零售全渠道营销策略<br>陈继展　著</td><td>没有照本宣科、说教式的絮叨，只有笔者对行业的认知与理解，庖丁解牛式的逐项解析、展开</td><td>通俗易懂，花极少的时间快速掌握该领域的知识及趋势</td></tr>
<tr><td>零售：把客流变成购买力<br>丁　昀　著</td><td>如何通过不断升级产品和体验式服务来经营客流</td><td>如何进行体验营销，国外的好经营，这方面有启发</td></tr>
<tr><td>餐饮企业经营策略第一书<br>吴　坚　著</td><td>分别从产品、顾客、市场、盈利模式等几个方面，对现阶段餐饮企业的发展提出策略和思路</td><td>第一本专业的、高端的餐饮企业经营指导书</td></tr>
<tr><td>电影院的下一个黄金十年：开发·差异化·案例<br>李保煜　著</td><td>对目前电影院市场存大的问题及如何解决进行了探讨与解读</td><td>多角度了解电影院运营方式及代表性案例</td></tr>
<tr><td>赚不赚钱靠店长：从懂管理到会经营<br>孙彩军　著</td><td>通过生动的案例来进行剖析，注重门店管理细节方面的能力提升</td><td>帮助终端门店店长在管理门店的过程中实现经营思路的拓展与突破</td></tr>
<tr><td rowspan="2">耐消品</td><td>汽车配件这样卖：汽车后市场销售秘诀 100 条<br>俞士耀　著</td><td>汽配销售业务员必读，手把手教授最实用的方法，轻松得来好业绩</td><td>快速上岗，专业实效，业绩无忧</td></tr>
<tr><td>跟行业老手学经销商开发与管理：家电、耐消品、建材家居<br>黄润霖　著</td><td>全部来源于经销商管理的一线问题，作者用丰富的经验将每一个问题落实到最便捷快速的操作方法上去</td><td>书中每一个问题都是普通营销人亲口提出的，这些问题你也会遇到，作者进行的解答则精彩实用</td></tr>
<tr><td rowspan="2">白酒</td><td>白酒到底如何卖<br>赵海永　著</td><td>以市场实战为主，多层次、全方位、多角度地阐释了白酒一线市场操作的最新模式和方法，接地气</td><td>实操性强，37 个方法、6 大案例帮你成功卖酒</td></tr>
<tr><td>变局下的白酒企业重构<br>杨永华　著</td><td>帮助白酒企业从产业视角看清趋势，找准位置，实现弯道超车的书</td><td>行业内企业要减少 90%，自己在什么位置，怎么做，都清楚了</td></tr>
</table>

续表

| | | | |
|---|---|---|---|
| 白酒 | **1. 白酒营销的第一本书(升级版)**<br>**2. 白酒经销商的第一本书**<br>唐江华　著 | 华泽集团湖南开口笑公司品牌部长，擅长酒类新品推广、新市场拓展 | 扎根一线，实战 |
| | **区域型白酒企业营销必胜法则**<br>朱志明　著 | 为区域型白酒企业提供35条必胜法则，在竞争中赢销的葵花宝典 | 丰富的一线经验和深厚积累，实操实用 |
| | **10步成功运作白酒区域市场**<br>朱志明　著 | 白酒区域操盘者必备，掌握区域市场运作的战略、战术、兵法 | 在区域市场的攻伐防守中运筹帷幄，立于不败之地 |
| | **酒业转型大时代：微酒精选2014－2015**<br>微酒　主编 | 本书分为五个部分：当年大事件、那些酒业营销工具、微酒独立策划、业内大调查和十大经典案例 | 了解行业新动态、新观点，学习营销方法 |
| 快消品·食品 | **5小时读懂快消品营销：中国快消品案例观察**<br>陈海超　著 | 多年营销经验的一线老手把案例掰开了、揉碎了，从中得出的各种手段和方法给读者以帮助和启发 | 营销那些事儿的个中秘辛，求人还不一定告诉你，这本书里就有 |
| | **快消品招商的第一本书：从入门到精通**<br>刘　雷　著 | 深入浅出，不说废话，有工具方法，通俗易懂 | 让零基础的招商新人快速学习书中最实用的招商技能，成长为骨干人才 |
| | **乳业营销第一书**<br>侯军伟　著 | 对区域乳品企业生存发展关键性问题的梳理 | 唯一的区域乳业营销书，区域乳品企业一定要看 |
| | **食用油营销第一书**<br>余　盛　著 | 10多年油脂企业工作经验，从行业到具体实操 | 食用油行业第一书，当之无愧 |
| | **中国茶叶营销第一书**<br>柏　龑　著 | 如何跳出茶行业“大文化小产业”的困境，作者给出了自己的观察和思考 | 不是传统做茶的思路，而是现在商业做茶的思路 |
| | **调味品营销第一书**<br>陈小龙　著 | 国内唯一一本调味品营销的书 | 唯一的调味品营销的书，调味品的从业者一定要看 |
| | **快消品营销人的第一本书：从入门到精通**<br>刘　雷　伯建新　著 | 快消行业必读书，从入门到专业 | 深入细致，易学易懂 |
| | **变局下的快消品营销实战策略**<br>杨永华　著 | 通胀了，成本增加，如何从被动应战变成主动的“系统战” | 作者对快消品行业非常熟悉、非常实战 |
| | **快消品经销商如何快速做大**<br>杨永华　著 | 本书完全从实战的角度，评述现象，解析误区，揭示原理，传授方法 | 为转型期的经销商提供了解决思路，指出了发展方向 |
| | **一位销售经理的工作心得**<br>蒋　军　著 | 一线营销管理人员想提升业绩却无从下手时，可以看看这本书 | 一线的真实感悟 |
| | **快消品营销：一位销售经理的工作心得2**<br>蒋　军　著 | 快消品、食品饮料营销的经验之谈，重点图书 | 来源与实战的精华总结 |
| | **快消品营销与渠道管理**<br>谭长春　著 | 将快消品标杆企业渠道管理的经验和方法分享出来 | 可口可乐、华润的一些具体的渠道管理经验，实战 |
| | **成为优秀的快消品区域经理(升级版)**<br>伯建新　著 | 用“怎么办”分析区域经理的工作关键点，增加30%全新内容，更贴近环境变化 | 可以作为区域经理的“速成催化器” |
| | **销售轨迹：一位快消品营销总监的拼搏之路**<br>秦国伟　著 | 本书讲述了一个普通销售员打拼成为跨国企业营销总监的真实奋斗历程 | 激励人心，给广大销售员以力量和鼓舞 |

续表

| | | | |
|---|---|---|---|
| 快消品·食品 | **快消老手都在这样做：区域经理操盘锦囊**<br>方刚　著 | 非常接地气，全是多年沉淀下来的干货，丰富的一线经验和实操方法不可多得 | 在市场摸爬滚打的"老油条"，那些独家绝招妙招一般你问都是问不来的 |
| | **动销四维：全程辅导与新品上市**<br>高继中　著 | 从产品、渠道、促销和新品上市详细讲解提高动销的具体方法，总结作者18年的快消品行业经验，方法实操 | 内容全面系统，方法实操 |
| 农业 | **新农资如何换道超车**<br>刘祖轲　等著 | 从农业产业化、互联网转型、行业营销与经营突破四个方面阐述如何让农资企业占领先机、提前布局 | 南方略专家告诉你如何应对资源浪费、生产效率低下、产能严重过剩、价格与价值严重扭曲等 |
| | **中国牧场管理实战：畜牧业、乳业必读**<br>黄剑黎　著 | 本书不仅提供了来自一线的实际经验，还收入了丰富的工具文档与表单 | 填补空白的行业必读作品 |
| | **中小农业企业品牌战法**<br>韩　旭　著 | 将中小农业企业品牌建设的方法，从理论讲到实践，具有指导性 | 全面把握品牌规划，传播推广，落地执行的具体措施 |
| | **农资营销实战全指导**<br>张　博　著 | 农资如何向"深度营销"转型，从理论到实践进行系统剖析，经验资深 | 朴实、使用！不可多得的农资营销实战指导 |
| | **农产品营销第一书**<br>胡浪球　著 | 从农业企业战略到市场开拓、营销、品牌、模式等 | 来源于实践中的思考，有启发 |
| | **变局下的农牧企业9大成长策略**<br>彭志雄　著 | 食品安全、纵向延伸、横向联合、品牌建设…… | 唯一的农牧企业经营实操的书，农牧企业一定要看 |
| 医药 | **在中国，医药营销这样做：时代方略精选文集**<br>段继东　主编 | 专注于医药营销咨询15年，将医药营销方法的精华文章合编，深入全面 | 可谓医药营销领域的顶尖著作，医药界读者的必读书 |
| | **医药新营销：制药企业、医药商业企业营销模式转型**<br>史立臣　著 | 医药生产企业和商业企业在新环境下如何做营销？老方法还有没有用？如何寻找新方法？新方法怎么用？本书给你答案 | 内容非常现实接地气，踏实谈问题说方法 |
| | **医药企业转型升级战略**<br>史立臣　著 | 药企转型升级有5大途径，并给出落地步骤及风险控制方法 | 实操性强，有作者个人经验总结及分析 |
| | **新医改下的医药营销与团队管理**<br>史立臣　著 | 探讨新医改对医药行业的系列影响和医药团队管理 | 帮助理清思路，有一个框架 |
| | **医药营销与处方药学术推广**<br>马宝琳　著 | 如何用医学策划把"平民产品"变成"明星产品" | 有真货、讲真话的作者，堪称处方药营销的经典！ |
| | **新医改了，药店就要这样开**<br>尚　锋　著 | 药店经营、管理、营销全攻略 | 有很强的实战性和可操作性 |
| | **电商来了，实体药店如何突围**<br>尚　锋　著 | 电商崛起，药店该如何突围？本书从促销、会员服务、专业性、客单价等多重角度给出了指导方向 | 实战攻略，拿来就能用 |
| | **OTC医药代表药店销售36计**<br>鄢圣安　著 | 以《三十六计》为线，写OTC医药代表向药店销售的一些技巧与策略 | 案例丰富，生动真实，实操性强 |

续表

| | | | |
|---|---|---|---|
| 医药 | **OTC 医药代表药店开发与维护**<br>鄢圣安　著 | 要做到一名专业的医药代表,需要做什么、准备什么、知识储备、操作技巧等 | 医药代表药店拜访的指导手册,手把手教你快速上手 |
| | **引爆药店成交率 1:店员导购实战**<br>范月明　著 | 一本书解决药店导购所有难题 | 情景化、真实化、实战化 |
| | **引爆药店成交率 2:经营落地实战**<br>范月明　著 | 最接地气的经营方法全指导 | 揭示了药店经营的几类关键问题 |
| | **引爆药店成交率:专业化销售解决方案(待出版)**<br>范月明　著 | 药品搭配分析与关联销售 | 为药店人专业化助力 |
| 建材家居 | **建材家居营销:除了促销还能做什么**<br>孙嘉晖　著 | 一线老手的深度思考,告诉你在建材家居营销模式基本停滞的今天,除了促销,营销还能怎么做 | 给你的想法一场革命 |
| | **建材家居营销实务**<br>程绍珊　杨鸿贵　主编 | 价值营销运用到建材家居,每一步都让客户增值 | 有自己的系统、实战 |
| | **建材家居门店销量提升**<br>贾同领　著 | 店面选址、广告投放、推广助销、空间布局、生动展示、店面运营等 | 门店销量提升是一个系统工程,非常系统、实战 |
| | **10 步成为最棒的建材家居门店店长**<br>徐伟泽　著 | 实际方法易学易用,让员工能够迅速成长,成为独当一面的好店长 | 只要坚持这样干,一定能成为好店长 |
| | **手把手帮建材家居导购业绩倍增:成为顶尖的门店店员**<br>熊亚柱　著 | 生动的表现形式,让普通人也能成为优秀的导购员,让门店业绩长红 | 读着有趣,用着简单,一本在手、业绩无忧 |
| | **建材家居经销商实战 42 章经**<br>王庆云　著 | 告诉经销商:老板怎么当、团队怎么带、生意怎么做 | 忠言逆耳,看着不舒服就对了,实战总结,用一招半式就值了 |
| 工业品 | **销售是门专业活:B2B、工业品**<br>陆和平　著 | 销售流程就应该跟着客户的采购流程和关注点的变化向前推进,将一个完整的销售过程分成十个阶段,提供具体方法 | 销售不是请客吃饭拉关系,是个专业的活计!方法在手,走遍天下不愁 |
| | **解决方案营销实战案例**<br>刘祖轲　著 | 用 10 个真案例讲明白什么是工业品的解决方案式营销,实战、实用 | 有干货、真正操作过的才能写得出来 |
| | **变局下的工业品企业 7 大机遇**<br>叶敦明　著 | 产业链条的整合机会、盈利模式的复制机会、营销红利的机会、工业服务商转型机会…… | 工业品企业还可以这样做,思维大突破 |
| | **工业品市场部实战全指导**<br>杜　忠　著 | 工业品市场部经理工作内容全指导 | 系统、全面、有理论、有方法,帮助工业品市场部经理更快提升专业能力 |
| | **工业品营销管理实务**<br>李洪道　著 | 中国特色工业品营销体系的全面深化、工业品营销管理体系优化升级 | 工具更实战,案例更鲜活,内容更深化 |
| | **工业品企业如何做品牌**<br>张东利　著 | 为工业品企业提供最全面的品牌建设思路 | 有策略、有方法、有思路、有工具 |
| | **丁兴良讲工业 4.0**<br>丁兴良　著 | 没有枯燥的理论和说教,用朴实直白的语言告诉你工业 4.0 的全貌 | 工业 4.0 是什么?本书告诉你答案 |

续表

| | | | |
|---|---|---|---|
| 工业品 | **资深大客户经理：策略准，执行狠**<br>叶敦明　著 | 从业务开发、发起攻势、关系培育、职业成长四个方面，详述了大客户营销的精髓 | 满满的全是干货 |
| | **一切为了订单：订单驱动下的工业品营销实战**<br>唐道明　著 | 其实，所有的企业都在围绕着两个字在开展全部的经营和管理工作，那就是“订单” | 开发订单、满足订单、扩大订单。本书全是实操方法，字字珠玑、句句干货，教你获得营销的胜利 |
| 金融 | **交易心理分析**<br>(美)马克·道格拉斯　著<br>刘真如　译 | 作者一语道破赢家的思考方式，并提供了具体的训练方法 | 不愧是投资心理的第一书，绝对经典 |
| | **精品银行管理之道**<br>崔海鹏　何　屹　主编 | 中小银行转型的实战经验总结 | 中小银行的教材很多，实战类的书很少，可以看看 |
| | **支付战争**<br>Eric M. Jackson　著<br>徐　彬　王　晓　译 | PayPal 创业期营销官，亲身讲述 PayPal 从诞生到壮大到成功出售的整个历史 | 激烈、有趣的内幕商战故事！了解美国支付市场的风云巨变 |
| | **互联网时代的银行转型**<br>韩友诚　著 | 以大量案例形式为读者全面展示和分析了银行的互联网金融转型应对之道 | 结合本土银行转型发展案例的书籍 |
| 房地产 | **产业园区/产业地产规划、招商、运营实战**<br>阎立忠　著 | 目前中国第一本系统解读产业园区和产业地产建设运营的实战宝典 | 从认知、策划、招商到运营全面了解地产策划 |
| | **人文商业地产策划**<br>戴欣明　著 | 城市与商业地产战略定位的关键是不可复制性，要发现独一无二的“味道” | 突破千城一面的策划困局 |
| | **电影院的下一个黄金十年：开发·差异化·案例**<br>李保煜　著 | 对目前电影院市场存大的问题及如何解决进行了探讨与解读 | 多角度了解电影院运营方式及代表性案例 |

## 经营类：企业如何赚钱，如何抓机会，如何突破，如何“开源”

| | 书名．作者 | 内容/特色 | 读者价值 |
|---|---|---|---|
| 抓方向 | **让经营回归简单．升级版**<br>宋新宇　著 | 化繁为简抓住经营本质：战略、客户、产品、员工、成长 | 经典，做企业就这几个关键点！ |
| | **混沌与秩序Ⅰ：变革时代企业领先之道**<br>**混沌与秩序Ⅱ：变革时代管理新思维**<br>彭剑锋　尚艳玲　主编 | 汇集华夏基石专家团队 10 年来研究成果，集中选择了其中的精华文章编纂成册 | 作者都是既有深厚理论积淀又有实践经验的重磅专家，为中国企业和企业家的未来提出了高屋建瓴的观点 |
| | **活系统：跟任正非学当老板**<br>孙行健　尹　贤　著 | 以任正非的独到视角，教企业老板如何经营公司 | 看透公司经营本质，激活企业活力 |
| | **公司由小到大要过哪些坎**<br>卢　强　著 | 老板手里的一张“企业成长路线图” | 现在我在哪儿，未来还要走哪些路，都清楚了 |
| | **企业二次创业成功路线图**<br>夏惊鸣　著 | 企业曾经抓住机会成功了，但下一步该怎么办？ | 企业怎样获得第二次成功，心里有个大框架了 |
| | **老板经理人双赢之道**<br>陈　明　著 | 经理人怎养选平台、怎么开局，老板怎样选/育/用/留 | 老板生闷气，经理人牢骚大，这次知道该怎么办了 |
| | **简单思考：AMT 咨询创始人自述**<br>孔祥云　著 | 著名咨询公司（AMT）的 CEO 创业历程中点点滴滴的经验与思考 | 每一位咨询人，每一位创业者和管理经营者，都值得一读 |
| | **企业文化的逻辑**<br>王祥伍　黄健江　著 | 为什么企业绩效如此不同，解开绩效背后的文化密码 | 少有的深刻，有品质，读起来很流畅 |
| | **使命驱动企业成长**<br>高可为　著 | 钱能让一个人今天努力，使命能让一群人长期努力 | 对于想做事业的人，‘使命’是绕不过去的 |

续表

| | | | |
|---|---|---|---|
| 思维突破 | **移动互联新玩法：未来商业的格局和趋势**<br>史贤龙　著 | 传统商业、电商、移动互联，三个世界并存，这种新格局的玩法一定要懂 | 看清热点的本质，把握行业先机，一本书搞定移动互联网 |
| | **画出公司的互联网进化路线图：用互联网思维重塑产品、客户和价值**<br>李　蓓　著 | 18个问题帮助企业一步步梳理出互联网转型思路 | 思路清晰、案例丰富，非常有启发性 |
| | **重生战略：移动互联网和大数据时代的转型法则**<br>沈　拓　著 | 在移动互联网和大数据时代，传统企业转型如同生命体打算与再造，称之为"重生战略" | 帮助企业认清移动互联网环境下的变化和应对之道 |
| | **创造增量市场：传统企业互联网转型之道**<br>刘红明　著 | 传统企业需要用互联网思维去创造增量，而不是用电子商务去转移传统业务的存量 | 教你怎么在"互联网＋"的海洋中创造实实在在的增量 |
| | **7个转变，让公司3年胜出**<br>李　蓓　著 | 消费者主权时代，企业该怎么办 | 这就是互联网思维，老板有能这样想，肯定倒不了 |
| | **跳出同质思维，从跟随到领先**<br>郭　剑　著 | 66个精彩案例剖析，帮助老板突破行业长期思维惯性 | 做企业竟然有这么多玩法，开眼界 |
| | **麻烦就是需求　难题就是商机**<br>卢根鑫　著 | 如何借助客户的眼睛发现商机 | 什么是真商机，怎么判断、怎么抓，有借鉴 |
| | **互联网＋"变"与"不变"：本土管理实践与创新论坛集萃·2016**<br>本土管理实践与创新论坛　著 | 加速本土管理思想的孕育诞生，促进本土管理创新成果更好地服务企业、贡献社会 | 各个作者本年度最新思想，帮助读者拓宽眼界、突破思维 |
| 财务 | **写给企业家的公司与家庭财务规划——从创业成功到富足退休**<br>周荣辉　著 | 本书以企业的发展周期为主线，写各阶段企业与企业主家庭的财务规划 | 为读者处理人生各阶段企业与家庭的财务问题提供建议及方法，让家庭成员真正享受财富带来的益处 |
| | **互联网时代的成本观**<br>程　翔　著 | 本书结合互联网时代提出了成本的多维观，揭示了多维组合成本的互联网精神和大数据特征，论述了其产生背景、实现思路和应用价值 | 在传统成本观下为盈利的业务，在新环境下也许就成为亏损业务。帮助管理者从新的角度来看待成本，进一步做好精益管理 |

## 管理类：效率如何提升，如何实现经营目标，如何"节流"

| | 书名．作者 | 内容/特色 | 读者价值 |
|---|---|---|---|
| 通用管理 | **1. 让管理回归简单．升级版**<br>**2. 让经营回归简单．升级版**<br>**3. 让用人回归简单**<br>宋新宇　著 | 宋博士的"简单"三部曲，影响20万读者，非常经典 | 被读者热情地称作"中小企业的管理圣经" |
| | **管理：以规则驾驭人性**<br>王春强　著 | 详细解读企业规则的制定方法 | 从人与人博弈角度提升管理的有效性 |
| | **员工心理学超级漫画版**<br>邢　雷　著 | 以漫画的形式深度剖析员工心理 | 帮助管理者更了解员工，从而更轻松地管理员工 |

续表

| | | | |
|---|---|---|---|
| 通用管理 | **分股合心：股权激励这样做**<br>段磊　周剑　著 | 通过丰富的案例，详细介绍了股权激励的知识和实行方法 | 内容丰富全面、易读易懂，了解股权激励，有这一本就够了 |
| | **边干边学做老板**<br>黄中强　著 | 创业20多年的老板，有经验、能写、又愿意分享，这样的书很少 | 处处共鸣，帮助中小企业老板少走弯路 |
| | **中国式阿米巴落地实践之从交付到交易**<br>胡八一　著 | 本书主要讲述阿米巴经营会计，"从交付到交易"，这是成功实施了阿米巴的标志 | 阿米巴经营会计的工作是有逻辑关联的，一本书就能搞定 |
| | **中国式阿米巴落地实践之激活组织**<br>胡八一　著 | 重点讲解如何科学划分阿米巴单元，阐述划分的实操要领、思路、方法、技术与工具 | 最大限度减少"推行风险"和"摸索成本"，利于公司成功搭建适合自身的个性化阿米巴经营体系 |
| | **集团化企业阿米巴实战案例**<br>初勇钢　著 | 一家集团化企业阿米巴实施案例 | 指导集团化企业系统实施阿米巴 |
| | **阿米巴经营的中国模式**<br>李志华　著 | 让员工从"要我干"到"我要干"，价值量化出来 | 阿米巴在企业如何落地，明白思路了 |
| | **欧博心法：好管理靠修行**<br>曾　伟　著 | 用佛家的智慧，深刻剖析管理问题，见解独到 | 如果真的有'中国式管理'，曾老师是其中标志性人物 |
| 流程管理 | **1. 用流程解放管理者**<br>**2. 用流程解放管理者2**<br>张国祥　著 | 中小企业阅读的流程管理、企业规范化的书 | 通俗易懂，理论和实践的结合恰到好处 |
| | **跟我们学建流程体系**<br>陈立云　著 | 畅销书《跟我们学做流程管理》系列，更实操，更细致，更深入 | 更多地分享实践，分享感悟，从实践总结出来的方法论 |
| 质量管理 | IATF16949质量管理体系详解与案例文件汇编：TS16949转版IATF16949：2016<br>谭洪华　著 | 针对IATF的新标准做了详细的解说，同时指出了一些推行中容易犯的错误，提供了大量的表单、案例 | 案例、表单丰富，拿来就用 |
| | **五大质量工具详解及运用案例：APQP/FMEA/PPAP/MSA/SPC**<br>谭洪华　著 | 对制造业必备的五大质量工具中每个文件的制作要求、注意事项、制作流程、成功案例等进行了解读 | 通俗易懂、简便易行，能真正实现学以致用 |
| | **1. ISO9001：2015新版质量管理体系详解与案例文件汇编**<br>**2. ISO14001：2015新版环境管理体系详解与案例文件汇编**<br>谭洪华　著 | 紧密围绕2015新版，逐条详细解读，工具也可以直接套用，易学易上手 | 企业认证、内审必备 |
| 战略落地 | **重生——中国企业的战略转型**<br>施　炜　著 | 从前瞻和适用的角度，对中国企业战略转型的方向、路径及策略性举措提出了一些概要性的建议和意见 | 对企业有战略指导意义 |
| | **公司大了怎么管：从靠英雄到靠组织**<br>AMT 金国华　著 | 第一次详尽阐释中国快速成长型企业的特点、问题及解决之道 | 帮助快速成长型企业领导及管理团队理清思路，突破瓶颈 |
| | **低效会议怎么改：每年节省一半会议成本的秘密**<br>AMT 王玉荣　著 | 教你如何系统规划公司的各级会议，一本工具书 | 教会你科学管理会议的办法 |
| | **年初订计划，年尾有结果：战略落地七步成诗**<br>AMT 郭晓　著 | 7个步骤教会你怎么让公司制定的战略转变为行动 | 系统规划，有效指导计划实现 |

续表

| | | | |
|---|---|---|---|
| 人力资源 | **HRBP 是这样炼成的之“菜鸟起飞”**<br>新　海　著 | 以小说的形式，具体解析 HRBP 的职责，应该如何操作，如何为业务服务 | 实践者的经验分享，内容实务具体，形式有趣 |
| | HRBP 是这样炼成的之中级修炼<br>新　海　著 | 本书以案例故事的方式，介绍了 HRBP 在实际工作中碰到的问题和挑战 | 书中的 HR 解决方案讲究因时因地制宜、简单有效的原则，重在启发读者思路，可供各类企业 HRBP 借鉴 |
| | **回归本源看绩效**<br>孙　波　著 | 让绩效回顾“改进工具”的本源，真正为企业所用 | 确实是来源于实践的思考，有共鸣 |
| | **世界 500 强资深培训经理人教你做培训管理**<br>陈　锐　著 | 从 7 大角度具体细致地讲解了培训管理的核心内容 | 专业、实用、接地气 |
| | **曹子祥教你做激励性薪酬设计**<br>曹子祥　著 | 以激励性为指导，系统性地介绍了薪酬体系及关键岗位的薪酬设计模式 | 深入浅出，一本书学会薪酬设计 |
| | **曹子祥教你做绩效管理**<br>曹子祥　著 | 复杂的理论通俗化，专业的知识简单化，企业绩效管理共性问题的解决方案 | 轻松掌握绩效管理 |
| | **把招聘做到极致**<br>远　鸣　著 | 作为世界 500 强高级招聘经理，作者数十年招聘经验的总结分享 | 带来职场思考境界的提升和具体招聘方法的学习 |
| | **人才评价中心．超级漫画版**<br>邢　雷　著 | 专业的主题，漫画的形式，只此一本 | 没想到一本专业的书，能写成这效果 |
| | **走出薪酬管理误区**<br>全怀周　著 | 剖析薪酬管理的 8 大误区，真正发挥好枢纽作用 | 值得企业深读的实用教案 |
| | **集团化人力资源管理实践**<br>李小勇　著 | 对搭建集团化的企业很有帮助，务实，实用 | 最大的亮点不是理论，而是结合实际的深入剖析 |
| | **我的人力资源咨询笔记**<br>张　伟　著 | 管理咨询师的视角，思考企业的 HR 管理 | 通过咨询师的眼睛对比很多企业，有启发 |
| | **本土化人力资源管理 8 大思维**<br>周　剑　著 | 成熟 HR 理论，在本土中小企业实践中的探索和思考 | 对企业的现实困境有真切体会，有启发 |
| 企业文化 | **36 个拿来就用的企业文化建设工具**<br>海融心胜　主编 | 数十个工具，为了方便拿来就用，每一个工具都严格按照工具属性、操作方法、案例解读划分，实用、好用 | 企业文化工作者的案头必备书，方法都在里面，简单易操作 |
| | **华夏基石方法：企业文化落地本土实践**<br>王祥伍　谭俊峰　著 | 十年积累、原创方法、一线资料，和盘托出 | 在文化落地方面真正有洞察，有实操价值的书 |
| | **企业文化的逻辑**<br>王祥伍　著 | 为什么企业之间如此不同，解开绩效背后的文化密码 | 少有的深刻，有品质，读起来很流畅 |
| | **企业文化激活沟通**<br>宋杼宸　安　琪　著 | 透过新任 HR 总经理的眼睛，揭示出沟通与企业文化的关系 | 有实际指导作用的文化落地读本 |
| | **在组织中绽放自我：从专业化到职业化**<br>朱仁健　王祥伍　著 | 个人如何融入组织，组织如何助力个人成长 | 帮助企业员工快速认同并投入到组织中去，为企业发展贡献力量 |
| | **企业文化定位·落地一本通**<br>王明胤　著 | 把高深枯燥的专业理论创建成一套系统化、实操化、简单化的企业文化缔造方法 | 对企业文化不了解，不会做？有这一本从概念到实操，就够了 |

续表

| | | | |
|---|---|---|---|
| 生产管理 | **精益思维:中国精益如何落地**<br>刘承元　著 | 笔者二十余年企业经营和咨询管理的经验总结 | 中国企业需要灵活运用精益思维,推动经营要素与管理机制的有机结合,推动企业管理向前发展 |
| | **300张现场图看懂精益5S管理**<br>乐　涛　编著 | 5S现场实操详解 | 案例图解,易懂易学 |
| | **高员工流失率下的精益生产**<br>余伟辉　著 | 中国的精益生产必须面对和解决高员工流失率问题 | 确实来源于本土的工厂车间,很务实 |
| | **车间人员管理那些事儿**<br>岑立聪　著 | 车间人员管理中处理各种“疑难杂症”的经验和方法 | 基层车间管理者最闹心、头疼的事,‘打包’解决 |
| | **1. 欧博心法:好管理靠修行**<br>**2. 欧博心法:好工厂这样管**<br>曾　伟　著 | 他是本土最大的制造业管理咨询机构创始人,他从400多个项目、上万家企业实践中锤炼出的欧博心法 | 中小制造型企业,一定会有很强的共鸣 |
| | **欧博工厂案例1:生产计划管控对话录**<br>**欧博工厂案例2:品质技术改善对话录**<br>**欧博工厂案例3:员工执行力提升对话录**<br>曾　伟　著 | 最典型的问题、最详尽的解析,工厂管理9大问题27个经典案例 | 没想到说得这么细,超出想象,案例很典型,照搬都可以了 |
| | **工厂管理实战工具**<br>欧博企管　编著 | 以传统文化为核心的管理工具 | 适合中国工厂 |
| | **苦中得乐:管理者的第一堂必修课**<br>曾　伟　编著 | 曾伟与师傅大愿法师的对话,佛学与管理实践的碰撞,管理禅的修行之道 | 用佛学最高智慧看透管理 |
| | **比日本工厂更高效1:管理提升无极限**<br>刘承元　著 | 指出制造型企业管理的六大积弊;颠覆流行的错误认知;掌握精益管理的精髓 | 每一个企业都有自己不同的问题,管理没有一剑封喉的秘笈,要从现场、现物、现实出发 |
| | **比日本工厂更高效2:超强经营力**<br>刘承元　著 | 企业要获得持续盈利,就要开源和节流,即实现销售最大化,费用最小化 | 掌握提升工厂效率的全新方法 |
| | **比日本工厂更高效3:精益改善力的成功实践**<br>刘承元　著 | 工厂全面改善系统有其独特的目的取向特征,着眼于企业经营体质(持续竞争力)的建设与提升 | 用持续改善力来飞速提升工厂的效率,高效率能够带来意想不到的高效益 |
| | **3A顾问精益实践1:IE与效率提升**<br>党新民　苏迎斌　蓝旭日　著 | 系统的阐述了IE技术的来龙去脉以及操作方法 | 使员工与企业持续获利 |
| | **3A顾问精益实践2:JIT与精益改善**<br>肖志军　党新民　著 | 只在需要的时候,按需要的量,生产所需的产品 | 提升工厂效率 |
| 员工素质提升 | **TTT培训师精进三部曲(上):深度改善现场培训效果**<br>**TTT培训师精进三部曲(中):构建最有价值的课程内容**<br>**TTT培训师精进三部曲(下):职业功力沉淀与修为提升**<br>**廖信琳　著** | **从内到外全方位指导企业内训师从专业到卓越** | 成为优秀企业内训师/培训师的案头必备书籍 |

续表

| | | | |
|---|---|---|---|
| 员工素质提升 | **手把手教你做专业督导：专卖店、连锁店**<br>熊亚柱　著 | 从督导的职能、作用，在工作中需要的专业技能、方法，都提供了详细的解读和训练办法，同时附有大量的表单工具 | 无论是店铺需要统一培训，还是个人想成为优秀的督导，有这一本就够了 |
| | **跟老板"偷师"学创业**<br>吴江萍　余晓雷　著 | 边学边干，边观察边成长，你也可以当老板 | 不同于其他类型的创业书，让你在工作中积累创业经验，一举成功 |
| | **销售轨迹：一位快消品营销总监的拼搏之路**<br>秦国伟　著 | 本书讲述了一个普通销售员打拼成为跨国企业营销总监的真实奋斗历程 | 激励人心，给广大销售员以力量和鼓舞 |
| | **在组织中绽放自我：从专业化到职业化**<br>朱仁健　王祥伍　著 | 个人如何融入组织，组织如何助力个人成长 | 帮助企业员工快速认同并投入到组织中去，为企业发展贡献力量 |
| | **企业员工弟子规：用心做小事，成就大事业**<br>贾同领　著 | 从传统文化《弟子规》中学习企业中为人处事的办法，从自身做起 | 点滴小事，修养自身，从自身的改善得到事业的提升 |
| | **手把手教你做顶尖企业内训师：TTT 培训师宝典**<br>熊亚柱　著 | 从课程研发到现场把控、个人提升都有涉及，易读易懂，内容丰富全面 | 想要做企业内训师的员工有福了，本书教你如何抓住关键，从入门到精通 |
| **营销类：把客户需求融入企业各环节，提供"客户认为"有价值的东西** | | | |
| | 书名．作者 | 内容/特色 | 读者价值 |
| 营销模式 | **精品营销战略**<br>杜建君　著 | 以精品理念为核心的精益战略和营销策略 | 用精品思维赢得高端市场 |
| | **变局下的营销模式升级**<br>程绍珊　叶　宁　著 | 客户驱动模式、技术驱动模式、资源驱动模式 | 很多行业的营销模式被颠覆，调整的思路有了！ |
| | **卖轮子**<br>科克斯【美】 | 小说版的营销学！营销理念巧妙贯穿其中，贵在既有趣，又有深度 | 经典、有趣！一个故事读懂营销精髓 |
| | **动销操盘：节奏掌控与社群时代新战法**<br>朱志明　著 | 在社群时代把握好产品生产销售的节奏，解析动销的症结，寻找动销的规律与方法 | 都是易读易懂的干货！对动销方法的全面解析和操盘 |
| | **弱势品牌如何做营销**<br>李政权　著 | 中小企业虽有品牌但没名气，营销照样能做的有声有色 | 没有丰富的实操经验，写不出这么具体、详实的案例和步骤，很有启发 |
| | **老板如何管营销**<br>史贤龙　著 | 高段位营销 16 招，好学好用 | 老板能看，营销人也能看 |
| | **洞察人性的营销战术：沈坤教你 28 式**<br>沈　坤　著 | 28 个匪夷所思的营销怪招令人拍案叫绝，涉及商业竞争的方方面面，大部分战术可以直接应用到企业营销中 | 各种谋略得益于作者的横向思维方式，将其操作过的案例结合其中，提供的战术对读者有参考价值 |
| | **动销：产品是如何畅销起来的**<br>吴江萍　余晓雷　著 | 真真切切告诉你，产品究竟怎么才能卖出去 | 击中痛点，提供方法，你值得拥有 |
| 销售 | **资深大客户经理：策略准，执行狠**<br>叶敦明　著 | 从业务开发、发起攻势、关系培育、职业成长四个方面，详述了大客户营销的精髓 | 满满的全是干货 |

续表

| | | | |
|---|---|---|---|
| 销售 | **成为资深的销售经理:B2B、工业品**<br>陆和平　著 | 围绕"销售管理的六个关键控制点"一一展开,提供销售管理的专业、高效方法 | 方法和技术接地气,拿来就用,从销售员成长为经理不再犯难 |
| | **销售是门专业活:B2B、工业品**<br>陆和平　著 | 销售流程就应该跟着客户的采购流程和关注点的变化向前推进,将一个完整的销售过程分成十个阶段,提供具体方法 | 销售不是请客吃饭拉关系,是个专业的活计!方法在手,走遍天下不愁 |
| | **向高层销售:与决策者有效打交道**<br>贺兵一　著 | 一套完整有效的销售策略 | 有工具,有方法,有案例,通俗易懂 |
| | **卖轮子**<br>科克斯　【美】 | 小说版的营销学!营销理念巧妙贯穿其中,贵在既有趣,又有深度 | 经典、有趣!一个故事读懂营销精髓 |
| | **学话术　卖产品**<br>张小虎　著 | 分析常见的顾客异议,将优秀的话术模块化 | 让普通导购员也能成为销售精英 |
| 组织和团队 | **升级你的营销组织**<br>程绍珊　吴越舟　著 | 用"有机性"的营销组织替代"营销能人",营销团队变成"铁营盘" | 营销队伍最难管,程老师不愧是营销第1操盘手,步骤方法都很成熟 |
| | **用数字解放营销人**<br>黄润霖　著 | 通过量化帮助营销人员提高工作效率 | 作者很用心,很好的常备工具书 |
| | **成为优秀的快消品区域经理(升级版)**<br>伯建新　著 | 用"怎么办"分析区域经理的工作关键点,增加30%全新内容,更贴近环境变化 | 可以作为区域经理的"速成催化器" |
| | **成为资深的销售经理:B2B、工业品**<br>陆和平　著 | 围绕"销售管理的六个关键控制点"一一展开,提供销售管理的专业、高效方法 | 方法和技术接地气,拿来就用,从销售员成长为经理不再犯难 |
| | **一位销售经理的工作心得**<br>蒋　军　著 | 一线营销管理人员想提升业绩却无从下手时,可以看看这本书 | 一线的真实感悟 |
| | **快消品营销:一位销售经理的工作心得2**<br>蒋　军　著 | 快消品、食品饮料营销的经验之谈,重点突出 | 来源于实战的精华总结 |
| | **销售轨迹:一位快消品营销总监的拼搏之路**<br>秦国伟　著 | 本书讲述了一个普通销售员打拼成为跨国企业营销总监的真实奋斗历程 | 激励人心,给广大销售员以力量和鼓舞 |
| | **用营销计划锁定胜局:用数字解放营销人2**<br>黄润霖　著 | 全方位教你怎么做好营销计划,好学好用真简单 | 照搬套用就行,做营销计划再也不头痛 |
| | **快消品营销人的第一本书:从入门到精通**<br>刘　雷　伯建新　著 | 快消行业必读书,从入门到专业 | 深入细致,易学易懂 |
| 产品 | **新产品开发管理,就用IPD**<br>郭富才　著 | 10年IPD研发管理咨询总结,国内首部IPD专业著作 | 一本书掌握IPD管理精髓 |
| | **资深项目经理这样做新产品开发管理**<br>秦海林　著 | 以IPD为思想,系统讲解新产品开管理的细节 | 提供管理思路和实用工具 |
| | **产品炼金术Ⅰ:如何打造畅销产品**<br>史贤龙　著 | 满足不同阶段、不同体量、不同行业企业对产品的完整需求 | 必须具备的思维和方法,避免在产品问题上走弯路 |
| | **产品炼金术Ⅱ:如何用产品驱动企业成长**<br>史贤龙　著 | 做好产品、关注产品的品质,就是企业成功的第一步 | 必须具备的思维和方法,避免在产品问题上走弯路 |

续表

| | | | |
|---|---|---|---|
| 品牌 | **中小企业如何建品牌**<br>梁小平　著 | 中小企业建品牌的入门读本，通俗、易懂 | 对建品牌有了一个整体框架 |
| | **采纳方法：破解本土营销8大难题**<br>朱玉童　编著 | 全面、系统、案例丰富、图文并茂 | 希望在品牌营销方面有所突破的人，应该看看 |
| | **中国品牌营销十三战法**<br>朱玉童　编著 | 采纳20年来的品牌策划方法，同时配有大量的案例 | 众包方式写作，丰富案例给人启发，极具价值 |
| | **今后这样做品牌：移动互联时代的品牌营销策略**<br>蒋军　著 | 与移动互联紧密结合，告诉你老方法还能不能用，新方法怎么用 | 今后这样做品牌就对了 |
| | **中小企业如何打造区域强势品牌**<br>吴之　著 | 帮助区域的中小企业打造自身品牌，如何在强壮自身的基础上往外拓展 | 梳理误区，系统思考品牌问题，切实符合中小区域品牌的自身特点进行阐述 |
| 渠道通路 | **快消品营销与渠道管理**<br>谭长春　著 | 将快消品标杆企业渠道管理的经验和方法分享出来 | 可口可乐、华润的一些具体的渠道管理经验，实战 |
| | **传统行业如何用网络拿订单**<br>张　进　著 | 给老板看的第一本网络营销书 | 适合不懂网络技术的经营决策者看 |
| | **采纳方法：化解渠道冲突**<br>朱玉童　编著 | 系统剖析渠道冲突，21个渠道冲突案例、情景式讲解，37篇讲义 | 系统、全面 |
| | **学话术　卖产品**<br>张小虎　著 | 分析常见的顾客异议，将优秀的话术模块化 | 让普通导购员也能成为销售精英 |
| | **向高层销售：与决策者有效打交道**<br>贺兵一　著 | 一套完整有效的销售策略 | 有工具，有方法，有案例，通俗易懂 |
| | **通路精耕操作全解：快消品20年实战精华**<br>周　俊　陈小龙　著 | 通路精耕的详细全解，每一步的具体操作方法和表单全部无保留提供 | 康师傅二十年的经验和精华，实践证明的最有效方法，教你如何主宰通路 |

## 管理者读的文史哲·生活

| | 书名．作者 | 内容/特色 | 读者价值 |
|---|---|---|---|
| 思想·文化 | **德鲁克管理思想解读**<br>罗　珉　著 | 用独特视角和研究方法，对德鲁克的管理理论进行了深度解读与剖析 | 不仅是摘引和粗浅分析，还是作者多年深入研究的成果，非常可贵 |
| | **德鲁克与他的论敌们：马斯洛、戴明、彼得斯**<br>罗　珉　著 | 几位大师之间的论战和思想碰撞令人受益匪浅 | 对大师们的观点和著作进行了大量的理论加工，去伪存真、去粗存精，同时有自己独特的体系深度 |
| | **德鲁克管理学**<br>张远凤　著 | 本书以德鲁克管理思想的发展为线索，从一个侧面展示了20世纪管理学的发展历程 | 通俗易懂，脉络清晰 |
| | **自我与世界：以问题为中心的现象学运动研究**<br>陈立胜　著 | 以问题为中心，对现象学运动中的“意向性”“自我”“他人”“身体”及“世界”各核心议题之思想史背景与内在发展理路进行深入细致的分析 | 深入了解现象学中的几个主要问题 |

续表

| | | | |
|---|---|---|---|
| 思想·文化 | 作为身体哲学的中国古代哲学<br>张再林　著 | 上篇为中国古代身体哲学理论体系奠基性部分,下篇对由“上篇”所开出的中国身体哲学理论体系的进一步的阐发和拓展 | 了解什么是真正原生态意义上的中国哲学,把中国传统哲学与西方传统哲学加以严格区别 |
| | **中西哲学的歧异与会通**<br>张再林　著 | 本书以一种现代解释学的方法,对中国传统哲学内在本质尝试一种全新的和全方位的解读 | 发掘出掩埋在古老传统形式下的现代特质和活的生命,在此基础上揭示中西哲学“你中有我,我中有你”之旨 |
| | **治论:中国古代管理思想**<br>张再林　著 | 本书主要从儒、法墨三家阐述中国古代管理思想 | 看人本主义的管理理论如何不留斧痕地克服似乎无法调解的存在于人类社会行为与社会组织中的种种两难和对立 |
| | **中国古代政治制度(修订版)上:皇帝制度与中央政府(待出版)**<br>刘文瑞　著 | 全面论证了古代皇帝制度的形成和演变的历程 | 有助于读者从政治制度角度了解中国国情的历史渊源 |
| | **中国古代政治制度(修订版)下:地方体制与官僚制度(待出版)**<br>刘文瑞　著 | 全面论证了古代地方政府的发展演变过程 | 有助于读者从政治制度角度了解中国国情的历史渊源 |
| | **通天彻地,九大法则:《尚书·洪范》讲记**<br>史幼波　著 | 精析“洪范九畴”这一中华传统政治哲学的理论基础 | 寓渊深义理于通俗口语之中,使现代人也能一睹中华文化原典之精湛奥义 |
| | **史幼波大学讲记**<br>史幼波　著 | 用儒释道的观点阐释大学的深刻思想 | 一本书读懂传统文化经典 |
| | **史幼波《周子通书》《太极图说》讲记**<br>史幼波　著 | 把形而上的宇宙、天地,与形而下的社会、人生、经济、文化等融合在一起 | 将儒家的一整套学修系统融合起来 |
| | **史幼波中庸讲记(上下册)**<br>史幼波　著 | 全面、深入浅出地揭示儒家中庸文化的真谛 | 儒释道三家思想融会贯通 |
| | **中国思想文化十八讲(修订版)(待出版)**<br>张茂泽　著 | 中国古代的宗教思想文化,如对祖先崇拜、儒家天命观、中国古代关于“神”的讨论等 | 宗教文化和人生信仰或信念紧密相联,在文化转型时期学习和研究中国宗教文化就有特别的现实意义 |
| | **每个中国人身上的春秋基因**<br>史贤龙　著 | 春秋368年(公元前770－公元前403年),每一个中国人都可以在这段时期的历史中找到自己的祖先,看到真实发生的事件,同时也看到自己 | 长情商、识人心 |
| | **内功太极拳训练教程**<br>王铁仁　编著 | 杨式(内功)太极拳(俗称老六路)的详细介绍及具体修炼方法,身心的一次升华 | 书中含有大量图解并有相关视频供读者同步学习 |
| | **中医治心脏病**<br>马宝琳　著 | 引用众多真实案例,客观真实地讲述了中西医对于心脏病的认识及治疗方法 | 看完这本书,能为您节约10万元医药费 |